Ullstein Sachbuch

Ernst Schweninger,
dem Arzt und Menschen gewidmet

Alle Menschen müssen Ärzte,
alle Ärzte müssen Menschen sein

Georg Groddeck

Die Natur heilt...

Die Entdeckung der Psychosomatik

Mit einem Vorwort
von Helmut Siefert

Ullstein Sachbuch

Ullstein Sachbuch
Ullstein Buch Nr. 34654
im Verlag Ullstein GmbH,
Frankfurt/M–Berlin

Ungekürzte Ausgabe

Umschlagentwurf:
Theodor Bayer-Eynck
Alle Rechte vorbehalten
© 1976 by Limes Verlag,
Wiesbaden und München
Printed in Germany 1990
Druck und Verarbeitung:
Clausen & Bosse, Leck
ISBN 3 548 34654 5

Mai 1990

Das Buch erschien zuerst 1913
unter dem Titel *Nasamecu*
(Natura sanat, medicus curat).
*Der gesunde und der kranke
Mensch gemeinverständlich
dargestellt.*

Vom selben Autor
in der Reihe der
Ullstein Bücher:

Das Buch vom Es
(34473)

CIP-Titelaufnahme
der Deutschen Bibliothek

Groddeck, Georg:
Die Natur heilt: die Entdeckung
der Psychosomatik / Georg Groddeck.
Mit e. Vorw. von Helmut Siefert. –
Ungekürzte Ausg. – Frankfurt/M; Berlin:
Ullstein, 1990
    (Ullstein-Buch; Nr. 34654: Ullstein-
    Sachbuch)
    ISBN 3-548-34654-5
NE: GT

Inhalt

Vorwort

»Was ich vorzubringen habe, liegt auf der Straße, und jeder sieht es, vielleicht besser, sicher wohl anders als ich.« Dieser Satz aus Georg Groddecks 1909 erschienen Vorträgen *Hin zu Gottnatur* trifft für viele seiner Werke zu: Groddeck weist seine Hörer und Leser auf das Augenfällige, das für jedermann Auffällige hin, und er sagt es so, wie er es selbst, ganz subjektiv also, sieht.

»Dieses Buch«, so beginnt Groddecks *Die Natur heilt ...*, zuerst erschienen 1913 unter dem Titel *Nasamecu*, »dieses Buch handelt vom gesunden und kranken Menschen. Es gibt meine persönlichen Meinungen wieder, es erhebt nicht den Anspruch auf Wissenschaftlichkeit.«

Dies ist in der Tat erstaunlich: Ein Arzt, ausgebildet im ausgehenden neunzehnten Jahrhundert, dem Zeitalter der naturwissenschaftlich begründeten Medizin, dem Jahrhundert der Zellularpathologie Rudolf Virchows und der Bakteriologie Robert Kochs – dieser Arzt Georg Groddeck zweifelt radikal an der Medizin als einer objektiven Wissenschaft, vielmehr gibt er sich betont subjektiv und wissenschaftsungläubig. Beides war Groddeck sein Leben lang; 1895 wirft er der medizinischen Ausbildung vor: »Der Student weiß viel, aber er kann nichts« (zit. nach Georg Groddeck – Sigmund Freud, *Briefe über das Es,* Fischer Taschenbuch 42117, S. 105), 1923 schreibt er in seinem berühmten *Das Buch vom Es – Psychoanalytische Briefe an eine Freundin:* »Die Schulwissenschaft ist wie ein Tapisseriewarenladen. Da liegt ein Knäuel neben dem anderen ...« (Brief 9).

Wie die meisten seiner Veröffentlichungen ist auch *Nasamecu* keine wissenschaftliche Abhandlung; vielmehr sind es populäre Plaudereien für jedermann über den Menschen in Gesundheit und Krankheit, über alles Mögliche und Unmögliche, über Gott und die Welt. Der lateinische – und damit gerade nicht »gemeinverständliche« – Titel *Natura sanat, medicus curat* (Die Natur heilt, der Arzt behandelt), vor allem aber der geheimnisvoll und exotisch anmutende Kurztitel *Nasamecu* (gebildet aus: *Na*tura *sa*nat, *me*dicus *cu*rat) mag den potentiellen Leser eher gereizt als abgestoßen haben (allerdings steht er im Original nur auf dem Einband, nicht auf dem eigentlichen Titelblatt). Freilich haben das schon die Rezensenten von 1913 kritisiert: »Nasamecu ist ein sprachliches Scheusal ... Dieser entsetzliche Titel für ein ernstes Buch ...« »... japanisch klingender Titel ...« »... das Unbekannt-Reizvolle des Titels ... klingt etwas nach Theosophie oder Geheimmitteln ...« All dem zum Trotz: Unter dem Namen *Nasamecu* ist Groddecks Buch bekannt geworden und wird es wohl auch bleiben.

Entstanden ist das Buch *Nasamecu* – wie übrigens viele von Groddecks Publikationen – aus Vorträgen, deren Anlaß zufällig erscheinen mag, jedoch ein bezeichnendes Licht auf sein soziales Engagement wirft. Dem Baden-Badener »Konsumverein« – Groddeck war in ihm wie im »Volksbildungs- und Diskussionsklub« und in der »Gemeinnützigen Baugenossenschaft« der entscheidende Mann – mußte auf die Beine geholfen werden. Groddecks Werbemethode war der Vortragszyklus *Der gesunde und kranke Mensch*, den er in den Räumen einer Brauerei hielt. Die Vorträge fanden regen Zuspruch, weniger bei den vornehmen Besuchern des Weltbades Baden-Baden als bei den einfachen Bürgern und Arbeitern, denen sich Groddeck in ihrer sozialen Not verbunden fühlte.

Nach den fast durchweg positiven Rezensionen, die bezeichnenderweise vor allem in Tageszeitungen erschienen, weniger in medizinischen Fachzeitschriften, war die publizistische Resonanz des gedruckten Buches *Nasamecu* eine ganz ähnliche wie die der Vorträge.

Nasamecu war Groddecks erstes medizinisches Buch, wenn wir von seiner Dissertation von 1889 absehen. Immerhin waren seit 1902 drei Essaybände (1902: *Ein Frauenproblem;* 1909: *Hin zu Gottnatur;* 1910: *Tragödie oder Komödie? Eine Frage an die Ibsenleser*), ein Gedichtband (1907: *Die Hochzeit des Dionysos*) und ein zweibändiger Roman (1905: *Ein Kind der Erde*) herausgekommen, die Groddeck als Literaten auswiesen. Als Arzt aber war er nur durch eine Fülle von Zeitschriftenaufsätzen bekannt geworden, eine resümierende Zwischenbilanz fehlte jedoch bis zum Erscheinen von *Nasa-*

mecu im Jahre 1913. Groddeck hat später über sein medizinisches »Frühwerk« (bei dessen Erscheinen er immerhin
schon fast fünfzig Jahre alt war!) unterschiedlich geurteilt.
In seiner Privatzeitschrift *Die Arche*, die er in den Jahren
1925–1927 für Patienten und Freunde herausgab, schrieb er
am 15. Oktober 1927: »Nasamecu ist fast vergessen; nach
meiner Ansicht zu Unrecht. Es ist ein gutes Buch. In meinem eignen Leben bedeutet es viel; in ihm ist niedergelegt,
was ich in den ersten fünfundzwanzig Jahren meiner ärztlichen Lehrzeit gelernt hatte.«
Gewidmet ist *Nasamecu* Ernst Schweninger. Bei ihm, dem
großen Empiriker und Eklektiker, dem Leibarzt Bismarcks,
war Georg Groddeck (1866–1934) nach seinem Medizinstu-
dium und anschließendem achtjährigem militärärztlichem
Dienst in die Schule gegangen. Wie sein Lehrer wagte er es,
im ausgehenden wissenschafts- und fortschrittsgläubigen
neunzehnten Jahrhundert auf empirisch-intuitive Weise
ärztlich tätig zu sein, getreu der alten hippokratischen Tradition, nicht Krankheiten, sondern Kranke zu behandeln, weniger nach einer spezifischen Therapie zu suchen (die mit
Serum- und beginnender Chemotherapie gerade modern
wurde), als vielmehr mit Diät, Massage, physikalischer und
balneologischer Therapie die Lebensweise des Kranken zu
ändern und damit »Diätetik« im weitesten Sinne zu treiben,
auch dies in einer bis auf die Antike zurückgehenden Tradition. 1889 promovierte Groddeck bei Schweninger mit einer
Arbeit *Über das Hydroxylamin und seine Verwendung in
der Therapie der Hautkrankheiten* (siehe Groddeck, *Krankheit als Symbol*, Fischer Taschenbuch 6396, S. 17 ff.). Die erste seiner Thesen, die er am 4. Oktober öffentlich vertei-
digte, ist bereits vorwegnehmend ein Résumé seiner ärztlichen Anschauungen und somit auch von *Nasamecu;* sie
lautet: »Viele Krankheiten sind das Produkt der Lebensweise des Menschen. Will man sie heilen, so muß man die
Lebensweise des Patienten ändern, da man die Krankheit
selbst nur in den wenigsten Fällen durch sogenannte Speci-
fica angreifen kann.«
Groddeck arbeitete ab 1897 bei Schweninger, zuerst in Berlin, dann in dessen Privatklinik in Baden-Baden, wo er 1900
ein eigenes kleines Sanatorium (mit maximal vierzehn Bet-
ten) eröffnete. Hier lebte und wirkte er, ohne Schüler und

Nachfolger herangebildet zu haben, bis zu seinem Tode im Jahre 1934.

Die Begegnung mit Schweninger und seinem intuitiven Empirismus war die erste entscheidende Begegnung im ärztlichen Wirken von Groddeck, die zweite war die mit der Psychoanalyse Sigmund Freuds. Freilich wurde Groddeck kein orthodoxer Analytiker; er verstand es vielmehr, seine bisherigen Anschauungen mit denen der Psychoanalyse zu verbinden. Insofern liegt kein Bruch vor, wie es manchmal scheinen mag, sondern eher eine Kontinuität seiner »ärztlichen Lehrzeit«. Der Psychoanalytiker Ernst Simmel wertet Groddecks Verdienste als eine »revolutionäre Tat. Er hat Freuds Psychoanalyse zur Zeit, als sie auf ihrem Ursprungsboden, dem Psychischen, noch arg mißachtet und verfemt war, Heimatrecht in der Physiotherapie gegeben«. (Zit. nach Groddeck, *Der Mensch und sein Es*, S. 410.) Simmel findet bereits in *Nasamecu* »eine innere Verwandtschaft mit den Erkenntnissen und Formulierungen Freuds …« Von daher erscheint es ihm »selbstverständlich, daß Groddeck mit der Psychoanalyse bekannt werden *mußte*«. (Ebd., S. 411.) Simmel verweist insbesondere auf Groddecks Krankheits-»Definition«: »Ich sehe keine Möglichkeit«, schreibt er in *Nasamecu* (S. 27), »das Wort krank wissenschaftlich zu definieren. So gestatte man mir, persönlich zu urteilen. Krank ist für mich, wer in seiner Leistungsfähigkeit geschädigt ist und sich für krank hält.« Während Groddeck hiermit sowohl Schweninger wie Freud folgt, ist die Erwähnung des »Unbewußten« in *Nasamecu* bereits eine Anlehnung an Freud. Um so mehr muß es erstaunen, daß Groddeck mit der Psychoanalyse in *Nasamecu* hart ins Gericht geht: Er spricht vom »gefährlichen Gift der Psychoanalyse … Sie wird sich ausbreiten wie eine Seuche …« (S. 109).

Im Briefwechsel Freud–Groddeck finden sich Hinweise, die dieses harte Urteil verständlich erscheinen lassen. In seinem ersten Brief an Freud vom 27. 5. 1917 entschuldigt sich Groddeck für sein »voreiliges Urteil über die Psychoanalyse«. Er selbst habe Patienten seit 1909 ganz ähnlich behandelt, wie er es dann in Freuds Schriften, die er erst seit 1913 kennt, gefunden habe. So hat Freud, nicht Groddeck das Unbewußte entdeckt. Groddecks »Wunschgedanke …, selbst schöpferisch zu sein« (27. 5. 1917), war erschüttert.

In seiner grundlegenden Schrift *Psychische Bedingtheit und psychoanalytische Behandlung organischer Leiden* von 1917, mit der Groddeck zum »Vater der psychosomatischen Medizin« (Lawrence Durrell) – genauer gesagt, der psychosomatischen Medizin des zwanzigsten Jahrhunderts – wurde, schreibt Groddeck, er habe »den Gedanken, Freud gegenüber minderwertig zu sein, mindestens acht Jahre lang mit aller Kraft verdrängt ...« (zit. nach Groddeck, *Krankheit als Symbol*, Fischer Taschenbuch 6396, S. 69). Und auf *Nasamecu* anspielend, schreibt er: »Ich bereue, daß ich damals Sätze geschrieben und veröffentlicht habe, die falsch sind ...« (ebd., S. 73). Ja, noch in seinem *Buch vom Es* (1923) – übrigens übernimmt Freud in seiner Schrift *das Ich und das Es* den Begriff des Es noch im gleichen Jahr von Groddeck – bezeichnet er seinen »öffentlichen Angriff auf Freud und die Psychoanalyse« als »etwas Rätselhaftes«. »Ich kann mir nichts Dümmeres denken als diesen Wortlaut.« (Brief 31.)
Die Minderwertigkeitsgefühle Freud gegenüber werden geringer, je mehr Groddeck nicht nur seinen eigenen Weg weiterhin geht, sondern auch sieht, daß Freud mit dem Begriff des Es von ihm etwas übernimmt, wo er, Groddeck, eindeutige Priorität hat. Im gleichen Maße werden die negativen Urteile *Nasamecu* gegenüber schwächer (als habe er dort nur Negatives über die Psychoanalyse geschrieben und sonst nichts). 1927 steht dann Groddeck, wie wir bereits sahen, wieder voll und ganz zu *Nasamecu*.
Was in *Nasamecu* hinsichtlich Gesundheit und Krankheit (z. B. »Wer sich krank fühlt, den soll man auch krank nennen ... [S. 26]) und Behandlung und Heilung (z. B. »Nicht wir heilen den Menschen, sondern er heilt sich ... Die Natur heilt, der Arzt behandelt« [S. 306]) gesagt war, wiederholt Groddeck zehn Jahre später nach seiner endgültigen Konzeption des Es noch deutlicher: »Ich wollte damit sagen, daß kein prinzipieller Unterschied zwischen gesund und krank existiert, daß es in das Belieben jedes Arztes und jedes Kranken gestellt ist, was er krankhaft nennen will. Das ist für den Arzt eine notwendige Einsicht. Sonst verliert er sich auf den unwegsamen Pfaden des Heilenwollens, und das ist, da doch letzten Endes das Es heilt, der Arzt aber nur behandelt, ein verhängnisvoller Irrtum.« (*Das Buch vom Es*, Brief 21.)
Auch hierin mag die Kontinuität in Groddecks medizini-

schem Denken und ärztlichem Wirken deutlich werden. Dies rechtfertigt auch – nachdem die wichtigsten seiner späteren Schriften in Nachdrucken oder Sammelbänden zugänglich sind – den Neudruck von *Nasamecu*, trotz manchem überschießenden Urteil (z. B. gegen die Bakteriologie) oder etlichen zeitgebundenen Anschauungen (z. B. in Fragen der Rassenhygiene).

Nasamecu ist ein populärmedizinisches Werk im besten Sinne. Groddeck steht damit in der Tradition der Medizin der Aufklärungszeit, die mit Immanuel Kant den Menschen aus seiner »selbstverschuldeten Unmündigkeit« herausführen wollte. Den Kranken zu einem mündigen Patienten werden zu lassen, ist eine immer wieder neue Aufgabe für Arzt, Patient und Gesellschaft.

Helmut Siefert

Einleitung

Dieses Buch handelt vom gesunden und kranken Menschen. Es gibt meine persönlichen Meinungen wieder, es erhebt nicht den Anspruch auf Wissenschaftlichkeit.

Dreierlei bitte ich beim Lesen festzuhalten. Zunächst das eine, daß der Mensch niemals fertig ist, sondern immer wird; er verändert sich von Sekunde zu Sekunde und ist heute ein andrer, als er gestern war, und wird morgen ein andrer sein, als er heute ist. Fortwährend verwandelt er durch seine Nahrungsaufnahme, seine Atmung, seine Sinneseindrücke, seine Gedanken, durch sein Leben ein Stück Umwelt in ein Stück Mensch, und ebenso ununterbrochen wird durch seine Ausscheidungen, seine Äußerungen, seine Taten, durch sein Leben Mensch in Umwelt verwandelt. Wer sich selbst oder andre behandeln will, muß sich immer diesen unlösbaren Zusammenhang zwischen Mensch und Umgebung gegenwärtig halten, dieses Ineinanderfließen von Mensch und Welt. Bei der Reparatur einer Maschine kann man heute die Arbeit dort aufnehmen, wo man sie gestern unterbrach. Die Behandlung des Kranken aber muß oft genug Tag für Tag neu und unter neuen Bedingungen begonnen werden, da das Leben in den vierundzwanzig Stunden nicht still steht.

Individualisierende Behandlung ist ein Schlagwort unter den Ärzten und im Publikum geworden. Der Ausdruck ist so unglücklich wie möglich gewählt; denn wer etwas von seinem Beruf versteht, behandelt nicht einen individuellen, in sich abgeschlossenen Menschen, sondern stets einen Kreis von Lebensbedingungen, die fortwährend gestaltend und umformend auf den Kreismittelpunkt, den Menschen, einwirken. Jeder, der, sei es als Arzt oder sonstwie, mit Kranken zu tun hat, weiß, daß die Gewohnheiten, die Umgebung, vor allem die Angehörigen, diese schrecklichste aller Zugaben, in den Behandlungsplan, ja schon in die Diagnose hineinbezogen werden müssen. Die Erfolge der Krankenhäuser, der Bäder und so weiter beruhn zum großen Teil darauf, daß alle diese

Faktoren des Lebens mehr oder weniger stark und plötzlich geändert werden.

Der Arzt behandelt einen Abschnitt des Lebens, durchaus nicht eine Persönlichkeit, aber er behandelt ihn persönlich, das heißt er selbst, der Arzt muß Persönlichkeit haben, muß im höchsten Grade, aber auch auf breiter Grundlage und von tausendfach wechselndem Standpunkte aus subjektiv sein. Der Arzt hat es nicht mit dem einzelnen Menschen zu tun, er steht jedesmal einem Mikrokosmos, einer kleinen Welt gegenüber, die weder nach außen Grenzen hat, noch in sich einheitlich ist. Denn das ist das Zweite, was zu wissen not tut: der Mensch ist auch innerhalb seiner Haut keine Einheit, er ist zusammengesetzt aus zahllosen lebendigen Körperchen, die allerdings zu einem engen Bunde zusammengeschlossen sind und in fortwährender reger Wechselbeziehung zueinander stehen, die aber doch, jedes für sich, ihr eignes Leben haben, ihre eigne Existenzfähigkeit, die sich mehr oder weniger Selbständigkeit bewahren und jedenfalls unter geeigneten Bedingungen auch getrennt vom menschlichen Körper fortbestehn, wachsen und sich fortpflanzen.

Es herrscht in weiten Kreisen eine erstaunliche Unkenntnis über anatomische Verhältnisse. Das Wissen der Frauen pflegt mit den Küchenerfahrungen über Fleisch, Knochen, Fett und einige innere Organe zu enden. Männer wissen nichts, mit Ausnahme der paar, denen Beruf oder Zufall Kenntnis aufzwingt. Meist wissen sie nicht einmal, wie ein Kind zur Welt kommt, und die Erzeugung kennen sie auch nur aus Erfahrung. Das eine aber sollte sich jeder merken, daß der menschliche Körper in allen seinen Teilen aus kleinen Lebewesen besteht, aus Zellen, die eine neben der andern in mehr oder minder enger Gemeinschaft liegen und aus denen sich die Gewebe, die Organe, der ganze Körper aufbauen.

Die Zellen sind mannigfach gestaltete, mikroskopisch kleine Körperchen, denen allen gemeinsam ein paar Dinge sind, ein Zellenleib, das Protoplasma und ein Zellenkern. Als Grundform kann man sich etwa die Kugel vorstellen, doch gibt es zahllose Umgestaltungen dieser einfachen Erscheinung: Quadrate, Platten, längliche Formen, Spindeln, Sterne und so weiter. Auch der Aufbau ist mannigfaltig genug. Viele Zellen sind mit feinen Häutchen versehn, andre wieder mit beweglichen Härchen, wieder andre stehn durch Fäden in Verbindung mit ihren Nachbarn oder strecken in die Umgebung Ausläufer wie Spinnenfüße. Das alles werden wir nach und nach kennenlernen. Hier handelt es sich nur darum, dem Leser ein für allemal klarzumachen, daß, was er auch am menschlichen Körper anschauen oder berühren mag, er es immer mit einer großen Masse von Lebewesen, nicht etwa mit einem einheitlichen Organ zu tun hat.

Diese Erkenntnis kann gar nicht tief genug eingesogen werden. Von ihr hängt jedes Verständnis des Lebens ab. Bedenke: wenn du den Finger bewegst, werden Tausende von lebendigen Wesen bewegt, aus ihrer Lage, in andre Beziehungen, andre Raum- und Druckverhältnisse gebracht, Tausende von Zellen arbeiten an dieser einen, von dir selbst vielleicht gar nicht beabsichtigten, nicht einmal wahrgenommenen Bewegung. Das Auge, mit dem du siehst, ist ein Gebilde lebendiger Zellen; damit du sehn kannst, arbeiten in dir Tausende von Zellen, selbständig und doch wieder abhängig von andern. Nichts geschieht mit dir, du kannst nichts tun, ohne daß eine Menge von Lebewesen für dich arbeiten, dir Leid und Freud und alle Eindrücke vermitteln, deine Gedanken denken, deine Empfindungen fühlen, den Schlag deines Herzens regeln, dich atmen, dich leben machen. Der Mund, den du liebst, ist lebendig von Zellen gebildet, die Hand, die du suchst oder fliehst, ist in sich lebendig von Zellen gebildet. Alles was du bist und lebst, löst sich auf in ein tausendfaches Sein und ein tausendfaches Leben. Du empfandest es selbst, das Berühren eines Menschen durchflutete dir Seele und Körper, jene Nähe, jenes Anschauen brachte dein ganzes Wesen in Aufregung, der Klang eines Wortes stieß dich ab oder brachte dir Ruhe. Aber nicht dich traf dieses Berühren, dieser Blick, dieser Klang, sondern ein paar einzelne Zellen, die du mit deinem Verstande nicht beherrscht, die mit dir machen, was sie wollen, die tausend Eindrücke an dir vorbeigehn lassen und nur diesen einen auswählen, um dich zu erschüttern.

Es ist nichts anders, jedes Stückchen Mensch, jede Zelle hat ihr eignes Leben, jedes Stückchen aber steht auch mit der Gesamtheit des Menschen in so enger Berührung, daß von ihm aus diese Lebensgesamtheit erhöht oder geschwächt werden kann.

Den Zusammenhang der Billionen von Einzelwesen zu betonen braucht es nicht, wir sehn ihn fortwährend vor uns in dem, was wir Mensch nennen. Aber daß jeder dieser Zellen ein eignes Leben hat, das, so schwer es ist, muß begriffen werden; denn nur wer die beiden Pole, Abhängigkeit und Selbständigkeit, vor Augen behält, kann wenigstens ahnen, was es mit dem Menschen und unserm Wissen von ihm auf sich hat. Lange Reihen entsagungsvoller Arbeit haben es jetzt ermöglicht, das selbständige Leben der Zellen, getrennt von dem Zusammenhang mit dem Menschen, im Experiment deutlich zu machen. Man kann dieses Leben bei geeigneten Maßnahmen unter dem Mikroskop beobachten, kann sehn, wie ein herausgeschnittenes Stück Mensch, ein paar Zellen, nun genau so sich nährt, wächst, sich fortpflanzt, wie man es von dem befruchteten Ei her kennt.

Dieses Experiment führt ja auch nur vor Augen, was ohnehin sich gedanklich feststellen ließ. Jede Zelle hat ihr eignes Leben. Sie sucht sich aus der Masse des Nahrungsmaterials das aus, was ihr paßt, das heißt, sie ißt und trinkt selbständig, sie sondert selbständig ab, was für ihr Leben unnütz oder gefährlich ist; sie führt ihren Kampf mit der Umwelt, gegen mechanische Gewalten oder Gifte, selbständig, bildet Gegengifte, paßt sich psychischen Einwirkungen an, sie bildet und formt die Gerüste der Organe, die festen Substanzen der Knochen und Knorpel, sie füllt die Substanzverluste aus und fügt zerrißne Zusammenhänge wieder aneinander. Das alles tut sie genau so selbständig oder unselbständig, wie der Mensch als Ganzes selbständig oder unselbständig ist. Denn bei dieser Frage der Selbständigkeit muß man sich immer gegenwärtig halten, daß von einer wahren Selbständigkeit in keinem Geschehnis des Lebens die Rede sein kann. Jeder Teil ist vom Ganzen abhängig und das Ganze von seinen Teilen. Nur durch einen Gewaltakt des menschlichen Denkens, nur durch einen subjektiven, ganz persönlichen Willensakt gelingt es, irgendeinen Vorgang aus der unendlichen Kette des Zusammenhangs herauszureißen; es bleibt immer dem Belieben jedes einzelnen überlassen, was er selbständig und was er abhängig nennen will.

Das Dritte, was man unbedingt im Gedächtnis behalten muß, wenn man sich mit dem Menschen, dem gesunden oder kranken, beschäftigen will, ist die Tatsache, daß die beiden Geschlechter, Mann und Weib, nicht so scharf voneinander getrennt sind, wie es der Augenschein vortäuscht, daß vielmehr jede einzelne Persönlichkeit in sich männliche und weibliche Bestandteile unvermischt trägt. Beim Manne überwiegen nur die männlichen Bestandteile, beim Weibe die weiblichen. Es existiert aber auf Gottes Erdboden nicht ein Mann, der nur Mann, und nicht ein Weib, das nur Weib wäre.

Man vergegenwärtige sich den Vorgang der Befruchtung: Der Beischlaf hat stattgefunden. Mit der männlichen Samenflüssigkeit sind zahllose Samentierchen in die weiblichen Geschlechtsorgane eingedrungen und eins von ihnen findet in der Gebärmutterhöhle des Weibes ein Ei liegen, das sanft in die Schleimhaut gebettet der Befruchtung harrt. Im wesentlichen hat dieses Ei dieselbe Form wie jede andre Zelle, das heißt, es besteht aus einem Zellkern und einem Zelleib. Der Kopf des Samentierchens, der Kern der männlichen Zelle, dringt in das Ei ein, und nun beginnt ein seltsamer Figurentanz im Innern des befruchteten Eis, den allenfalls zu verstehn jahrzehntelange Arbeit der Forscher gebraucht hat; es teilt sich der weibliche Eikern und der männliche Samenkern, je eine männliche Hälfte lagert sich neben eine weibliche, jedoch ohne ineinander überzufließen, sich zu vermischen. Weibliches und Männliches bleibt immer getrennt, das ganze Menschenleben hindurch, denn nun entwickelt sich aus dieser Zelle mit den zwei Mannweibkernen der sogenannte Mensch, der Zelleib spaltet sich zwischen den beiden Kernen, die sich wieder teilen und so fort und fort, jedoch stets so, daß in jeder Zelle weibliche und männliche Kernteile unvermischt liegen.

Hat man die drei Bedingungen des Verstehens sich unvergeßlich eingeprägt, daß der Mensch nie fertig ist, sondern immer wird und immer von außen bedingt ist, daß er nicht eine Einheit, sondern eine Genossenschaft darstellt, daß er in sich männliche und weibliche Bestandteile trägt, dann kann man ohne allzu große Gefahr eines Irrwegs der Erforschung menschlicher Zustände weiter nachgehn.

Knochen

Zunächst ist es angebracht, die Körperteile ein wenig zu betrachten, die dem Menschen den Halt geben, das, was man das Knochengerüst nennt.

Ich erinnere hier gleich wieder daran, daß auch der Knochen, diese scheinbar so starre steinerne Masse, aus Zellen zusammengesetzt ist, die allerdings die merkwürdige Eigenschaft besitzen, sich aus dem im Blut kreisenden Nahrungsmaterial bestimmte Salze, im wesentlichen Kalksalze, herauszusuchen, sich damit zu umpanzern und so das feste Gerüst herzustellen, mit dessen Hilfe wir erst existieren können, und ohne das wir wie ein Kuchenteig zusammensinken würden.

Jeder weiß oder sollte wissen, wenigstens die Frauen sollten es wissen, daß unter Umständen schon in der frühsten Kindheit dieser Aufbau von Kalksalzen nicht richtig stattfindet, daß Zustände entstehn, bei denen die Knochen zu lange weich bleiben und die man unter dem Namen: Englische Krankheit, Rachitis zusammenfaßt. Es ist ohne weiteres klar, daß eine Bedingung zur Genesung bei diesem Leiden eine genügende Zufuhr von Kalksalzen ist. Dafür reicht im allgemeinen die natürliche Ernährung des Säuglings an der Mutterbrust aus. Dagegen ist die künstliche Ernährung mit Kuhmilch, falls eine Anlage zur englischen Krankheit vorhanden ist, nicht genügend. Sie genügt kaum für das gesunde Kind, ist sozusagen eine Hungerdiät, aus der wohl ein starker Organismus sich aufbauen kann, bei der der schwache oder vernachlässigte aber häufig versagt. Da empfiehlt es sich denn, so bald wie möglich mit andern Nahrungsmitteln nachzuhelfen, vor allem mit Vegetabilien, mit Salaten, Rüben, Spinat, Radieschen und so weiter. Auch weißer Käse ist recht zweckmäßig. Daß gerade diese Art der Ernährung auch von der Mutter während der Schwangerschaft bevorzugt werden sollte, leuchtet ein. Wird doch das Knochengerüst zum großen Teil schon im Mutterleib aufgebaut.

Im allgemeinen ist es Vorschrift, die schwangre Frau und erst recht die Wöchnerin kräftig zu nähren. Mit andern Worten, man stopft in sie hinein, was hineingehn will. Das ist verkehrt; an und für sich verändert ja die Schwangerschaft die Lage und den gegenseitigen Druck der Bauchorgane erheblich. Es lassen sich Stockungen in dem Kreislauf der Säfte kaum vermeiden. Da nun durch große Mahlzeiten die Stokkungen, speziell die Verstopfungen noch zu vergrößern, durch maßloses Milchschlampen künstlich Krampfadern, Hämorrhoiden, Ödeme herbeizuführen, ist doch eine seltsame Behandlung. Der Haupterfolg ist immer der, daß die Schönheit des Weibes dabei zerstört wird. Statt einer Frau mit festen Formen und schönen Linien, erhebt sich ein verunstaltetes Wesen mit dickem Bauch, fetten Hüften und hängenden Brüsten aus dem Wochenbett, so daß bei dieser Betätigung liebevoller Pflege entscheidende Werte für die Ehe verlorengehn. Und schließlich beruht diese ganze Milchfütterung nur auf der uralten Vorstellung, daß die Kuhmilch bei der Wöchnerin zum Munde hereinfließt, um dann in den Brüsten wieder zum Vorschein zu kommen. Man sollte denken, allmählich hätten Verwandte, Freunde, Hebammen, zum mindesten alle Mütter sich eine ungefähre Vorstellung von Kreislauf machen können, das scheint aber nicht der Fall zu sein. Man weiß wohl, daß Blut in den Andern kreist, aber man handelt, als ob Milch darin flösse. Es ist derselbe Gedankengang, der Blutarmen Rotwein anrät, weil das Blut rot gefärbt ist. Des Herrn Mühlen mahlen langsam.

Schwangre nicht allzureichlich zu ernähren, besonders die Flüssigkeitszufuhr knapp zu halten, hat einen besondern Grund. Der leichte oder schwere Verlauf einer Geburt hängt in erster Linie von der Größe des kindlichen Kopfs ab. Wer sich einmal recht deutlich vorstellt, wie stark Gebärmutter und Scheide gedehnt werden müssen, damit ein Kindskopf hindurchgeht, der wird sich hüten, mutwillig diesen Kopf noch zu vergrößern. Tatsächlich ist aber der Kindskopf um so umfangreicher, je reichlicher die Ernährung der Mutter in den letzten Monaten war. Für das Gedeihen des Kindes ist die Größe des Kopfes im Moment der Geburt ohne jede Bedeutung, ja das Gewicht des Kindes sollte überhaupt in den mittleren Grenzen bleiben. Zu große Kinder sind dem Verderben ebensoleicht ausgesetzt wie zu kleine.

Dasselbe was hier von den Müttern gesagt wurde, gilt auch

von den Kindern. Der Wettstreit der Frauen, welches Kind die meiste Milch vertilgen kann, ist weder edel noch vernünftig. Ganz abgesehn davon, daß die Fresser und Säufer unter uns, an denen unsre Nation gewiß keinen Mangel leidet, zu diesem ihrem Beruf schon als Säuglinge abgerichtet werden, sind auch die meisten der gefürchteten Brechdurchfälle auf die Überfütterung der Kinder zurückzuführen. Alle soziale Tätigkeit scheitert vorderhand an der Unkenntnis der Menschen. Es gibt immer noch genug Mütter, die Milch in ihr Kind hineintrichtern, bis es überläuft wie ein allzu volles Faß.

Ein Mittel gegen die Rachitis ist die Überernährung nicht. Wohl aber werden die Kinder dabei fett und schwer, und eine sichre Folge davon sind krumme Beine. Jede Mutter hält ihr Kind für eine Art Weltwunder, und daß sie dieses wunderbare Kind so bald wie möglich laufen sehn will, ist begreiflich. Sie wollen den Beweis des Genies leibhaftig herumschwanken sehn. Aber diese Mütter sollten bedenken, daß selbst die Knochen eines gesunden Kindes erst sehr spät stark genug werden, um die Last des Körpers zu tragen, daß aber ein weicher Knochen krumm wird, wenn man ihn belastet. Sie sollten einmal auf der Straße die Schar krummbeiniger Menschen zählen, die ihnen begegnen, ja sie haben vielleicht nichts andres nötig, als sich im Spiegel zu betrachten. Wir geben ja dank unsrer unerhörten Kulturfortschritte nicht mehr viel darauf, wie die Gestalt des Menschen aussieht; wenn nur das Gesicht glatt ist, mögen die Füße verkrüppelt sein, der Kopf kahl und die Schultern schief. Ja, nicht einmal der Leib des Mädchens gilt mehr etwas, eine jede läßt ihn sich ohne Sorge zerschneiden, da es ja gefahrlos ist; und die Narbe sieht doch nur der Liebste, und auch er erst, wenn er unlösbar gefesselt ist. Aber damit wird Krummes nicht gerade. Gesellen sich zu den krummen Beinen dann noch schiefe Hüften und ein leidlicher Buckel, wie es bei der Gewohnheit, die jungen Menschen täglich 6–10 Stunden lang während der Entwicklung auf die Schulbank zu nageln, kaum anders sein kann, dann ist allerdings ein Wunder von Kind da, und man segnet die Erfindung der Kleider, unter denen alle Greuel verborgen bleiben. Das Wachstum der Kinder zu überwachen, für das Ebenmaß ihrer Gestalt zu sorgen, ist eine dringende Aufgabe der Erziehung. Es wird von den Eltern so viel am Charakter herumerzogen und verdorben, warum geschieht es dann nicht in den äußern Dingen, die doch viel leichter zu regeln sind?

Der Natur die Bildung gerader Glieder zu überlassen, ist ebenso falsch, wie ihr die Heilung zerbrochner Knochen anzuvertrauen. Das fällt ja niemandem ein, wenn er es vermeiden kann. Es fällt selbst denen nicht ein, die die Natur gepachtet haben, unsern Naturheilkünstlern.

Ich habe schon oft versucht, hinter den Sinn des Wortes Naturheilverfahren – ein schönes Wort ist es ja – zu kommen. Er liegt, wenn ich es recht verstehe, darin, daß es im Gegensatz zu diesem Naturheilverfahren ein Kunstheilverfahren gibt. Nun, wenn man unser ärztliches Handeln eine Kunst nennt, so können wir es zufrieden sein und wollen gern unsern Gegner den Ruhm lassen, daß sie keine Künstler sind. Mir scheint jedoch in dem Anlegen eines feuchten Wickels, in einem Überguß- oder Sitzreibebade nicht mehr Natur zu sein als in dem Abnehmen eines Beins oder in dem Trinken von einem Fingerhutaufguß. Ich habe noch keinen Menschen gesehn, der sich mit einem feuchten Wickel um den Leib natürlich vorgekommen wäre. Es ist sehr freundlich von den Leuten, uns Ärzte außerhalb der Natur zu stellen, so, als ob wir deren Meister wären. Wir beanspruchen das aber nicht. Wir sind stolz darauf, Diener der Natur zu sein, nur ist das Gebiet der Natur für uns nicht gar so eng wie in jenen Köpfen. Außerhalb der Natur wirkt niemand, und jedes Heilverfahren ist ein Naturheilverfahren. Freilich Narren sind nicht zu belehren. So soll man Narren Narren sein lassen. Aber die arzneilose, operationslose Behandlung? Das klingt schon besser, wenigstens wird nicht die Mutter Natur als Reklame benutzt. Nur darf man nicht näher zusehn. Denn dann stellt sich heraus, daß das vornehmste und wichtigste Medikament, das Wasser, von diesen Leutchen nicht Arznei genannt wird, daß sie das Kochsalz, die Kohlensäure, die Zitronensäure, die Elektrizität, das Radium, die Chemie des Sonnenlichts, die Mineralquellen, ja sogar allerhand Tees zum sogenannten Blutreinigen nicht zu den Arzneimitteln zählen. Bequem ist das, aber nicht ganz ehrlich. Und nun gar operationslos. Ich bin gewiß kein Freund vom Operieren, habe in meiner zweiundzwanzigjährigen Tätigkeit vielleicht ein halbes Dutzend größerer Operationen angeraten. Aber so dumm bin ich denn doch nicht, anzunehmen, es ginge auf dem Schlachtfelde, bei den

Unglücksfällen in Fabriken und anderwärts ohne das Messer. Und wie, wenn ich fragen darf, denken sich denn die Jünger der Naturheilkunde die Behandlung eines Knochenbruchs? Wollen sie den auch der Natur überlassen, operationslos behandeln? Oder ist etwa das Einrichten der Knochen keine Operation? Das ist sie wohl und unter Umständen eine recht schwierige, langwierige und blutige. Ohne Operation, das weiß jedes Kind, heilt der Knochen schief, abgesehn von ein paar Ausnahmefällen, muß schief heilen. Da ist es doch besser, man greift zur Kunst.

Man vergegenwärtige sich nur die Lage oder mache sie sich durch einen Vergleich deutlich. Nehmen wir einen Oberarmbruch. Man kann sich den Knochen etwa als einen Stock vorstellen, zu dessen Seiten die Muskeln wie stark angespannte Gummibänder entlanglaufen. Bricht nun der Stock entzwei, so ziehn sich die Bänder sofort zusammen, und die Bruchenden des Stockes lassen sich nur dann wieder gerade aneinanderfügen, wenn die Bänder gedehnt werden. Genauso geht es mit dem Knochenbruch. Die Knochenenden werden durch den Zug der Muskeln gegeneinander verschoben, und ohne Kunsthilfe, ohne Operation heilt der Knochen schief.

Bei dieser Gelegenheit möchte ich nochmals auf die Selbständigkeit der Zellen hinweisen. Der Knochen besteht, wie jeder Teil des Körpers, aus kleinen Zellgebilden, die hier eine gewisse Ähnlichkeit mit Spinnen haben und sich rings mit den Knochensalzen umgeben haben. Bricht nun der Knochen an irgendeiner Stelle, so bauen diese kleinen Wesen ein neues, hartes Gerüst an der Bruchstelle auf, ohne irgendwie zu dieser Arbeit von dem Verstande oder Willen des Menschen bewogen zu werden. Sie handeln aus eigner Machtvollkommenheit, mit eignem Willen und Verstande, im höchsten Grade zweckmäßig. Freilich stehn sie dabei durch Nerveneinflüsse, Zirkulation, elektrische Spannungen und so weiter im Zusammenhang des Ganzen, ihre besondere Tätigkeit aber vollführen sie nach eignen Gesetzen.

Sehr nachdenklich stimmt es, wenn man sich den Bau solch eines Knochens ansieht. Man bemerkt dann, daß er genau nach denselben Regeln gebaut ist wie etwa unsere Eisenbrükken. Es haben sich einzelne Teile zu Strebepfeilern zusammengefügt, die nebeneinander herlaufen, sich verflechten, gegenseitig stützen und dem ganzen Gebilde den wunderbaren Halt und eine außerordentliche Elastizität geben. Dem gleichen Phänomen, daß sich technische Wunder, zu denen wir Menschen mühsam im Laufe jahrtausendlanger Entwicklung gelangen, in den Schöpfungen der Natur finden, begegnet man häufig. So kann das Auge mit dem Apparat der Fotografie verglichen werden, das Fernrohr, das Mikroskop, vor allem die Brille ist in ihm vorgebildet, im Innern des Ohrs treffen wir auf eine Klaviatur, der Kreislauf im Körper ist ein unerreichbares Vorbild einer Wasserleitung und Kanalisation. Noch auffallender sind die Analogien bei einigen kleinen Lebewesen, die in ihrer Gestalt dem Ordenssterne gleichen oder gar den künstlich geschnitzten, durchbrochenen und ineinandergeschachtelten Elfenbeinkugeln, wie sie von China aus in den Handel gebracht worden sind. Greifbar deutlich tritt einem da der Satz entgegen, daß unsre Kunstwerke Werke der Natur sind, und wir erblicken mit eignen Augen vor uns das Symbol der Einheit aller Welt und alles Geschehens, daß jedes Einzelwesen, auch der Mensch, auch sein Auge, ein Teil des Ganzen ist, daß aber dieses Ganze sich im Teil erschauen läßt.

Auf diesen Zusammenhang aller Dinge und allen Geschehns möchte ich bei Gelegenheit des Knochenbruchs nochmals hinweisen. Man geht gewöhnlich rasch über die Ereignisse, die zum Knochenbruch führen, hinweg, denkt sich: der Mensch ist gefallen, und dabei ist der Knochen zerknickt. Aber selbst wenn man eine Reihe von Knochenbrüchen ausschaltet, bei denen das zerbrochne Glied zufällig unglücklich zu liegen kam, bleibt die Frage ungelöst, warum der eine Mensch tausendmal fallen kann, ohne sich etwas zu tun, der andre schon beim ersten Fall einen Knochen bricht. Es sprechen da eine Menge Gründe mit. Bekannt ist es ja, daß die Knochen mit zunehmendem Alter an Elastizität verlieren, brüchiger werden. Dann ist der dumme Verstand vielfach an dem schlimmen Ausgang schuld. Während das Kind platsch auf den Bauch oder den Hintern fällt, sucht der verständige Mensch die Gewalt des Falles durch Vorstrecken der Arme oder sonstwie zu mildern. Daß der Arm, der womöglich gestreckt ist und die Wucht des Sturzes allein tragen muß, zerbricht, ist nicht wunderbar. Die Ungeschicklichkeit der Bewegungen, die Steifheit der Gelenke kommen hinzu. Nur ausnahmsweise erhalten sich die Menschen, vornehmlich

Frauen, die Geschmeidigkeit des Körpers annähernd so, wie sie Kindern eigentümlich ist, bei denen die Gelenke vollständig biegsam sind. Das Leben bringt es mit sich, daß der Mensch steif wird.

Betrachtet man die Gewohnheiten des Menschen, so fällt sofort auf, daß er seine Gelenke fast nur in einer Richtung übt. Die Finger werden selbst in der Ruhe in gekrümmter Lage gehalten, bei jeder Verrichtung der Hände werden sie ebenso wie die Handwurzel und das Ellenbogengelenk noch mehr gebeugt. Die Streckbewegungen sind selten, ein Überstrecken in diesen Gelenken kommt fast nie vor. Mit der Schulter ist es noch schlimmer. Der Arm hängt herab, wird sehr selten aufwärts, bis zur vollen Höhe fast nie bewegt. Auch die Wirbelgelenke müssen versteifen, da das Bücken, das rasche Sichhinwerfen, wie es bei Kindern vorkommt, bei Erwachsenen ungewöhnlich ist. Von den Zehen ist schon gar nicht zu reden, sie können in dem Schuhwerk nicht bewegt werden, werden nie vollkommen gestreckt oder gar gebeugt. Der Fuß bewegt sich in der Regel in einem gleichmäßigen Auf und Ab, wobei die Bewegungsweite so gering wie möglich ist. Das Kniegelenk ist außer beim Stehn nie gestreckt, und selbst dann nur mangelhaft; die Menschen stehn fast alle knickbeinig. Am schlimmsten wird am Hüftgelenk gesündigt. Jemand, der das Bein gestreckt ohne Schmerzen heben kann, ist schon eine große Ausnahme.

Selten werden diese Tatsachen, die, wie ich später zeigen werde, in jeder Beziehung für die Gesundheit des Menschen von Wichtigkeit sind, genügend beachtet, aber man frage einmal die Unteroffiziere, welche Mühe es kostet, den Rekruten das Beinheben und das Beinspreizen beizubringen. Kerle, die angeblich kerngesund sind, die in der hochgelobten freien Natur bei einer sogenannten gesunden Beschäftigung aufgewachsen sind, die als Knaben jeden Baum und jede Felsenspitze erklettert haben, sind mit zwanzig Jahren so steif wie Stöcke.

Bei solchen Verhältnissen ist es ohne weiteres klar, daß der Versuch, den Fall durch eine abwehrende Bewegung zu lindern, recht unglücklich ausfallen kann. Es kommt noch hinzu, daß durch den Mangel ausgiebiger Bewegungen in den Gelenken, vor allem der Streckbewegungen, an bestimmten Nerven Rauheiten auftreten, die die Freiheit der Bewegungen, sobald sie das gewohnte Maß überschreiten, schmerzhaft machen. Die Nerven rosten ein, werden an den Knochenfurchen, in denen sie laufen, zwischen den Muskeln und Faszien eingekeilt, häufig verwachsen sie auch mit der Haut oder den anliegenden Geweben. Sind diese Erscheinungen erst einmal da – und sie treten fast bei allen Menschen schon in der Jugend auf –, dann vermeidet der Körper unwillkürlich eine Reihe von Bewegungen. Der Verstand hat damit nichts zu tun, aber jeder Mensch hat ein Unterbewußtsein, das ihn lehrt, was er im Moment tun und lassen soll. Beim Fall nun, der zum Knochenbruch führt, spielt sich häufig in diesem Unterbewußtsein ein rascher Kampf ab. Der Körper wünscht das Glied in die richtige Lage zu bringen, in der es nicht gefährdet ist, weiß auch ganz genau, wie das zu geschehen hat – denn, wie gesagt, jeder Teil des Körpers hat eine merkwürdige Menge Verstand –, im Moment, wo er die zweckmäßige Bewegung jedoch machen will, fällt ihm ein, daß sie schmerzhaft ist, er hält in der Mitte inne, und das Glied bricht in der verzwickten Lage, in die es geraten ist.

Man wird vielleicht meinen Worten, daß anscheinend ganz gesunde Menschen kranke Nerven haben, wenig Glauben schenken. Den Zweiflern rate ich, einmal ihre Fußsohlen abzutasten, nicht gar zu sanft, etwa so wie ein Stein drücken würde, auf den man unversehens tritt. Etwa in der Mitte der Sohle werden sie einen schmerzhaften Punkt finden, ja vielleicht werden sie eine ganze Reihe solcher Punkte entdecken. Dieser Schmerz ist das Zeichen, daß der Nerv der Fußsohle irgendwo und irgendwie geschädigt ist. Das ist auch ganz natürlich, muß so sein. Wenn man bedenkt, daß im Leben des Erwachsenen fast nie ein Moment eintritt, in dem die Flüssigkeit aus dem Fuß von selbst abfließen kann, daß der Fuß im wachen Zustand der tiefstgelegne Teil ist, daß dort der Strom der Säfte stets bergauf geht, daß er auch beim Liegen höchstens eben wird, dann sieht man ein, daß im Fuß leicht Stauungen auftreten. Es kommt hinzu, daß der Rückfluß der Säfte aus den Beinen durch die vielen Hindernisse im Bauch an und für sich erschwert ist. Welche Bedeutung das hat, geht daraus hervor, daß der Unterschenkel des Menschen abends ½–1 cm dicker zu sein pflegt als morgens, was allerdings nur wenige wissen. Nun ist aber das Gewebe der Fußsohle besonders straff gespannt, und jede Säfteüberfüllung übt dort einen erheblichen Druck aus. Rechnet man weiter, daß die Füße durch das Schuhwerk eingeschnürt sind, daß auf ihnen beim Gehn, Stehn, ja bisweilen auch beim Sitzen das Gewicht des Körpers lastet, daß die starre Schuhsohle jede ausgiebige Bewegung des Mittelfußgelenks verhindert, so daß der Nerv nur wenig hin und her gleitet und leicht an seiner Oberfläche Rauheiten bildet, so erscheint einem die häufige Erkrankung des Nervs nicht mehr merkwürdig.

Merkwürdig ist nur, daß der Mensch gewöhnlich nichts von dieser Erkrankung weiß. Man sollte denken, daß eine solche außergewöhnlich schmerzhafte Stelle für das Gehn hinderlich sein müsse. Das ist nicht der Fall. Der Fuß hat einen scharfen Verstand – ich muß wieder diesen Ausdruck gebrauchen, so sehr ich damit auch vieler Empfinden verletze. Er fragt nicht erst lange beim Gehirn an, sondern weiß selbst genau, wie er auftreten muß, um den Schmerz zu vermeiden, er bemerkt vorher schon jedes Steinchen, jede Unebenheit und weicht ihr aus. Es muß schon ein unglücklicher Zufall sein, wenn der Nerv einmal doch von einem spitzen Stein oder sonst irgend etwas getroffen wird. Ich komme gleich darauf zu sprechen. Hier möchte ich nur betonen, daß diese immerwährende Vorsicht, mit der der Fuß seine Arbeit tut, doch erheblich anstrengender ist, als wenn er das, wie bei den Kindern, nicht nötig hat. Der erwachsne Mensch verbraucht, daran ist gar nicht zu zweifeln, ein Gutteil Kraft, um seine kranken Fußnerven zu schonen, Kraft, die er anders verwenden könnte, wenn er einigermaßen auf sich achtete. Es ist nämlich sehr einfach, den Nerv gesund zu erhalten oder ihn wieder gesund zu machen. Dazu braucht man sich nur anzugewöhnen, die Füße, soviel es geht, hochzulegen, damit die Flüssigkeit leichter daraus abfließen kann; die Amerikaner sind darin Vorbild, wie in vielen Dingen. Den gefräßigen Bauch muß man ein wenig knapp halten und möglichst oft barfuß gehn.

Im übrigen gilt das, was hier von den Fußnerven gesagt wurde, für eine Reihe andrer Nerven ebenso. Fast jeder kann sich davon überzeugen, daß er oberhalb der Augen, an den Schläfen, am Hinterhaupt, am Brustbein, vor allem in der Hüftgegend ähnliche Schmerzpunkte hat. Sie haben eine große Bedeutung für die Gesundheit des Menschen. Denn man geht wohl nicht zu weit, wenn man annimmt, daß diese allen Schädlichkeiten ausgesetzten Stellen nach und nach für den Körper verhängnisvoll werden. Ich kann vorläufig nur andeuten, wie ich es meine, da zum vollen Verständnis die Beziehungen des Nervensystems zum Blutkreislauf und zur Ernährung bekannt sein müßten. An dieser Stelle genügt es hervorzuheben, daß ein solcher Einfluß erkrankter Nerven auf das Befinden des Gesamtorganismus besteht. Es bedarf auch, um diesen Einfluß hervorzurufen, gar nicht eines schmerzhaften Eindrucks auf die Nerven. Die scharfen Winde, das helle Licht, das Beugen des Kopfes beim Lesen wirken schon auf die erkrankten Nerven der Augengegend ein, das Sitzen, vor allem das Liegen auf die der Hüftgegend. Auch diese Teile leben – um mich dieses gewagten Ausdrucks zu bedienen – vorsichtig, sie sind beständig auf der Hut, unangenehme Empfindungen zu vermeiden, sie verbrauchen immer und immer einen reichlichen Teil der Kraft, die dem Menschen zur Verfügung steht. Mit dieser Kraft wird lediglich etwas vermieden, nichts getan, während doch die Kraft dem Menschen zum Tun gegeben ist. Jedem ist bekannt, daß bei gleichen äußern Ursachen, etwa bei einer Epidemie, nicht alle Menschen erkranken, daß dazu vielmehr noch eine innre, im Menschen gelegene Ursache gehört, die man etwa Anlage zum Erkranken nennen mag. Wir haben hier einen der Faktoren, die die rätselhafte Anlage oder Prädisposition bilden.

Es ist oft nicht leicht zu bestimmen, was gesund und krank ist, so geläufig diese Ausdrücke auch für jeden sind. Gesundheit und Krankheit sind keine Gegensätze, es besteht zwischen ihnen keine Trennungslinie, jenseits und diesseits deren man sagen könnte, hier ist der Mensch gesund und dort ist er krank. Ein Sandkorn ist noch kein Haufen, zwei oder drei auch nicht, es steht in dem Belieben eines jeden, bei wieviel Sand er von einem Haufen reden will. Genauso braucht ein jeder das Wort krank nach seinem eignen Gutdünken. Der echte deutsche Mann hält sich, wie mir gütige Frauen sagen, für krank, wenn er einen Schnupfen hat, der Holländer aber, der mit geschwollnen gichtbrüchigen Gelenken, lahm und von Schmerzen gepeinigt den Arzt aufsucht, beginnt seine Erzählung mit den Worten: Ich bin nicht krank, Doktor. Für ihn ist Kranksein und Im-Bett-Liegen dasselbe. Für uns, die wir im Leben stehn, ist ein Mensch mit Hühneraugen gewiß nicht krank, er ist nicht krank, wenn ihm ein paar Zähne fehlen, wenn er einen Buckel hat oder wenn ihm ein Fingerglied verstümmelt ist. Wer aber am Schreibtisch den Begriff der Krankheit definieren will, der wird all das zur Krankheit rechnen müssen.

Im Grunde ist Krankheit nur ein Name, ein Wort, das man zur leichtern Verständigung geschaffen hat, das aber bald zu viel und bald zu wenig faßt. Da ist ein Mensch mit blauen Lippen und Nägeln, mit keuchendem Atem und dicken Füßen, und wenn er die Hand auf seine linke Brust legt, fühlt er sein Herz unruhig toben. Er hat einen Herzfehler, er ist krank; wer einen Herzfehler hat, ist krank, das weiß ein jeder. Aber neben ihm steht einer, stark und kräftig, geht seiner Arbeit nach und lebt sein Leben dahin ohne jede Beschwerde bis in ein hohes Alter; und doch, bei der Sektion findet man ein krankes Herz. Ist der Mann krank? Geht durch die Straßen, jeder sechste Mensch, der euch begegnet, hat solch ein krankes Herz. Ist er darum krank zu nennen? Geht durch die Straßen, zählt die Leute dort, der dritte jedesmal hat Gallensteine. Sind Gallensteine keine Krankheit? Und muß man, darf man jeden dritten Menschen krank heißen? Oder man nehme die Tuberkulose. Geh in das Theater und schau dir die Menge an. Fast alle, die dort sitzen, geputzt und aufmerksam, sind tuberkulös oder waren es einmal oder werden es einmal sein, denn unter hundert Menschen sind nur drei, die diese Krankheit nicht befällt. Setz dich an deinen Tisch mit Weib und Kind und merk es wohl: nicht einer von den Deinen ist frei von dieser Krankheit, vor der du zitterst, weil man dich täglich in Wort und Schrift damit erschreckt. Beschau dich nur im Spiegel und merke dir, wie solch Tuberkulöser aussieht. Denn du bist vermutlich einer von den 97. Aber bist du darum krank? Du tust dein Werk heute und morgen und freust dich der Sonne, die dir scheint, und der Nacht, die dich erquickt, und wer dich krank nennen will, dem lachst du ins Gesicht. Es ist zu dumm. Man kann nicht 97 Prozent der Menschen krank nennen.

Oder merk auf jenen dort, der verstört und untätig durch das Leben schleicht, von Arzt zu Arzt rennt, seine Leiden zu klagen, und der überall denselben Bescheid erhält: Du bist gesund; du bildest dir deine Krankheit nur ein. Der eingebildete Kranke, ja gibt es denn den? Es gibt Frauen, die Migräne bekommen, weil sie einen neuen Hut haben wollen, es gibt

Männer, die Zahnweh haben, weil eine Gesellschaft droht, es gibt schulkranke Kinder. Aber eingebildete Kranke? Ich habe noch keine gesehn. Wer sich krank fühlt, den soll man auch krank nennen, auch wenn man nichts an und in ihm findet, was krankhaft ist. Es ist bequem von Einbildung zu sprechen, von Hysterie, von Interessantseinwollen, aber es ist ein fahrlässiges Vergehn, und keiner, der das Wort Einbildung von einem Menschen brauchen will, vergesse, daß er damit den Frohsinn eines Lebens bricht.

Und zum letzten, wo will man die Krankheit beginnen lassen, etwa die Tuberkulose? In dem Moment, wo Fieber und Husten den Menschen niederwerfen? Aber vorher bestanden schon jahrelang in den Lungen die kleinen Knötchen, die man Tuberkel nennt. In dem Moment, wo jene Knötchen entstanden? Aber ehe sie entstanden, mußten Bazillen in die Lungen dringen, ganz abgesehn davon, daß sich das erste Knötchen niemals feststellen läßt. Und kann man die Lunge, in der ein Bazillus Acker und Wirkungsfeld findet, noch gesund nennen? Gewiß nicht, denn jeder Mensch atmet täglich Tuberkelbazillen ein, ohne daß sie ihm irgend etwas schaden. Sein Organismus, seine Gesundheit vernichtet den Feind. Wer Tuberkel bekommt, muß vorher schon Fehler in seinem Organismus haben, muß, wenn man so will, vorher schon krank gewesen sein, von Geburt an vielleicht, ja vielleicht schon in seinen Eltern und Ahnen.

Ich sehe keine Möglichkeit, das Wort krank wissenschaftlich zu definieren. So gestatte man mir, persönlich zu urteilen. Krank ist für mich, wer in seiner Leistungsfähigkeit geschädigt ist und sich für krank hält. Alle andern, mögen sie von der Wissenschaft tausendmal für krank erklärt werden, sind für mich gesund, selbst wenn der Tod sie schon gepackt hätte, selbst wenn ihr Leib schon vom Leiden bis auf ein Restchen verzehrt ist. Mit ihnen hat der Arzt nichts zu schaffen. Sie sind gesund.

Ich knüpfe hier wieder an die alltägliche Erkrankung des Fußsohlennervs an, zu der ich noch einiges nachzutragen habe. Ich sagte, der Fuß tritt stets so auf, daß die schmerzhafte Stelle geschont wird. Eine gewöhnliche Folge davon ist das Hühnerauge, wohl auch die Schwielen unter und an den Zehen; denn nur der Fuß hat Verstand, nicht der Schuh, der durchaus nicht den vorsichtigen Bewegungen seines Gefangnen folgt. Es treten selbst bei gut sitzenden Stiefeln, die es heutigen Tages fast gar nicht mehr gibt, Reibungen auf, die allmählich zur Verdickung der Hornhaut, zum Hühnerauge führen. Das verdoppelt dann die Schwierigkeit des Gehns. Von dem Moment an wird der Fuß geschont, unwillkürlich, gewiß. Aber die Tatsache bleibt, daß das Bein mit dem kranken Nerv, mit dem Hühnerauge weniger gebraucht wird als das andere. Und das heißt, daß es schwächer wird. Denn jedes Glied wird durch mangelhaften Gebrauch schwach.

Wer darauf achtet, kann bei recht vielen Menschen feststellen, daß die Kraft ihrer Beine verschieden ist. Ein schwaches Bein ist aber naturgemäß der Verletzung leichter ausgesetzt als ein gesundes. Ja, ich persönlich halte es nicht für unwahrscheinlich, daß oft ein Bein nur deshalb bricht, weil es schon schwach, das heißt krank war. Von den meisten Kniegelenkleiden, wie sie durch Fall oder Stoß entstehn, und die bald nur zu mäßigen Anschwellungen oder Blutergüssen führen, bald aber langwierige, mitunter lebenslange Entzündungen hervorrufen, glaube ich es unbedingt. Nur ganz ausnahmsweise tritt, abgesehn von den Infektionskrankheiten, eine Kniegelenkentzündung an einem gesunden Bein auf. Fast immer war es vorher schon krank. Zum bessern Verständnis muß ich allerdings hinzufügen, daß der Gründe für den Kraftunterschied beider Beine Legion ist. Einer der häufigsten ist ein Unfall in der Kindheit oder später, in dessen Folge das eine Bein längere Zeit geschont wurde oder gar im Verband lag. Eingewachsene Nägel spielen ebenfalls dabei eine Rolle. Aber auch im Gefolge bestimmter Erkrankungen der Bauchorgane, nach Typhus, Blinddarmentzündungen, Unterleibsleiden, langwierigen Verstopfungen oder Diarrhöen wird bald das rechte bald das linke Bein schwächer. Es kommt dann unter Umständen zu Vorgängen, bei denen sich alles in einem ärztlich hochinteressanten, für den Kranken aber recht unangenehmen Kreise bewegt. Durch irgendeinen krankhaften Zustand im Bauch, vielleicht durch Narbenstränge in der Blinddarmgegend, die auf die Nerven des Beins drücken, wird das rechte Bein geschwächt. Unwillkürlich wird es geschont und falsch aufgesetzt. Es entsteht ein Hühnerauge. Nun wird das Auftreten noch schwieriger und künstlicher. Das Bein wird dauernd in verkehrter Stellung gebraucht, und nach einigen Jahren erkrankt der Hüftnerv dadurch, daß er stets nach falschen Richtungen hingezerrt wird, von unten nach oben hinauf, und schließlich ist die vollendete, schwere, vielleicht unheilbare Ischias da.

Eine Prüfung der Kraft in den Beinen ist für jedermann nützlich. Sobald ein Unterschied darin nachgewiesen wird, muß das gesunde Bein geschont und das schwache mehr gebraucht werden, etwa so, daß beim Treppensteigen mit dem kranken Bein zwei Stufen genommen werden, während das gesunde nachgezogen wird. Im äußersten Falle muß man sogar das gesunde Bein zeitweise durch einen Gipsverband gebrauchsunfähig machen, um die gefährliche Differenz auszugleichen. Denn die Gefahr liegt immer nur in der Differenz der Kraft. Sind beide Beine schwach, so hat das nicht dieselben Folgen.

Von der heimtückischen Art der Entzündungen, die es an sich haben, immer wiederzukommen, wenn sie erst einmal ein Kniegelenk befallen haben, hat wohl jeder schon Beispiele gesehn. In der Hauptsache ist diese Sucht des Gelenks, wieder zu erkranken, auf die Schwäche des Beins zurückzuführen, die durch die Entzündung selbst hervorgerufen wird, die aber durch das übliche Ruhigstellen des Gelenks, womöglich mit dem Gipsverband, erheblich verschlimmert wird. Wer Kniegelenkentzündungen zu behandeln hat, sollte von vornherein daran denken, daß er es nicht mit der einzelnen Erkrankung zu tun hat, sondern daß aller Wahrscheinlichkeit nach früher oder später Rückfälle kommen werden, und daß das einzige Mittel sie zu verhüten, allerdings eines, das selten versagt, die Kräftigung des kranken Beines ist, durch Widerstandsbewegungen, Massage, oder was man sonst verwenden will.

Gelenke

Ich bin unversehens in die Besprechung der Gelenkerkrankungen hineingeraten, möchte aber, ehe ich darin weiter fortfahre, noch auf eine Form der Bruchverletzungen zurückkommen, die durch eigentümliche Umstände neuerdings häufig geworden ist, das ist das Abspringen eines Knorpelstücks innerhalb des Kniegelenks. Hier verbindet sich der Knochen- oder Knorpelbruch mit der Gelenkentzündung. Vorher muß ich jedoch einiges nachholen, was zum Verständnis nötig ist.

Jedermann hat wohl eine ungefähre Vorstellung davon, wie ein Knochen gestaltet ist, daß man platte Knochen unterscheidet, wie sie am Schädel vorkommen, und Röhrenknochen, die den Gliedmaßen Halt geben. Der Röhrenknochen, mit dem wir es hier zu tun haben, trägt seinen Namen, weil er innen eine Höhlung hat. In ihr birgt sich das Knochenmark, das für die Blutbildung eine Bedeutung hat; umgeben ist der Knochen von der Knochenhaut, von der aus im wesentlichen die Neubildung des Knochens stattfindet. Da die Hauptaufgabe der Gliedmaßen nur durch ihre Beweglichkeit erfüllt werden kann, darf der Halt der Knochen nicht starr sein, wie es der Fall wäre, wenn ein einziger Knochen in ihrem Inneren läge, sondern es müssen mehrere Knochen aneinandergereiht sein, die dann mit Hilfe verschieden gestalteter Gelenke gegeneinanderbewegt werden. Dort wo zwei Knochen aneinanderstoßen, sind ihre Enden von einer glatten weißen Schicht überzogen, dem Gelenkknorpel. Damit die Bewegung ohne jede Reibung, so leicht wie möglich stattfindet, sind aber nicht nur die Knorpel spiegelglatt, sie sind auch noch durch eine Flüssigkeit, die Gelenkschmiere, geschmeidig gemacht. Das ganze Gelenk ist von einem starken Sack, der Gelenkkapsel, umgeben, die etwas oberhalb und unterhalb des Gelenks sich an die Knochen anheftet. Der Raum zwischen den beiden Knorpeln ist luftleer, so daß die Gelenkenden dicht aneinandergepreßt sind und nicht schlottern.

Zweckmäßig geregelt wird die Arbeit des Gelenks durch Knochenvorsprünge, die die Bewegung auf bestimmte Richtungen beschränken und zu weite Ausschläge verhindern. In Gebrauch wird das Gelenk durch die Muskeln gebracht. Das ist in großen Zügen angegeben der Bau der Gelenke.

Für unsern Fall des Abspringens eines Knorpelstücks ist wesentlich, daß der Knorpel stets innerhalb der Gelenkkapsel liegt, daß also gleichzeitig der Knochen und das Gelenk verletzt werden. Die erste Folge des Unfalls ist ein Anschwellen des Kniegelenks durch Austritt von Flüssigkeit aus dem Kreislauf in die Gelenkhöhle. Es ist der übliche Anfang der Gelenkentzündung. Die Bedeutung der Verletzung liegt aber nicht in diesem Flüssigkeitserguß, der rasch zu beseitigen ist, sondern in dem Verhalten des abspringenden Knorpels. Legt sich das Stück gutwillig in irgendeiner Ausbuchtung der Gelenkkapsel zur Ruhe, so ist die Sache damit abgetan; es läßt sich dann auch leicht und verhältnismäßig gefahrlos entfernen, wenn die Bewegungsfreiheit allzusehr eingeschränkt ist. Schlimm wird es aber, wenn das Ding in dem Gelenk spazierengeht, sich bald hier bald da voll Tücke zwischen die Gelenkknorpel klemmt. Immer und immer wieder treten dann neue Ergüsse, neue Entzündungen auf. Dann ist wirklich schwer raten. Operation? Ja, damit ist man heutzutage rasch bei der Hand. Aber wer ein paarmal gesehn hat, was für böse Folgen die Operation unter Umständen hat, der entschließt sich kaum, dazu zu raten. Es ist nämlich manchmal sehr schwer, in den engen versteckten Räumen des Gelenks solch ein glibberiges, boshaftes Ding zu finden und zu fassen. So leicht die Operation ist, wenn das Knorpelstück festsitzt, womöglich von außen gefühlt werden kann, so gefährlich ist sie, wenn man es suchen muß. Das sind schwierige Entscheidungen, die den Arzt arg quälen können.

Ich sagte vorhin, daß diese Art der Unglücksfälle häufiger geworden ist. Wir verdanken diese Bereicherung unsrer Tätigkeit im wesentlichen den Schustern. Was ein richtiger Schuster ist, meint nämlich, daß die Zehen des Menschen überflüssige Anhängsel sind, die nur dadurch existenzberechtigt werden, daß sie mit Hilfe der Stiefelsohlen nach oben gebogen und für das Gehen unbrauchbar gemacht werden. Soviel ich weiß, kommt diese Mode, der Schuhsohle einen Schwung nach oben zu geben, aus Amerika. Tatsache ist aber,

daß man schon durch zwanzig Städte reisen und alle Schuster-
werkstätten abgrasen muß, um jemanden zu finden, der Stiefel mit flachen Sohlen bauen kann, mit Sohlen, die glatt auf
der Erde ruhen. Es stimmt ganz fromm, wenn man abends
spät durch die Korridore eines Hotels geht und da vor jeder
Tür die Stiefel und Stiefelchen der mehr oder minder ver-
schwenderischen und nichtstuenden Gäste ihre Spitzen fle-
hend gen Himmel richten sieht, als wollten sie in nächtlicher
Andacht gutmachen, was ihre Herren sündigten. Ab und zu
sind allerdings durch irgendein sinnreiches und teuer bezahl-
tes Holzinstrument die Spitzen niedergedrückt. Aber das
hilft nichts; sobald der Schuh am Fuß sitzt, geht die Sohle
nach oben und drückt die Zehen vom Erdboden weg. Sie ist
eben falsch zugeschnitten.
Alle Sohlen werden falsch zugeschnitten; denn wer sich einbildet, für seinen Fuß werde extra eine Sohle zurechtgemacht,
weil etwa der Schuster auf Papier den Umriß seines Fußes
aufgezeichnet hat, der täuscht sich. Die Sohlen werden im
großen mit der Maschine zugeschnitten und immer in einer
Form, daß die Zehen nicht auf die Erde kommen können.
Nun versuche man einmal, barfuß mit hochgezogenen Zehen
zu gehen. Das ist ein sehr mühseliges Geschäft, und schon
nach dem ersten Schritt erkennt jeder, daß die Zehen vom
lieben Gott gemacht sind, damit sie die Erde gewissermaßen
greifen. In dem modernen Schuh können aber nur die Fersen
und die Ballen beim Gehn und Stehn benutzt werden, wie
sich jeder überzeugen kann, wenn er seine nur einmal getra-
genen Schuhe ansieht. Der vordere Teil der Sohle ist auch
nach stundenlangem Gehn noch wie neu. Anfangs ist das
nicht unbequem, weil die aufwärts gekrümmten Zehen in
dem Sohlenleder einen Halt haben. Auf die Dauer wird es
aber unbequem, und dann geben mir die erfindungsreichen
Schuster eine Einlage unter dem Vorwande, daß ich einen
Plattfuß habe, eine Beleidigung, für die der Mensch keinen
Sinn mehr hat. Im Gegenteil, er erzählt es noch andern, daß er
eine Einlage trägt, mit andern Worten, daß er plattfüßig ist.
Abgesehn von der Unbequemlichkeit ist die Sache gefährlich,
es ist ein wohl ausgesonnenes Attentat auf die Gesundheit der
Menschen. Da ist zum Beispiel das Springen. Es wird freilich
immer seltner, daß der Körper anders als spazierenstehend
bewegt wird, wenigens unter den Leuten, die denken,

sie sind gemeint, wenn von der Allgemeinheit gesprochen wird, unter den Gebildeten. Aber hin und wieder springt doch noch jemand von einer Leiter oder einem Stuhl herunter. Das sollte nun ein jeder einmal mit hochgezognen Zehen probieren, dann würde er sofort einsehn, warum jetzt die Absplitterung der Knorpel im Kniegelenk häufiger geworden ist. Die Beine federn so nicht, beim Aufspringen gibt es einen gewaltigen Stoß, ein hartes Aufprallen. Nun denke man sich hinzu, was ich vorhin über die empfindlichen Stellen in der Fußsohle sagte, wie scharf der Fuß empfindet, ob irgendeine Unebenheit des Bodens seinen Schmerzpunkt bedroht. Er sucht auszuweichen. Er tut das auch im Moment des Aufspringens. Aber da ihm das wichtigste Hilfsmittel des Ausweichens, die Federkraft der Zehen, durch die verruchte amerikanische Mode genommen ist, führt er es ungeschickt aus, das Kniegelenk wird schiefgerichtet, und bei dem harten Aufprall splittert der Knorpel ab.

Schließlich sind solche Verletzungen immer noch selten, und vielfach nehmen sie einen gutartigen Verlauf. Schlimmer ist folgendes: Bei bestimmten Menschen – es handelt sich namentlich um solche, die einen ganz hellen Teint haben und leicht die Farbe wechseln, warum das gerade bei denen ist, werde ich später zu erklären suchen – werden diese aufwärts gekrümmten Zehen zum Ausgangspunkt für schwere Gelenkerkrankungen, die bald unter dem Namen Gicht, bald Polyarthritis, Arthritis deformans, chronischer Gelenkrheumatismus und so weiter gehn. Sie haben dann dasselbe Amt, das vor etwa zehn Jahren und auch jetzt noch vielfach die nach innen abgedrängte große Zehe hatte, der vortretende Ballen des Fußes, wie man es wohl nennt. Der ist recht alt, ich besinne mich, ihn auf Gemälden von Perugino und Raffael bei Engeln gesehn zu haben, ein Zeichen, wie lange schon an den Menschen herumgeschustert wird. Aber daß gleich alle fünf Zehen mißhandelt werden, ist außer der Zeit der Schnabelschuhe wohl bloß unsrer hohen Kultur vorbehalten geblieben.

Bei diesen Folgen künstlicher Verkrüppelung länger zu verweilen, lohnt sich deshalb, weil sie wenigstens für einen Augenblick, etwa wie ein Blitz wirkt, den Weg ahnen lassen, der zu den Tiefen menschlicher Dinge führt. Mehr als ein Gewahrwerden dieses Weges ist unsrer Zeit noch nicht gestattet, und es fragt sich, ob überhaupt irgendwer tief hinabsteigen wird. Aber genug Klarheit, um im Leben sich als tätiger Mensch zurechtzufinden, die kann man erwerben, und darauf kommt es für Menschen, wie wir es sind, Leute ohne außerordentliche Gaben und Aufgaben an.

Ich brauchte schon bei früherer Gelegenheit das Bild des Einrostens. Mit der Vorstellung eines seit langem nicht gebrauchten Türschlosses, an dem der Rost sich eingefressen hat, so daß es sich eher zerbrechen als schließen läßt, kann man sich die Vorgänge allenfalls verständlich machen. Wird ein Zehengelenk jahrelang nicht ausgiebig gebraucht, so lagern sich in seinen äußersten Teilen und Taschen, an denen eine Reibung nie stattfindet, feste Bestandteile ab, Reste unvollkommener Verbrennungsprozesse, Asche oder Schlacke, wie man es nun nennen will. An solchen Überbleibseln aus dem chemischen Leben des Körpers fehlt es nie. Sie bilden sich immer von neuem aus der Verwertung der Nährsäfte zum Aufbau und Wirken der Zellen, nur werden sie auch fortwährend von den Stätten ihrer Entstehung durch die kreisenden Flüssigkeiten des Organismus weggespült und schließlich von Nieren, Haut, Darm und so weiter ausgeschieden. In den Gelenken ist aber bei dem Mangel an Blutgefäßen der Flüssigkeitsstrom, der Schlacken wegspülen könnte, sehr langsam, sein Gefälle wird durch die Bewegung der Gelenke ersetzt, die teils wie eine Pumpvorrichtung, teils wie fein gestellte Mühlen wirken. Fällt diese Arbeit der Gelenkflächen längere Zeit fort, so bleibt in irgendeinem Winkel ein Aschenkrümchen sitzen, und an dieses schließen dann neue Kristalle an. Schließlich ist der Winkel mit Schlackenstoffen vollgepropft, und wenn sich noch mehr ablagern, geraten sie zwischen die notwendig gebrauchten Gelenkflächen. Das kann der Körper nicht dulden, und er versucht sofort, das Korn, das auf den Knorpel drückt, loszuwerden, genauso wie wir den Kiesel, der in den Schuh geschlüpft ist, entfernen.

Das Verfahren, das er dazu einschlägt, ist ähnlich dem, das wir am Auge beobachten können, wenn auf der Eisenbahn oder sonstwie Ruß hineingeflogen ist. Das Auge schmerzt, rötet sich und tränt. Es sucht den fremden Körper wegzuschwemmen, was auch meist gelingt, wenn der Mensch nicht täppisch durch Reiben das Werk der Natur stört; meist ist nichts weiter nötig, als daß man das untre Augenlid herunterzieht und längre Zeit stark nach oben sieht, das übrige besorgt das Auge selbst. Ähnlich geht es zu, wenn ein Salzkorn, ein Aschenteilchen zwischen den Gelenkflächen sich festsetzt. Zunächst entsteht der Schmerz, der den Organismus benachrichtigt, daß etwas in Unordnung geraten ist. Sofort erweitern sich die Blutgefäße in der Umgebung des Gelenks, um mehr Flüssigkeit herbeizuschaffen, das Gelenk wird rot und prall, und in das Innere wird Flüssigkeit ausgeschieden. Das fremde Korn soll aufgelöst oder weggeschwemmt werden. Das geht aber nicht so leicht wie beim Auge, wo die Tränen nach außen abfließen und dabei leicht das Stückchen Kohle mit wegnehmen. Denn das Gelenk ist nach außen ganz durch die Gelenkkapsel abgeschlossen. Nach tagelangem Abmühen – der Gichtanfall, um den es sich hier handelt, dauert unter günstigen Bedingungen immerhin mehrere Tage, kann sich aber bis zu Wochen und Monaten hinziehen –, nach vielen Mühen ist endlich das Stückchen Salz aufgelöst oder weggeschwemmt oder wenigstens von der Flüssigkeit in einen Winkel des Gelenks getragen, in dem es die gewohnten unentbehrlichen Bewegungen nicht mehr stört. Damit tritt Ruhe ein, bis sich von neuem etwas Schlacke zwischen die Bewegungsflächen verirrt und das Spiel wieder beginnt.

Nun ab und zu einen Gichtanfall, das kann der Mensch schon vertragen, kann es als Strafe für seine Sünden ansehen, pflegt ja auch dann eine Zeitlang das Saufen zu lassen, was ihm in vieler Beziehung nur nützlich sein kann. Aber leider geht es oft nicht so glatt ab. Es gelingt dem Körper nicht immer, das Salzteilchen wegzubringen, und wenn das eine spitzige Form hat, eine Kristallnadel ist, dann bohrt es sich in den Knorpel ein. Sowie das geschehn ist, stellt der Körper seine Spülversuche ein, der Anfall verklingt, das Endchen Kristall, das aus dem Knorpel herausragt, bricht ab und die Bewegung wird wieder frei. Allerdings im Knorpel bleibt die Spitze des Kristalls stecken, die glatte Fläche des Knorpels ist an dieser einen Stelle für immer zerstört, und es dauert nicht lange, so hat sich dicht daneben oder gegenüber ein zweites Nädelchen eingebohrt, und so geht es fort, bis Hunderte davon eingespießt sind, ja bis die ganze Knorpelfläche zerstört ist. Es gehört nicht viel dazu, um zu begreifen, daß solch ein Gelenk ohne Knorpel wenig oder gar nicht zu brauchen ist. Ja es wird, sich selbst überlassen, bald ganz steif sein, da sich nun unter der Wirkung des beständigen Reizes massenhaft Salze in dem Hohlraum ablagern, die schließlich das Gelenk ummauern, ihm durch starre Massen von innen aus ganz ähnlich seine Bewegungsfähigkeit nehmen, wie das der Gipsverband von außen tut.

Auch das läßt sich noch ertragen. Was liegt daran, wenn ein paar Zehengelenke steif werden? Bei unserm niederträchtigen Schuhwerk gehört das zum Alltäglichen. Der Körper ist geschickt genug, er weiß sich ohne die Zehen zu behelfen, und der Mensch merkt nicht einmal etwas davon. Er merkt es oft jahrzehntelang nicht. Denn wohlverstanden, die ersten Anfänge solcher Verkrüppelungen der Gelenke liegen etwa im dreizehnten, vierzehnten Lebensjahr, die Folgen aber – man kann sie sich vielfach nicht schlimm genug vorstellen – kommen meist erst in der großen Wendezeit des Lebens zwischen vierzig und fünfzig Jahren zum Vorschein. Denn um das gleich vorwegzunehmen, nicht nur Frauen haben ihr gefährliches Alter, ihr Klimakterium, ihre Wechseljahre oder wie man es sonst nennen will; die Männer haben dasselbe zu durchleben, nur fehlen bei ihnen die stürmischen und jedem sichtbaren Erscheinungen. Warum diese unheimlichen Gelenkerkrankungen gerade in den Wechseljahren auftreten, wird später einigermaßen verständlich werden.

Man kann sich die Folgen nicht schlimm genug vorstellen, sagte ich. Es kann nämlich sein – und es ist recht häufig –, daß solch ein steifes oder schwer bewegliches Gelenk doch einmal bewegt werden muß, dann brechen unregelmäßige Stücke der Ablagerung ab und gelangen in den Kreislauf der Säfte. Meist werden sie dort rasch vernichtet. Aber da dieses Abbröckeln ein alltägliches Vorkommnis ist, so kommt es im Lauf der Jahre einmal dazu, daß solch ein abgebrochenes Stück vor seiner Zerstörung in ein anderes Gelenk verschlagen wird, etwa in das Kniegelenk oder in die Handgelenke, in die Ellenbogen- oder Schultergelenke. Dann setzt sofort derselbe Prozeß, der sich in den Zehen abgespielt hat, auch dort ein, nur verläuft er sehr viel rascher, da das abgebrochene Stück, das in das Gelenk hineingerät, viel größere Dimensionen hat als die allmählich gebildeten Salzkörnchen in den Zehen. Auch das Gelenk wird gichtisch und erkrankt bald öfter, bald seltner, bald kürzer, bald länger, aber es wird kaum je wieder gesund, und je kleiner, enger es ist, um so leichter wird es steif. Daher die vielen steifen Handgelenke. Bald kommt ein drittes, ein viertes Gelenk an die Reihe, und schließlich gibt es kaum ein einziges gesundes mehr. Diese unglücklichen Menschen können – vom Gehn gar nicht zu reden – nicht mehr sitzen und liegen, denn ihre Knie sind spitzwinklig gekrümmt, die Hüftgelenke versteift, sie können nicht mehr die Arme regen, sind ganz auf fremde Hilfe angewiesen, sie können den Kopf nicht drehn oder heben, sie schrumpfen zusammen, verkrümmen in ihrer ganzen Gestalt und haben dabei unausgesetzt Schmerzen. Sie sind die elendesten Wesen, die man sich denken kann, und gehn elend zugrunde.

Ich bin kein Freund vom Bangemachen, aber ich sollte denken, wenn unter tausend Menschen nur einer so schauderhaft erkrankt, bloß weil es den Schustern einfällt, schlechte Schuhe zu bauen, so wäre das schon genug, um meinen ausgeprägten Haß zu begründen. Ich möchte hier auch noch ein Wort an die Frauen und was ihnen ähnlich ist, richten, die sich so liebevoll des Spruchs vom Jahrhundert des Kindes und vom Recht des Kindes annehmen. Nächst Nahrung und Wohnung hat das Kind vor allem ein Recht auf Kleidung. Mit diesen Dingen fängt die Erziehung an, und wer zu faul oder zu geizig ist, seinen Kindern Schuhwerk zu verschaffen, dem würde ich raten, sie lieber barfuß herumlaufen zu lassen. Es ist nicht bequem und auch nicht billig, für wachsende Füße passendes Schuhwerk zu finden, das weiß ich. Aber es ist immerhin noch ein Gutteil wichtiger als die Kunst des Kindes zu pflegen oder ihm gutes Benehmen beizubringen. Man bedenke, daß Kinder sich nicht selber Schuhe aussuchen können, und daß sie es den lieben Eltern zu danken haben, wenn sie gichtbrüchig werden.

Das ist die eine Seite der Sache, die ich so ausführlich besprochen habe. Ich wollte einmal Front gegen die Phrase machen, mit der der gesunde Menschenverstand der Eltern durch vielschreibende Erziehungspäpste verwirrt wird. Der andre Grund für meine Weitschweifigkeit ergibt sich von selbst. Der Verlauf der gichtischen Erkrankungen ist ein typisches Beispiel für sogenannte Naturheilungen. An ihnen kann jeder, nicht bloß der Arzt, lernen, wie behandelt werden soll. Die Aufgaben liegen zutage. Zunächst kommt es darauf an, die Ablagerungen zu verhindern, wenn sie aber schon da sind, sie aus dem Gelenk herauszuschaffen und schließlich den Körper ganz von Schlackenstoffen zu befreien. Das erste Ziel ist kaum zu erreichen, da die Fehler der Kleidung und Ernährung meist schon im frühesten Alter begangen werden. Immerhin ließe sich manches darüber sagen, und es ist ja bekannt, daß die Diätvorschriften eine große Rolle in der ärztlichen Behandlung dieser Leiden spielen, eine allzu große; denn nicht alles, was säuft, bekommt Gicht, und nicht alles, was Gicht bekommt, säuft. Und mit dem Verbot gewisser Fleischsorten ist auch noch nicht viel getan. Da lohnt sich das Hochlagern der Füße und die Sorge für das Schuhwerk besser. Auf die Mittel und Wege, die Verbrennungsprozesse so anzuregen, daß möglichst wenig Reste übrigbleiben und die Asche rasch hinausbefördert wird, werde ich noch oft zu sprechen kommen.

Die wichtigste der drei Aufgaben – sie sind alle wichtig – aber die wichtigste ist die, die erkrankten Gelenke wieder frei beweglich zu machen. Wenn man nun bedenkt, daß die beliebteste Behandlung von Gelenkentzündungen der Gipsverband oder irgend etwas ähnliches ist, dann möchte man fast die Geduld verlieren. Fast, man gewöhnt sich als Arzt an vieles. Das Ruhigstellen des Gelenks auf längere Zeit ist oft – man kann fast sagen – ein Verbrechen. Ab und zu hat es ja Sinn; bei bestimmten Erkrankungen – etwa tuberkulösen – ist es sogar notwendig. Meist aber ist es falsch. Sind Ablagerungen in den Gelenken, so können sie nie und nimmer durch Ruhe beseitigt werden, sie können auch nie und nimmer durch Trinkkuren aufgelöst werden, auch nicht, wenn man dem Objekt der Mißhandlung sämtliche Wässer der Welt durch die Nieren jagt, sie können nur durch rücksichtsloses, unter Umständen brutales Bewegen der Gelenke nach allen Richtungen, vor allem nach den schmerzhaften, zerrieben, abgebrochen, zermalmt werden. Drehen, Biegen, Strecken selbst beim größten Schmerz, selbst bei der höchsten Entzündung, das ist erstrebenswert. Vielleicht muß man einen Tag warten, vielleicht für Stunden das Gelenk feststellen, aber um das Bewegen kommt man nicht herum. Und man vergesse nicht, auch die gesunden Gelenke zu bewegen, sonst hat man auf einmal bei der Überschwemmung des Körpers mit abgelagerten Schlackenstoffen die schönste Entzündung in einem bisher gesunden Gelenk.

Gelenke müssen gebraucht werden, das ist die Hauptsache.

Unsre Zivilisation, die sich Kultur nennt, im Grunde aber nur der Faulheit der Menschen Vorschub leistet, hat eine ganze Reihe von notwendigen Gelenkübungen aus dem täglichen Leben verbannt; sie müssen wieder absichtlich in unsere Gewohnheiten eingefügt werden. Ich möchte an einigen Beispielen klarmachen, was ich meine. Da ist der Stuhl, gewiß ein sehr bequemes Möbel. Aber er hat eine zu große Anziehungskraft, der Mensch bleibt darauf kleben, er versitzt sein Leben. Man sollte alles, was sich im Liegen oder Umhergehn tun läßt, auch so ausführen, etwa den Unterricht möglichst ins Freie legen und im Wandeln, peripatetisch erteilen. Die Alten taten es vielfach. Sie aßen auch liegend, und wir täten gut, ihnen darin nachzuahmen. Die Gewohnheiten unterbrechen, das ist eins der vornehmsten Heilmittel.

Der Mensch ist in gewissem Sinne das Produkt seines Lebens. Seine Gewohnheiten machen ihn krank. Und wie kann sich irgendwer rühmen, frei zu sein, wenn er der Sklave seiner Gewohnheiten ist? Da sind die guten Wege, die elektrischen Bahnen, die Eisenbahnen. Warum soll der Mensch noch steile Pfade bergauf und bergab klettern, wenn er das gleiche Ziel auf gebahnter Chaussee gleichsam spazierenstehend oder gar im Wagen sitzend erreichen kann? Warum soll er den Graben überspringen, wenn ein Steg da ist, vorsichtig über das Moor sich tasten, wenn ein Fahrdamm gebaut ist? Warum soll er Treppen steigen, wenn in jedem Hause ein Lift fährt? Warum vom Brunnen Wasser schleppen, wenn im Nebenraum die Wasserleitung liegt? Warum hungern und dursten und seine Zähne an harten Rinden abmühn, wenn er Nahrung vollauf hat und der Bäcker ihm morgens weiches, weißes Brot in die Wohnung schickt? Aber der Mensch braucht die Anstrengung, wenn er nicht bei lebendigem Leibe verfaulen will. Er ist wie ein Apfel, der auf dem Stroh zum Reifen liegt, er muß gewendet werden, damit nicht immer nur eine Stelle gedrückt wird.

Das Schlimmste jedoch ist die Einseitigkeit der Arbeit, die uns die Kultur gebracht hat. Man suche es doch zu verstehn, was es heißt, daß der Mensch seine Finger und Knie stets gebeugt hält, das muß zur Versteifung führen, es geht gar nicht anders, es führt auch zu schlimmerem, wie ich schon früher erwähnte. Und jener russische Arzt, der seinen Patienten täglich eine bestimmte Anzahl Gebete zu den Heiligen verschrieb, war nicht dumm; denn die griechische Kirche befiehlt, daß der Betende sich bei bestimmten Worten auf den Boden wirft und mit der Stirn die Erde berührt. Das ist ein Mittel, mehr wert als alle -ine, -ale und -ole, mit denen uns die Chemie beglückt.

Einen wichtigen Punkt in der Behandlung von Knochen- und Gelenkleiden der Beine, der oft übersehn wird, möchte ich noch erwähnen, das ist die Frage nach dem Körpergewicht des Kranken. Eine mehr oder minder starke Gewichtsabnahme ist unter Umständen für die Genesung entscheidend. Niemandem wird es einfallen, mit einem vollbeladnen Wagen weiter zu fahren, wenn eins der Räder unsicher wird. Er wirft die Ladung des Wagens erst einmal heraus, ehe er irgend etwas mit dem Rade anfängt. Leider gibt es nur wenige, die auf eine so einfache Sache auch beim Menschen achten. Und doch ist es klar, daß man ein krankes Bein nicht ebenso belasten kann, wie ein gesundes. Man bleibt ja auch nicht auf einem Stuhl sitzen, dessen Bein wackelt. Ist es da so schwer zu begreifen, daß ein verletztes Bein leichter seine alte Gebrauchsfähigkeit erlangt, wenn es zehn Pfund weniger zu tragen hat, ja daß es vielleicht gar nicht gebraucht werden kann, ehe nicht diese zehn Pfund – oder fünfzig, je nachdem – weggehungert sind? Man stelle sich nur einmal zehn Pfund Butter vor, man schaue sich die Schwerfälligkeit einer Frau kurz vor der Entbindung an, oder man hänge sich als gesunder Mensch einen Sack von zehn Pfund auf den Buckel. Man wird den Unterschied schon merken.

Was tut aber der gebildete Mensch, wenn er mit gebrochnem Bein ein paar Wochen lang im Bett liegt? Er frißt sich voll. Schon aus Langerweile tut er es. Und dann sind ja die lieben Verwandten und Freunde da, die allerhand Leckerbissen mit bringen, oder zur Gesellschaft mit dem armen Bettlägrigen einen feuchtfröhlichen Bierskat spielen. Daß ein Beinkranker mit schlankem Körper ins Bett kommt und als plumper Koloß mit Bauch wieder aufsteht, ist nicht selten. Und dann wundert er sich noch, daß er nicht sofort wieder gehn kann. Seid nicht Diener des Bauchs, heißt es in der Bibel.

Auch gegen das Stocktragen der Lahmen muß ich mich verwahren. Manchmal ist er unentbehrlich, aber dann ist er eben ein notwendiges Übel. Meist verlangsamt er die Heilung und gehört ins Feuer, direkt ins Feuer, wie der Schnürleib auch, sonst greift der Kranke doch wieder danach. Und dann tut dem Manne auch die symbolische Handlung, in der gleichsam die Erkrankung mit verbrannt wird, seelisch gut. Er macht sich mit frischem Mut und guter Zuversicht ans Gehnlernen, und was nur langsam fortschritt, wird nun von Stunde zu Stunde besser.

Ein krankes Bein will geübt sein. Nur müssen die Übungen von kurzer Dauer sein und häufig wiederholt werden. Zehnmal fünf Minuten gehn ist für den Lahmen nützlicher, als einmal eine Stunde. Es kommt nicht darauf an, das Bein zu ermüden, sondern es durch Übung zu kräftigen.

Muskeln

Welchen Wert die Übung für den Menschen hat, dafür ist das
Musterbeispiel die Muskulatur. Schon die Schuljungen prah-
len mit ihrem Armmuskeln, sprechen stolz von ihrem kräftigen Bizeps, obwohl sie nicht die geringste Vorstellung davon
haben, was dieser Name: der Zweiköpfige bedeutet, und was
überhaupt ein Muskel ist. Wenn einer weiß, daß das Fleisch,
das er kaut, Muskel ist, so hat er schon Kenntnisse, die über-
dem Durchschnitt liegen. Vielen ist der Kalbsbrägen oder die
Kalbsmilch, Nieren und Leber auch Fleisch. Sie schlingen es
herunter, dazu ist es da. Daß jemand von der Existenz zweier
verschiedner Muskelarten, den quergestreiften und den glatten Muskeln, gehört hat, ist selten. Und selbst unter den
Fachgelehrten sind es nur wenige, die sich immer gegenwärtig
halten, es nicht bloß gelernt, sondern auch begriffen haben und
festhalten, daß der Muskel keine in sich geschlossne Einheit
ist, sondern eine Mannigfaches umfassende Vielheit, deren
Teile wiederum wie alles im Körper zugleich selbständig und
abhängig sind, ein Symbol des Ganzen, ein Mikrokosmos.
Es genügt nicht, Namen und Lage jedes Muskels zu kennen,
im Moment zu entscheiden, welchen Muskel man beim Beta-
sten, beim Operieren vor sich hat, obwohl das allein schon
schwierig genug sein kann, es genügt auch nicht die Vorstellung, daß man es im Muskel mit einem Gefüge vieler, vieler
Muskelzellen zu tun hat, die mitsamt die bestimmte Gestalt
des einzelnen Muskels bilden. Denn außer den Muskelzellen
gibt es noch recht viele andre Dinge im Muskel. Wer einen
Muskel faßt und daran zerrt, der zerrt gleichzeitig an einer
Reihe von Blutgefäßen, die die Nahrung bringen und die im
engsten Zusammenhang mit dem großen Kanalsystem des
Körpers stehn, er zerrt an Nerven, die im Muskel enden und
ihn regieren und die wiederum ihre unlösbare Verbindung
mit dem Zentralnervensystem haben, deren Berührung im
Augenblick Wirkungen in allen Teilen des Körpers hervorrufen, er zerrt an dem Knochen und seiner Haut, an denen der

Muskel festgewachsen ist, vielleicht auch an der Menschenhaut selbst, an den Sehnen, mit denen er sich festklammert, an den feinen Hüllen, mit denen er umgeben ist. Und es sind nicht nur Muskelzellen, die bei dem Gebrauch des Muskels, bei der Bewegung ihre Gestalt verändern, sondern gleichzeitig nehmen die Zwischenräume und feinsten Kanäle zwischen den einzelnen Zellen andre Formen an. In ihnen fließt der Ernährungssaft, wenn er aus den Blutgefäßen ausgetreten ist, und wird auf wunderbare Weise, von der wir so gut wie nichts wissen, durch die Bewegung des Muskels vorwärtsgetrieben.

Denn, um das gleich hier zu erwähnen, nicht das Blut ist es, das die Zelle ernährt. Niemals und nirgends gelangt auch nur ein Tropfen Blut bis zur einzelnen Körperzelle. Vielmehr muß der Lebenssaft, der in uns kreist und durch Essen, Trinken und Atmen gespeist wird, erst das Blutgefäß verlassen, ehe er den Bedarf der Zelle decken kann. Man achte wohl darauf, so bewundernswert der Aufbau unsrer anatomischen Kenntnisse ist, letzten Endes wissen wir doch nur wenig, und nirgends zeigt sich das deutlicher als darin, daß wir von dem Schicksal dieser wahren Ernährungsflüssigkeit, von ihrer Bewegung, dem Strombett, in dem sie läuft, den Kräften, die sie treiben, kaum die geringste Vorstellung haben. Ich komme auf diese Dinge später zu sprechen, muß aber hier wieder betonen, daß wir selbst in der Anatomie, der bestgepflegten Abteilung der Medizin, noch nicht in erhebliche Tiefen gedrungen sind. Von einer medizinischen Wissenschaft spricht man wohl, aber man sollte das Wort nur gebrauchen, wo es am Platz ist. Wenn man die Wissenschaft als eine Tätigkeit betrachtet, die Wissen schafft, so läßt sich damit auf ärztlichem Gebiet arbeiten. Wissenschaft ist ein Streben, ein Arbeiten nach Wissen hin. Wer aber darunter den Besitz von Wissen versteht, die Summe von Kenntnissen, über die wir im Augenblick verfügen, der wird sehr bald sich davon überzeugen müssen, daß sich damit in der Krankenbehandlung nur wenig ausrichten läßt, und wenn er weiter denkt, begreift er auch, daß es eine solche Wissenschaft überhaupt nicht gibt, weder in der Medizin noch sonstwo, sondern daß das alte Wort gilt und immer gelten wird: unser Wissen ist Stückwerk.

Die nächstliegende Aufgabe der Muskulatur im Leben des Organismus ist wohl allgemein bekannt. Sie führt die Bewe-

gungen aus. Jeder Muskel hat die Fähigkeit sich zusammen-
zuziehn, zu verkürzen und dann wieder sich zu seiner gewöhnlichen Länge auszudehnen. Durch diese Verkürzung
bringt er bewegliche Teile, meist Knochen einander näher
oder er verengt einen Hohlraum, etwa den Darm, den er
kreisförmig umgibt. Seine gewöhnliche Form, wenigstens die
der Knochenmuskeln, ist die der langgestreckten Spindel.
Die beiden Enden der Spindel sind die Sehnen, mit denen sich
der Muskel wie mit Haken an den Knochen festklammert. Sie
sind glänzend weiß im Gegensatz zu dem roten Muskel-
fleisch, haben ein festes Gewebe und nehmen an der Verkürzung des Muskels nicht teil. Der einzelne Muskel setzt sich,
wie man beim ersten Blick sieht, aus spindelförmigen Mus-
kelbündeln, diese wieder aus den Muskel- oder Fleischfasern
zusammen, die jeder kennt, da er frühzeitig von den sorg-
lichen Eltern darauf hingewiesen wird, das Fleisch quer zur
Faserrichtung zu schneiden. Die letzten Bestandteile, die
Muskelzellen, denen die Fähigkeit innewohnt, sich zusam-
menzuziehen und damit den Muskel zu verkürzen, zeigen
entsprechend dem ganzen Organ die ähnliche Spindelgestalt,
dicker und kürzer bei der Zusammenziehung, schlanker in
der Ruhe.
Nun unterscheidet man, wie ich schon vorhin erwähnte,
quergestreifte und glatte Muskeln, je nachdem die Muskelzellen eine unter dem Mikroskop sichtbare Querstreifung haben oder nicht. Diese Unterscheidung hat insofern eine große
Bedeutung, als die quergestreiften Muskeln unserm Willen
unterworfen sind, von uns willkürlich bewegt werden können, während die glatte Muskulatur ohne unser Zutun, ohne
unsern Willen und unser Bewußtsein sich zusammenzieht.
Dementsprechend werden auch beide Arten der Muskulatur
von zwei verschiednen Nervensystemen beherrscht. Daraus,
daß die quergestreiften Muskeln unsrer Willkür unterworfen
sind, ergibt sich schon, daß sie überall dort zu finden sind, wo
wir mit Überlegung Bewegungen ausführen, am Skelett,
während die glatte Muskulatur, die unwillkürlich, automatisch arbeitet, in den Eingeweiden, beispielsweise im Darm,
vor allem in den Blutgefäßen tätig ist.
Wenn man von Bewegungen des Menschen spricht, so pflegt
man dabei nur an die Bewegung der willkürlichen Muskeln zu
denken. Daß der Mensch sich im Innern fortwährend be-

wegt, daß dort ununterbrochen Muskelzusammenziehungen stattfinden, die gewaltige Arbeit leisten, das macht man sich selten klar. Und doch sollte der Herzschlag, das Pulsieren der Adern uns leicht darauf hinweisen, daß es Bewegungen gibt, die nimmer ruhen. Dessen ab und zu zu gedenken, würde dem Menschen wohl nützlich sein. Ihm würde auf einmal klar werden, wie verhältnismäßig wenig Verstand und Wille im menschlichen Leben zu bedeuten haben, wie ein großer Teil alles menschlichen Erlebens unter dem Bewußtsein, gleichsam unterirdisch vor sich geht.

Denn wer merkt etwas von dem großen wunderbaren Pumpwerk, das in jeder Sekunde dem Körper, dem Verstande neue Nahrung gibt. Höchstens die Angst oder die Liebe läßt uns empfinden, daß wir ein Herz haben. Und doch ist es aus mit dem Menschen, wenn dieses Pumpwerk nicht mehr schafft. Wir trinken das Getränk, kauen unser Brot – wenn wir es tun, die meisten tun es nicht –, und damit ist es für uns zu Ende, bis wir die Reste am andern Ende des Darms wieder herauspressen. Daß die Nahrung nicht von selbst durch den Bauch rutscht, sondern durch ununterbrochne Muskelarbeit der Darmwände Ruck für Ruck bergauf, bergab getrieben wird, das beachten wir nicht. Daß, wenn wir den Blick vom Buch erheben und zu einem lieben Gesicht aufsehen, in unsern Augen Muskeln arbeiten ohne unser Zutun, ohne daß wir das geringste dazu oder davon tun, dessen sind wir uns nicht bewußt. Wir sprechen stolz von unsrer Selbstbeherrschung und können doch nicht einmal den kleinsten Muskel in einem Blutgefäß zur Ruhe bringen, ja wir nehmen es nicht einmal wahr, können es gar nicht wahrnehmen, daß sich unsre Pupille mit jedem Blick des Auges verändert. Wir nennen uns Herren der Erde, aber unsre Herrschaft endet schon am eignen Bauch. Wie viele bringen tagtäglich Stunden damit zu, ihre trägen Eingeweide aufzupeitschen oder die allzu geschäftigen zur Ruhe zu bringen, wie vielen Herrn der Erde verbittert es das Leben, daß sie eben nicht Herrn des Bauches sind. Wir Ärzte kennen sie, die Unterleibler mit ihren Qualen.

Nicht einmal die eigne Muskulatur regieren wir, geschweige denn unsre Gedanken. Drängt sie zurück, soviel ihr wollt, drinnen tief wirken sie weiter und brechen hervor, sobald sie unbewacht sind. Und in ihrer Gefangenschaft, im Kerker des Gehirns gestalten sie in Jahren, vielleicht Jahrzehnten das Innere des Menschen, seinen Charakter um. Es ist eine wunderbare Sache um die Willensfreiheit des Menschen. Denkt man darüber nach, so ist es fast, um allen Mut zu verlieren. Es bleibt ja nichts mehr übrig, was der Mensch aus eigner Kraft tun könnte. Aber das ist eben das Gesetz im Menschen, daß er einen solchen Gedanken nie ausdenken kann, ebensowenig wie er mit Fliegenaugen sehen kann. Es ist eine Funktion des Menschen, ein Organ, wenn man so will, ein Teil seiner selbst, daß er stets handelt, als ob er Willensfreiheit habe, daß er in der Tätigkeit an seinen Willen glauben muß, an dem er in der Betrachtung zweifelt. Der Streit über den Willen ist müßig. Die beiden Begriffe Willensfreiheit und Notwendigkeit wohnen gleichsam auf verschiednen Sternen. Der Mensch schlüpft eher aus seiner Haut, als daß er an seinem freien Willen zweifelt. Die Natur gab ihm den Zwang, an seine Freiheit zu glauben, obwohl diese Freiheit nicht vorhanden ist. Dieser Glaube ist ein Lebensorgan, so gut wie der Arm oder das Auge.

Trotzdem sollte der Mensch ab und zu seiner Kleinheit gedenken. Er sollte sich klarmachen, daß die wesentlichen Gedanken, die, auf denen sein Leben beruht, nicht von ihm, sondern von seinen Zellen gedacht werden, die wesentlichen Entschlüsse von den Zellen gefaßt werden, etwa von der Muskelzelle im Schlunde, die den Bissen hinunterzwingt, an dem der Mensch sonst erstickte. Und auch die willkürlichen Bewegungen, die von den quergestreiften Muskeln ausgeführt werden, sollte er ein wenig betrachten; dann wird er gewahr werden, daß auch sie nicht viel mit dem Willen zu tun haben. Man denke nur an die Atmung. Die besorgen die Muskeln ganz von selbst ohne unsern leitenden Verstand. Wir können einmal schneller, einmal langsamer atmen, aber atmen müssen wir, wir tun es auch im Schlaf.

Welch ein Wunder ist doch der Mensch! – Bedenke, wie fein seine Bewegungen sind, wie seltsam diese Maschine des Muskels arbeitet, die im sanften Berühren liebkost und mit brutaler Kraft zerstört, das eine so leicht, so spielend wie das andere, ganz als ob es sich von selbst verstände, daß eine Maschine im Augenblick mit hundert verschiedenen Kraftäußerungen arbeitet. Verzeihung für den Ausdruck Maschine. Ist denn irgendwer dumm genug, den Muskel eine Maschine zu nennen, den Menschen mit Menschenwerk zu vergleichen?

Ach nein, es gibt keine Maschine und wird nie eine geben, die auch nur eine Minute das aushielte, was der Mensch sich jahrelang ohne Schaden zumutet, und es ist Geschwätz, von der Unvollkommenheit des Menschen zu reden.

Der Mensch ist ein Wunder, ein nie auszudenkendes Wunder.

Ich sprach vorhin von dem engen Zusammenhang der Muskeln mit dem Gesamtorganismus. Nun, ein jeder kennt diesen Zusammenhang ja aus eigner Erfahrung, durch die Ermüdung. Bei längerem Gebrauch ermüdet nicht nur der Muskel, sondern der ganze Mensch. Freilich sollte man dabei nicht vergessen, daß gewisse Muskelgruppen niemals Ruhepausen haben und nur ausnahmesweise ermüden: das Herz, die Atemmuskeln, die Gefäße. Von andern, wie den Darmmuskeln wissen wir nicht recht, wie lange sie arbeiten, können aber wohl annehmen, daß sie ihre Tätigkeit oft unterbrechen. Jedenfalls bleibt die Tatsache der Ermüdung durch Anstrengung der Muskulatur bestehen und gibt uns den deutlichsten Beweis für unmittelbare Verbindungen dieser Organe mit dem Befinden des Menschen selbst; das gibt einen Anhaltspunkt für das Verständnis der Gymnastik und der Massage und für die Erfolge, die mit ihnen zu erzielen sind.

Von der Gymnastik, mag sie nun in Freiübungen oder Widerstandsbewegungen, mit oder ohne Apparat bestehen, werden ja zunächst die Muskeln betroffen. Auf die Wirkung, die durch Übung und ausgiebigen Gebrauch der Gelenke, durch Dehnen der Nerven und Blutgefäße dabei ausgeübt wird, gehe ich hier nicht ein. Die Muskeln arbeiten stärker bei der Gymnastik, und die nächste Folge davon ist, daß sie wachsen, kräftiger werden. Jeder weiß das vom Turnen her. Jeder weiß auch, daß aus diesem Grunde bei Muskelschwund, wie er unter langdauernden Verbänden eintritt, Gymnastik getrieben wird. Weiterhin bringt die Muskelarbeit eine Anregung für den Blutkreislauf. Ein arbeitendes Organ zieht größre Blutmengen an sich, und es ist selbstverständlich, daß man durch Bewegungen der Gliedmaßen einen Einfluß auf die Verhältnisse des Bauchs und des Schädels gewinnen kann. Stockungen im Kreislauf, Blutüberfüllungen einzelner Gegenden lassen sich so beseitigen. Dazu kommt, daß Herz und Atmung sich der Anstrengung sofort anpassen, ergiebiger arbeiten und raschere Verbrennungsprozesse im Körper anregen.

Bis zu einem gewissen Grade kann man sich nämlich die Lebensvorgänge im Körper durch das Bild des Feuers veranschaulichen. Die Nahrung stellt dann das Heizmaterial, die Kohle dar, die im Körper zum Zweck bestimmter Kraftleistungen verbrannt wird. Nun geht, wie jeder weiß, beim Verbrennen die Kohle nicht einfach unter, sie wird vielmehr in Gase, Rauch und Asche verwandelt, und wer nicht dafür sorgt, daß ein genügender Durchzug im Ofen vorhanden ist und daß von Zeit zu Zeit Schlacken und Asche entfernt werden, dem wird das Feuer ausgehen. Jeder weiß auch, daß ein helles Feuer alles Brennbare rascher und gründlicher verbrennt als eine schwelende Glut. Ähnlich liegen die Verhältnisse im Körper. Auch da bleiben bei den chemischen Vorgängen, bei dem Verbrennen Schlackenstoffe zurück, um so mehr, je schwächer die chemischen Verwandlungen vor sich gehen und je langsamer die Aschenbestandteile entfernt werden. Das hat eine große Bedeutung für das Leben, da alle Reste der Verbrennung Gifte für den Körper sind. Zeitweises Anfachen der Glut und hie und da ein schnelleres Wegspülen der Gifte sind geboten, und beides besorgt die stärkere Herz- und Atemtätigkeit bei der Gymnastik.

Tief atmen, das ist das A und das O aller Krankenbehandlung. Es ist um so wichtiger, weil der moderne Mensch selten durch das Leben gezwungen wird, wirklich zu atmen. Meist begnügt man sich damit, Luft zu schnappen, wie der bezeichnende Ausdruck lautet, wenn einer mal die dumpfe Stube verläßt. Deshalb ist auch das erste, was bei der Gymnastik beachtet werden muß, ein tiefes, regelmäßiges Atmen. Das ist gar nicht so leicht. Der Mensch ist, wenn er sich nicht anders eingeübt hat, geneigt, den Atem anzuhalten, sobald er etwas Unbekanntes, Ungewohntes ausführen soll, und er tut bei einer einfachen Kniebeuge so, als ob er eine athletische Vorstellung mit Zentnergewichten geben wollte, er wird blaurot im Gesicht. Man vergesse das Atmen nicht! Ohne Übung der Atmung ist jede Gymnastik sinnlos.

Man hat nun alle möglichen wunderbaren und wunderlichen Apparate erfunden, sie mit griechischen Namen gestempelt und sie – mit Profit – an das Publikum gebracht. Solch ein Apparat kann unter Umständen nützlich sein, im allgemeinen sollte man aber daran festhalten, daß die Übung ohne Werkzeug besser ist, schon deshalb, weil sie sich in jedem Moment anwenden läßt. Meist ist der Apparat nur ein Freibrief für die Faulheit. Er wird aufgehängt, hat Geld gekostet, und weil er Geld gekostet hat, glaubt man, er muß helfen, auch wenn er nicht benutzt wird. Die Menschen glauben ja immer noch, daß man mit Geld Gesundheit kaufen könne, vom Arzt, in der Apotheke oder beim Pfuscher. So seltsam sind die Menschen.

Aber selbst wenn der Apparat morgens regelmäßig benutzt wird, wobei dann der Kranke ein großartiges Gefühl seiner eignen Vollkommenheit hat, weil er eine Viertelstunde lang für seinen Körper anders als mit Essen und Schlafen tätig war, selbst dann ist das kein Ersatz für die Gymnastik des Lebens. Das ist das Ziel, die Muskelübung in das Leben einzufügen, zur Lebensgewohnheit zu machen, etwa beim Gehen die Beine und Arme tüchtig zu regen, ein paarmal täglich hundert Schritte so zu machen, daß man jedesmal das Bein hoch bis an den Bauch bringt und niederstampft, daß man dabei die Arme ausstößt wie in der Fechtstunde und wie eine Lokomotive faucht. Man braucht dabei keinen Straßenauflauf hervorzurufen, jeder findet dazu eine unbeobachtete Minute. Braucht eure Körper; was nicht gebraucht wird, fault.

Auch der Sport hat seine Vorteile, solange er als Spiel betrieben wird und nicht mit dem albernen Ernst des Fachmanns: das Schwimmen, Reiten, Fechten, Raufen. Vor allem aber sollte man singen. Es kommt gar nicht in erster Linie darauf an, daß es schön klingt. Das schöne Singen kann man ruhig den Konzertleuten überlassen. Aber das Maul soll man aufsperren und tüchtig losbrüllen, wenn man eben nicht anders kann. Freilich, gut wäre es, wenn wieder mehr Singlust und Singkraft unter uns käme. Das Singen ist ja nicht nur eine gesunde Leibesübung, obwohl man das nicht unterschätzen sollte. Die Musik ist das vornehmste Erziehungsmittel der Welt, denn sie lehrt Rhythmus, und alles Leben besteht im Rhythmus. Musik lernen ist besser als lesen lernen. Die Alten wußten das, und ihre Erziehung war im wesentlichen auf Musik, auf Rhythmus eingestellt. Man achte nur einmal darauf, was der Rhythmus alles tut, etwa bei einem Trupp Soldaten, die müde daherschleichen, bis die Trommel wirbelt und die Pfeife gellt; dann streckt sich der Mensch und alles wird ihm leicht. Oder man sehe die Leute die Lasten heben, wie sie in regelmäßigen Takten arbeiten und den Rhythmus laut hinausschreien, wie Pflasterer auf der Straße ihre Holzblöcke in rhythmischem Takt niederfallenlassen, wie Pferd und Reiter im Rhythmus dahinfliegen, wie die Maschinen rhythmisch geregelt sind und selbst im Sprechen der Rhythmus durchklingt. Auch die Gymnastik wird, vom Rhythmus geregelt, doppelt wirksam. Das ist der Grund, warum gemeinsames Turnen so viel besser fördert als einsames.

Ich erwähnte vorhin, daß durch die Zusammenziehung der Muskeln, durch die Gestaltveränderung der Muskelzellen sich die Zwischenräume, in denen die Ernährungsflüssigkeit sich befindet, ändern. Wie weit dadurch die Strömung der Säfte, die sich außerhalb des Blutkreislaufs befinden und deren Bewegung und Beschaffenheit für das Leben der Zelle den Ausschlag geben, wie weit ihre Strömung beeinflußt wird, läßt sich vorläufig nicht ermessen. Aber ganz abgesehen davon, leuchtet es ein, daß bei der Gestaltveränderung der Muskelzelle und der kleinen Teiche und Kanäle, die sie umgeben, jedesmal die Oberflächen der Zelle in andere Beziehungen zu der sie umspülenden Flüssigkeit treten. Das bedingt eine Erleichterung der Nahrungsaufnahme, des Heizmaterials für die arbeitende Zelle und eine raschere Abgabe aller Verbrennungsreste, die sich in dem tätigen Muskel mehr als anderswo anhäufen. Man sieht da deutlich das Genie der Natur vor Augen. Es bedeutet, auf technische Verhältnisse übertragen, eine Dampfmaschine, die irgendeinen Apparat treibt und sich gleichzeitig selber heizt und lüftet. Bei dem Stande unsrer Kenntnisse, die nur das gröbste des Mechanismus im Menschen erfassen, läßt sich die Vollkommenheit der Einrichtungen, das Genie der Natur nur ahnen. Es ist aber die große Freude der Wissenschaft, daß sie Schritt für Schritt neue Wunder entdeckt, und das ist wohl auch der Grund, warum gerade die Beschäftigung mit der Wissenschaft fromm macht.

Man mißverstehe den Ausdruck nicht. Ich meine damit keine Kirchengläubigkeit. Die liegt nicht in dem Worte fromm. Wie könnte sonst das Lied vom frommen Gott sprechen? Er glaubt doch kaum an die Satzungen der Kirche. Oder vom frommen Landsknecht? Fromm bedeutet stark, zuversichtlich. Und allerdings, stark und zuversichtlich stimmt die Betrachtung der Welt, die Erforschung des Menschen. Zum Forschen gehört der Glaube an sich und an die Welt, ein unzerstörbarer Optimismus oder besser gesagt ein Enthusiasmus. Und dieser Enthusiasmus, dieses sich in Gott fühlen, lebt vor allem im echten Arzt, mag er nun vom Staat oder von eignen Gnaden approbiert sein. Es muß gehn und es wird gehn, das ist der Gedanke, mit dem der Arzt jedem Kranken gegenübertritt, den er festhält bis zum letzten Augenblick, und es geht auch immer, selbst beim Sterben geht es. Er sieht ihn kommen und ist nicht Narr genug, dem starken Tod Trotz zu bieten. Aber Sterben ist schwer. Und erst wenn es ans Sterben geht, wird der Arzt der große Helfer. Da braucht er die Frommheit, die Zuversicht, den Enthusiasmus.

Gewaltsamer und unter Umständen nützlicher als die Gymnastik, namentlich wenn ein Muskel schon zu schwach geworden ist, um selbständig zu arbeiten, sind die Eingriffe, die unter dem Namen Massage zusammengefaßt werden. Man macht viel Wesens von ihrer Technik, gibt lange und kostspielige Unterrichtskurse dafür, und das mag ja wohl Berechtigung haben. Aber gerade die Muskelmassage ist leicht zu begreifen, vorausgesetzt, daß man nicht allzu gelehrt an die Sache herangeht. Man muß wissen, was man erreichen kann und will. Daß der Muskel sich beim mechanischen Reiz, etwa beim Schlag, zusammenzieht, wissen schon die Schulbuben, die sich ihren famosen Bizeps durch gegenseitiges Draufhauen stärken. Neben dem Schlag, der den Muskel ähnlich wie der elektrische Strom zur Tätigkeit bringt, kommen Kneten und Dehnen in Betracht. Das Kneten preßt die Flüssigkeiten aus den Zwischenräumen heraus, es macht ohne jeden Zweifel die Ernährungssäfte rascher strömen, während das Dehnen in erster Linie die in dem Muskel verlaufenden Nerven und Blutgefäße trifft.

Auf die Richtung, in der massiert werden soll, wird gewöhnlich Wert gelegt. Nach dem Herzen soll gestrichen werden. Es hat nur Bedeutung, wenn es darauf ankommt, die Blutgefäße selbst zu bearbeiten, einen rascheren Fluß des Bluts herbeizuführen, das ist aber selten der Fall. Selbst bei Blutergüssen ist es zweckmäßiger, nach allen Seiten hin zu massieren. Auch sollte man bedenken, daß die Haupthindernisse für den Blutkreislauf nicht in den Gliedmaßen, sondern im Bauch liegen. Die Bauchmassage und die Atemübung sind viel wirksamer als das künstliche Ausstreichen der Blutgefäße, das nur wenig Erfolg hat. Bei der Muskelmassage, die nicht das Blut, sondern die Zwischenzellensäfte treffen soll, ist es sogar ein Fehler, nur von unten nach oben zu arbeiten. Da muß der Muskel in seiner ganzen Ausdehnung und in der mannigfaltigsten Weise ausgedrückt werden. Soll der Muskel gedehnt werden, was wohl die wichtigste Form dieser Behandlungen ist, so muß es in der Richtung geschehen, in der der größte Schmerz verursacht wird. Denn der Schmerz beweist, daß wirklich am Nerven gezerrt wird, was der Zweck der Muskeldehnung ist.

Der eben erwähnte Schmerz bringt mich auf einen Stoff, dem der Arzt halb mit Lachen, halb mit Grauen gegenübersteht. Was kann man beim baren Unsinn andres tun als lachen oder sich ärgern? Und barer Unsinn ist der Muskelrheumatismus, von dem ich ein paar Worte sagen muß. Es gibt kein bessres Beispiel für den Teufelsspruch, daß, wo Begriffe fehlen, sich ein Wort zur rechten Zeit einstellt. Wenn einer Schmerzen in den Beinen hat, so nennt er es Rheumatismus; sitzt es im Nacken, so ist es auch Rheumatismus, und im Arm oder im Rücken nicht weniger. Dabei ist es ganz gleichgültig, ob der Schmerz durch eine Geschwulst hervorgerufen ist oder durch Entzündungen oder durch Gelenkerkrankungen oder durch sonst etwas: was Schmerzen macht, ist Rheumatismus. Daß das Wort nur für fliegende Schmerzen, die bald hier, bald dort auftreten, verwendet werden dürfte, da es ja ein Hin- und Herfließen der Krankheit bedeutet, ist dem Bewußtsein verlorengegangen. Schmerz und Rheumatismus sind im Sprachgebrauch großer Volksteile dasselbe. Dabei spielt die Vorstellung mit, daß der Schmerz im Muskel sitze, wohl deshalb, weil er durch Bewegungen schlimmer wird. Leider ist diese Vorstellung grundfalsch. Der Muskel kann nie Schmerz empfinden, nur der Nerv fühlt Schmerz, überall nur der Nerv. Muskelschmerz, Muskelrheumatismus ist an sich ein Unsinn. Es gibt Schmerzen in den Nerven, aber nichts anderes.

Bei den Ärzten ist infolge dieser Einsicht in der letzten Zeit der Ausdruck Rheumatismus unbeliebt geworden. Man hat dafür ein neues fremdtönendes Wort erfunden, das von unsern Gebildeten mit besondrer Andacht nachgesprochen wird, wahrscheinlich, weil es noch weniger Inhalt hat, das ist das Wort Neuralgie. Es klingt wunderbar schön. Aber übersetzt es einmal, dann heißt es Nervenschmerz. Ja um Gotteswillen, es gibt doch gar keine andern Schmerzen als Nervenschmerzen. Warum sagt man denn nicht einfach Schmerz statt Neuralgie? Sie kommen nächstens noch auf die Idee, das Sehen Okularvisieren zu nennen; das hätte immer noch mehr Sinn, Okularinspektion gibt es schon. Es soll Leute geben, die mit dem Nabel lesen, aber Menschen, die mit Muskeln statt mit Nerven fühlen, gibt es nicht.

Wie, ruft jemand entrüstet, Muskeln schmerzen nicht? Dann erinnern Sie sich gefälligst der Zeit, wo Sie zum ersten Male zu Pferde gesessen haben, ob Ihnen da nicht Gesäß und Schenkel weh taten. Gewiß, ich kenne es aus Erfahrung. Reitschmerzen sind unangenehm, und auch nach dem Bergsteigen pflegen die Glieder zerschlagen zu sein. Ja, ich erinnre mich aus meiner Kindheit, daß nach den Schneeballschlachten der Schule der viel gebrauchte Arm sehr empfindlich war, und wenn ich noch weiter zurückgehe, komme ich auf Zeiten, wo mir der Wachsknoten zu schaffen machte, wie man bei uns zulande die Wachstumsschmerzen nennt. Aber bei alldem war es nie die Muskulatur, die schmerzte, sondern stets der Nerv. Und der Vorgang war dabei gewöhnlich derselbe, den ich vorhin als Muskeldehnung erwähnte.

Durch den starken Gebrauch der Muskeln wird an dem Nerv gezerrt, das nimmt er übel und antwortet mit Schmerz. Er will damit sagen: halt da, Geselle, du gehst leichtsinnig mit deinem Körper um, dir werde ich es beibringen. Ist doch der Schmerz das große Erziehungsmittel, mit dem der unvernünftige Körper den vernünftigen Menschen im Zaum hält. Zuweilen ist der Nerv auch nur faul geworden, zum Beispiel beim Reiten. Da denkt er: Was fällt denn den Beinen ein? Wozu spreizen sie sich so breit? Ist das wohl anständig, und können sie mich alten Gesellen nicht in Ruhe lassen? Wart, ich werde euch kneifen. In seinen jungen Tagen fiel ihm das nicht ein. Das Kind kann nahezu jede Bewegung ohne Schmerz ausführen, kann die Glieder in der abenteuerlichsten Weise verrenken. Aber das geht bald verloren, und schon mit fünfzehn, höchstens zwanzig Jahren haben die Nerven es verlent, frei den Gliedern zu folgen, sind sie eingerostet, sitzen sie an irgendeiner Stelle ihres Verlaufs fest, und wer sie nicht ab und zu ein wenig lockert, der mag viel mit Hexenschüssen, Ischias, Armschmerzen, Kopfweh und allen möglichen Dingen zu tun bekommen. Die Sache liegt also so, daß der größte Teil aller rheumatischen Schmerzen, auch der Muskelkrämpfe, gar nichts mit den Muskeln zu tun hat, sondern auf Unbeweglichkeit der Nerven beruht, die irgendwie und durch mannigfaltige Ursachen festgekeilt sind.

Hält man das fest, daß nicht der Muskel, sondern der Nerv letzten Endes den Schmerz empfindet, so erklären sich die peinlichen Wadenkrämpfe und sonstigen Beschwerden, die beim Wachstum auftreten, leicht. Man muß nur wissen, daß nicht alle Gewebe gleichzeitig in demselben Grade wachsen, sondern daß ruckweise bald diese, bald jene Gegend des Körpers sich verlängert. Es kommt also vor, daß Knochen und Muskulatur der Beine plötzlich in die Länge schießen, während der Nerv, der im Bein verläuft, eine zeitlang im Wachstum zurückbleibt. Dann wird er ausgedehnt, überspannt, wie etwa im Mittelalter die Menschen in der Folter ausgereckt wurden. Zunächst antwortet er immer mit Schmerz, beeilt sich dann aber, rasch nachzuwachsen. Natürlich handelt es sich bei diesen Wachstumsdifferenzen nur um Millimeter, nicht um Riesensprünge.

Wir wissen verhältnismäßig wenig über die Vorgänge des Wachstums, aber ich möchte doch nicht versäumen, hier auf Dinge aufmerksam zu machen, die jeder entweder selbst erlebt oder wovon er wenigstens gehört hat. Kinder schießen während einer akuten Krankheit merkbar in die Höhe. Besonders sagt man das den Infektionskrankheiten nach, Scharlach, Masern, Typhus und so weiter. Die Beobachtung ist richtig. Nur ist das Verhältnis nicht so zu denken, daß das Wachstum durch die Krankheit befördert wird, sondern umgekehrt, Scharlach, Masern und so weiter befallen den Körper, weil er wächst und weil seine Widerstandskräfte durch das Wachstum erschöpft sind. Ich sagte schon vorhin, und jeder aufmerksame Mensch weiß es, daß das Kind nicht gleichmäßig, sondern ruckweise wächst, so daß Zeiten des Stillstandes mit solchen regen Längerwerdens wechseln. Daraus erklärt sich wenigstens zum Teil die rätselhafte Tatsache, daß in ein und derselben Familie unter den gleichen Lebensbedingungen und Ansteckungsgelegenheiten doch nur ein Teil der Kinder erkrankt, nämlich nur die, die gerade in der Wachstumsperiode stehen. Die Krankheitserreger, die unter gewöhnlichen Bedingungen leicht vom Körper vernichtet werden, treffen auf geschwächte Individuen und überwältigen sie. Daß tatsächlich das Wachsen an sich den Körper arg mitnimmt, läßt sich leicht feststellen. Die Kinder verlieren, sobald sie in Zeiten schnellerer Körperentwicklung geraten, ihre runden Formen, sie nehmen auch, während sie länger werden, durchaus nicht an Gewicht zu, zehren also gewissermaßen die Reservevorräte des Körpers auf. Gleichzeitig geht eine starke Revolution in dem Kreislauf und in den Verbrennungsprozessen vor sich, da mit jedem Zentimeter Körperwachstums auch Nerven und Blutgefäße länger werden müssen. Unlust und auffallende Müdigkeit sind dann immer zu finden; gewöhnlich treten aber auch allerlei geringe Störungen, Erbrechen, Durchfälle, Husten, Halsentzündungen auf und, wie gesagt, häufig genug schwere Erkrankungen.

Am deutlichsten macht sich das alles im Laufe der Geschlechtsentwicklung bemerkbar. Das seelische und körperliche Befinden wird dann in der seltsamsten Weise beeinflußt, was in ganz andrem Maße die Aufmerksamkeit der Eltern verdiente, als es leider der Fall ist. Mit den Ausdrücken Flegeljahre und Backfischzeit ist die Sache nicht abgetan, und die beliebte sexuelle Aufklärung während dieser Zeit richtet auch mehr Schaden an, als sie je nützen wird. Es ist schlimm genug, daß unsre Zeit so etwas wie sexuelle Aufklärung überhaupt braucht, aber man sollte nicht solch heilloses Geschrei davon machen. Wir leben momentan in Verhältnissen, in denen unsern Kindern und uns selbst der Zusammenhang mit der Natur verlorengegangen ist. Aber das ist eine vorübergehende Folge unsrer industriellen Entwicklung. Früher oder später wird sich der Mensch wieder besser in den großen Zusammenhang der Welt hineinfügen, oder wenn er das nicht tut, wird er zugrunde gehen. Daß aber die Aufklärung, die die Natur, die Erde jedem Landkinde ohne weiteres durch das Leben gibt, jemals schulmäßig betrieben werden könnte, das wird man mir nie weismachen. Das ist nur solch halbes Mittelchen, ein Zudecken des Sumpfs, aber kein Austrocknen.

Erwachsne Menschen verstehn nichts vom Kindesdenken, am wenigsten Eltern von dem innersten Wesen ihrer Kinder. Der ist ein guter Vater, der sein eignes Kind kennt, heißt es mit Recht. Glaubt man das nicht? Nun ja, man glaubt vieles nicht, was der Eitelkeit weh tut. Aber an sich hat das Kind schon Freude an der Heimlichkeit, und gar den Eltern gegenüber verbirgt es absichtlich ganze Gebiete seines Innenlebens. Das Kind kennt seine Eltern, kennt ihre Schwächen; es weiß genau, was es äußern darf und was es verschweigen muß. Und es schweigt besser als irgendein Erwachsener. Nun gar den Lehrern gegenüber ist eine wirkliche Offenheit nicht denkbar. Selbst wenn das Kind im Lehrer nicht den gebornen Feind sieht, wie es wenigstens fast alle Knaben tun, so wird es doch freiwillig nur selten zeigen, was in ihm vorgeht, meist nur, wenn es überrumpelt wird. Sonst wird es durch Kameradschaftlichkeit und Gefühl für Disziplin von jedem Sichgehenlassen zurückgehalten. Man vergesse auch nicht, daß diese reifenden Knaben und Mädchen, so groß ihr Anlehnungsbedürfnis ist, doch schon den Eigenwillen haben, nach Selbständigkeit ringen und sich vor dem Erwachsnen, dem sie sich heute anschmiegen, morgen voll Mißtrauen verstecken. Die Seelenzustände reifender Menschen sind unbekanntes Gebiet. Man hüte sich, vorwitzig dreinzufahren.

Im übrigen kommt es auf diese Aufklärung nicht allein an, ja nicht einmal in erster Linie. Der Makel, den das letzte Jahrhundert allem Geschlechtlichen angeheftet hat, läßt sich gewiß nicht durch Aufklärung beseitigen, und dieser Makel ist das Schlimme. Was wissen wir von all diesen Beziehungen? So gut wie nichts. Und da will man aufklären. – Den Sinn für das Erhabene im Menschenwerden, im ewigen Gebären der Welt wecken, selbst das Symbol schauen und andere es schauen lassen, das tut not. Aber gerade die Aufklärichter stecken noch ganz im Materialismus drin. Sie sind nicht die Leute, eins der schwersten Leiden der Zeit zu heilen. Ich bitte übrigens mich nicht mißzuverstehen: daß ein Mädchen nicht von der ersten Menstruation überrascht werden darf, versteht sich von selbst. Das muß allmählich in das Bewußtsein des Mädchens übergehen, es darf nicht gelehrt werden, sondern das tägliche Leben muß die Kunde bringen, damit sie frei ihre Frauenwürde und Bürde trägt. Das alles möge die Zukunft bessern, wir können es nicht.

Die Zeit der Reife ist eine schwere Zeit für alle Eltern. Da hilft nur eins: Geduld und Wartenkönnen. Diese Jahre gehen wie alle andern auch vorüber. Und später läßt sich manches gutmachen, was in falsche Bahnen geriet, später kehrt auch das Vertrauen der Kinder zurück, wenn es nicht durch voreiliges Belehren und Leitenwollen auf immer zerstört wurde.

Wenn es mir so nicht rätlich scheint, allzuviel psychische und moralische Kunststücke mit heranwachsenden Menschenkindern im Alter der Reife zu machen, so möchte ich um so dringender bitten, auf alle körperlichen Zustände dieser Zeit zu achten und so bald wie irgend möglich Vernunft in unsre Schulerziehung hineinzubringen. Daß unsre Jugend in der Zeit auf der Schulbank klebt, daß an sie gerade dann die größten Anforderungen gestellt werden, das kann man ändern. Dazu gehört nur guter Wille. Und das sollte man ändern. Ich erwähnte vorhin, daß das Wachsen nur auf Kosten früher aufgehäufter Kräfte stattfinden kann. Das gilt von jeder Zeit. Es gilt aber besonders von der Pubertät, wo sich Eierstock und Hoden entwickeln, ihre Tätigkeit beginnen und durch diese Tätigkeit, durch Absonderungsvorgänge, die man erst seit kurzem kennt, das Wachstum stark anregen. Es ist grausam und nichtswürdig, an das so geschwächte Kind gesteigerte Zumutungen zu stellen.

Man achte auf dieses Emporschießen während der Pubertät. Geschieht es in zu raschem Tempo, so ist Vorsicht am Platz. Da nicht alle Organe gleichzeitig und gleichmäßig wachsen, so bleiben nicht gar zu selten lebenswichtige Teile in der Entwicklung zeitweise zurück und verursachen grobe Störungen. So ist es bekannt, daß die Hauptkörperschlagader, das wichtigste Gefäß des Blutkreislaufs, dessen regelmäßiger Bau die Ernährung des Körpers verbürgt, oft jahrelang zu eng bleibt. Das äußert sich dann unter den verschiedensten Formen von Ernährungsstörungen, die man unter dem allbekannten Namen Bleichsucht zusammenzufassen pflegt. Und wie auf a b folgt, so folgt auf Bleichsucht Eisen. Ich wollte, ich hätte all das Geld, das jährlich nutzlos für Eisenpräparate ausgegeben wird. Es ist ja nicht zu verwundern, daß die Bleichsucht während des Eisengebrauchs ausheilt. Man muß nur lange genug damit fortfahren, dann gleichen sich die Wachstumsunterschiede im Körper aus. Durch das Eisen? Gott bewahre! Es kommt mit der Zeit von selbst. Schon tausendmal ist es bewiesen worden, daß das Eisen keinen Wert für die Behandlung der Bleichsucht hat, daß es zum mindesten ohne Eisen ebenso rasch vorwärts geht. Das Leben bringt seltsame Blüten hervor und ist nicht uninteressant.

Sehr viel schwerer sind die Folgen, wenn das Herz mit dem Längenwachstum nicht Schritt hält, ein Ereignis, das häufig genug vorkommt. Dann bricht solch ein hochaufgeschossener junger Mensch bei irgendeiner Anstrengung, beim Tennisspielen, Rodeln, Radfahren plötzlich vollkommen zusammen, und wenn er überhaupt wiederhergestellt wird, so dauert es jedenfalls Jahre. Das Herz ist dann zu klein für den Hohlraum des Brustkorbs, es schlenkert bei jeder Bewegung hin und her, bald nach links, bald nach rechts oder oben und unten, und wird, da es an den Gefäßen festsitzt, einmal in die Länge, einmal in die Breite gedehnt. Ist es erst so weit, daß deutliche Erscheinungen im Allgemeinbefinden auftreten, die sofort sehr schwere sind, dann können sich die Eltern auf eine langwierige, schwer zu behandelnde Krankheit gefaßt machen, und sie mögen Gott danken, wenn sie an einen Arzt kommen, der sich nicht gleich durch die Heftigkeit der Symptome einängstigen läßt und dem Kinde einen Herzklappenfehler andichtet; denn das Mißverhältnis zwischen Herzgröße und Körperlänge kann vorübergehen, tut es auch bei geduldiger Vorsicht«; wem aber erst einmal gesagt worden ist: du hast einen Herzfehler, dem geht dieses Wort durch das ganze Leben nach, und er bleibt in seinen eignen Augen immer krank, immer in größter Lebensgefahr. Die Art, wie unsre Zeit mit Kranken verfährt, macht oft den Eindruck, als ob sie es für ihre Hauptaufgabe hielte, das Vertrauen des Menschen in seine eigne Kraft zu untergraben. Man vergesse doch nicht, daß der größte Teil der sogenannten eingebildeten Krankheiten künstlich gezüchtet wird, durch voreiliges Urteilen, dadurch, daß so wenige zu schweigen verstehen. Verschwiegenheit ist eine der ersten und wichtigsten Tugenden des Arztes. Nicht ohne Grund greift das Rechtsgefühl bei der Beurteilung des Arztes aus allen menschlichen Fehlern gerade den Mangel an Verschwiegenheit heraus, um ihn mit harten Strafen zu belegen. Freilich, das Strafgesetz kann nur den groben Vertrauensbruch ahnden. Das Unheil, das der wichtigtuenden Geschwätzigkeit, der laut prahlenden oder feig sich vor der Zukunft deckenden Diagnostiziererei entspringt, geht ungesühnt seinen Gang. Umso tiefer sollte sich jeder, der mit Kranken zu tun hat, nicht bloß der Arzt – bei dem versteht es sich von selbst – ins Herz prägen: Wahre deine Zunge und sieh nach den Folgen deiner Worte! Da dir Gott nicht den Blick in die Zukunft gab, du auch meist nicht imstande bist, in das Innere deines Kranken zu schauen, so ist es in zehn Fällen gewiß neunmal gütiger und besser, du schweigst und behältst für dich, was du zu wissen glaubst.

Mir ist stets unverständlich gewesen, warum ein Arzt von Laien seiner Diagnosen wegen gepriesen wird. Dieses Lob beweist ja, daß er kein guter Arzt ist, sondern nur dafür gehalten sein will, daß er zu viel spricht. Denn was geht den Kranken die Diagnose an? Gar nichts. Sie ist Geheimnis des Arztes, das er in seinem Innern verschließen soll und nur ausnahmsweise zu bestimmten Zwecken preisgeben darf. Und was hat es schließlich mit der Diagnose so großes auf sich? Wenigstens mit dem üblichen Etikettieren der Kranken: Gallensteine, Leberkrebs, Gehirnerweichung? Damit ist nicht das geringste weder über den Verlauf, noch über die Ursachen, noch über den Zustand ausgesagt und kaum eine kleine Handhabe für die Behandlung gewonnen. Die Diagnose sollte, ich sagte das schon früher, den ganzen Menschen umfassen und seine Lebensverhältnisse dazu. Erst aus dem allumfassenden Urteil lassen sich Schlüsse für die Behandlung ziehen. Zum Behandeln aber ist der Arzt da, nicht zum Diagnostizieren. – *Nil nocere,* nichts schaden: wie viele führen diesen Leitsatz ärztlichen Lebens im Munde, und wie wenige handeln danach.

Nil nocere, das sollten auch die Eltern und Lehrer und alle, die mit Kindern zu tun haben, im Kopf haben. Dann würden sie den Kindern manches harte Wort, sich selbst manch schweren Tag und bittere Sorge ersparen. Sie würden dann eingedenk sein, daß Kinder wachsen und daß aus diesem Wachsen bestimmte Unarten entspringen, die nicht dem Kinde, sondern seinem Alter, seinem Wachstum angehören. Nicht jede Stunde der Faulheit, nicht jeder Ungehorsam, nicht jede Wildheit oder Grausamkeit oder Schlechtigkeit, ja nicht einmal jede Lüge ist dem Kinde anzurechnen. Jedes Alter hat seine Fehler, so lasse man auch dem Kinde die seinen. Man strafe, wenn gestraft sein muß, aber man halte nicht alles für Charakterlosigkeit, was danach aussieht. An seines Kindes Zukunft soll man glauben, Vertrauen dazu haben. Vertrauen schließt Vorsicht und geduldige Führung nicht aus.

Ich habe, wie ich sehe, meinem Leser von allen möglichen Dingen gesprochen, nur nicht vom Muskelrheumatismus. Das liegt eben im Wesen des Muskelrheumatismus. Rheumatismus ist einfach alles. Ich werde mich nun streng an das Thema halten, und da ich von dem Wesen des Rheumatismus nichts andres weiß, als daß es ein Unwesen ist, will ich mich lieber mit den Ursachen dieser Allerweltskrankheit beschäftigen. Da stoße ich denn zu meiner Freude auf die Allerweltsursache, die Erkältung, diese Fundgrube für nachdenkliche Gemüter. Was ist nicht alles Erkältung! Schnupfen, Gelenkschwellungen, Halsentzündungen, Schwindsucht, Bindehautkatarrhe, Blasenschmerzen, Durchfälle, Kopfschmerzen, Brustfell- und Lungenentzündungen, Erbrechen, Eiterungen, Krebs, Geschwülste aller Art und vor allem, vor allem Rheumatismus. Gott sei Dank hat das letzte halbe Jahrhundert uns die Bazillen beschert, das gibt wenigstens Abwechslung. Und wie spaßhaft sind die Menschen, die den Erkältungswahnsinn haben! Und wer hätte ihn nicht? Mich wundert es immer, daß man die Toten nicht auch noch einmummelt. Was aber ist Wahres an der Erkältung? Wenn man es recht besieht, so gut wie nichts.

Allerdings kann ein plötzlicher oder lang andauernder Kältereiz hie und da den Menschen oder seine Teile weniger widerstandsfähig machen, so daß er mit den Anforderungen des Lebens nicht mehr fertig wird, genauso wie ich das eben von dem Wachstum auseinandersetzte. Aber das ist doch höchstens die Gelegenheit, bei der der Mensch erkrankt, nicht die Ursache seines Leidens. Solcher Gelegenheitsursachen gibt es aber Legion. Es kann ebensogut ein Wärmereiz sein, es kann Hunger sein oder Völlerei, es kann Ermüdung sein oder leidenschaftliche, zornige, betrübte Stimmung, Angst. Es ist ein bekannter Spruch, daß Menschen, die sich vor der Seuche ängstigen, am sichersten von ihr ergriffen werden, und dieser Spruch ist wahr. Der Südländer, der an das Leben im Freien gewöhnt ist, spricht nicht von Erkältung. Wenn er krank wird, glaubt er sich erhitzt oder zu viel gegessen zu haben, und damit wird er wohl eher das rechte treffen als der Deutsche und der Engländer, die nichts andres wissen als Erkältung. Die Hochzeit ist doch auch nicht die Ursache fürs Kinderkriegen, sie schafft höchstens die Gelegenheit. Auf die Hochzeitsbräuche – ob sie heidnisch, christlich, mohammedanisch sind oder ob sie gar nicht stattfinden – kommt nicht viel an. Ebenso ist der Kältereiz nur eine Gelegenheit unter tausenden, noch dazu eine seltne. Gelegenheiten bringt jeder Tag und jede Minute. Jeder Augenblick, jede Bewegung bringt solche Gefahren mit sich.

Das ist das Wunder des Lebens, des Menschen, daß er spielend, ohne das geringste davon zu ahnen, jahrzehntelang Schwierigkeiten überwindet, denen eine Maschine nicht eine Minute standhalten kann. Der Versuch, diese Schwierigkeiten zu vermeiden, ist höchst seltsam. Denn aus ihnen besteht das Leben, und der Versuch kann nur dem Toten gelingen. Wie sollte es wohl möglich sein, den Wechsel von Wärme und Kälte zu verhüten? Wir sind nicht Herren über Wetter und Wind, aber unser Körper sollte so sein, daß ihm Wind und Wetter nichts schaden, und wenn er so nicht ist, so sollten wir ihn so machen. Das ist nicht allzuschwer. Die Kälte wirkt zunächst auf die Blutgefäße ein: wer seine Hände lange dem Frost aussetzt, der muß sie fleißig regen, sonst werden sie blau. Es kommt darauf an, die Blutgefäße der Körperoberfläche so zu erziehen, daß sie jedem Wechsel der Temperatur rasch und zweckmäßig folgen, und das erste große Mittel dazu ist die Bewegung. Wir werden später sehen, daß die Blutgefäße in Abhängigkeit von einem bestimmten Nervensystem stehen und daß dieses Nervensystem durch ausgiebige Bewegung gereizt wird.

Weiterhin kommen die Helfer des Menschengeschlechts Licht, Luft und Wasser in Betracht. Man braucht deshalb noch nicht für Nacktkultur zu schwärmen, um in Sonne und Luft bessre Heilmittel zu sehen als in allen chemischen Präparaten. Man braucht noch nicht das Amphibiendasein für den wünschenswerten Zustand des Menschen zu halten, um von dem Nutzen des Waschens im tiefsten überzeugt zu sein. Die Sitte der Sonnen- und Luftbäder breitet sich ja immer mehr aus, und jeder, der etwas vom Menschendasein versteht, wird das mit Freuden begrüßen. Der Reinlichkeit freilich möchte man mehr Freunde wünschen. Es ist besser damit geworden. Ich besinne mich, daß in meiner Kindheit sonnabendlich eine große Haupt- und Staatswäscherei in den Familien stattfand, an den andern Tagen begnügte man sich, Gesicht und Hände zu waschen, und der schmutzige Hals spielte damals eine große Rolle bei der Kindererziehung; auch den Wechsel von Tag- und Nachthemden kannte man noch wenig. Wenn man gar die Vorschriften liest, die der Soldatenkönig über die Reinlichkeit seines Sohnes, des großen Friedrich, gegeben hat, oder wenn man das Waschbeckchen sieht, in dem sich Goethe zu waschen pflegte, wenn man weiß, daß die Schönheitspflästerchen der Rokokozeit aufgeklebt wurden, um den

Dreck zu verbergen, oder die Antwort jener englischen Herzogin kennt, die, ihrer schmutzigen Hände wegen zur Rede gestellt, erwiderte: Da sollten Sie erst einmal meine Füße sehen, so mindert sich der Zorn über die Waschscheu der Menschen. Wenn man nur als Arzt nicht gar zu nahe mit ihnen in Berührung käme! So aber merkt man leider mit Händen, Augen und Nase, daß es noch schlimm steht.

Ich spreche da nicht bloß von der Arbeiterbevölkerung. Der Dreck ist in allen Klassen beliebt. Im allgemeinen sind die Frauen ein wenig reinlicher als die Männer, aber ich habe leider genug hochangesehne Damen kennengelernt, die sich morgens erst in ihr Korsett zwängten, ehe sie an den Waschtisch gingen. Wie kann überhaupt davon die Rede sein, daß man sich am Waschtisch aus dem Waschbecken waschen könne. Das ist unmöglich, wenn man nicht täglich das Zimmer überschwemmen will. Der Waschtisch ist gut, um Seifen, Zahnbürsten, Bürsten, Waschlappen, Krüge und so weiter zu tragen, das Waschbecken gut fürs Händewaschen, aber waschen, wirklich waschen kann man sich doch nur in einer Wanne oder in einem Bottich, kurz in einem Behälter, in dem man stehen und sich abspülen kann. Der Waschtisch, das Waschbecken können entbehrt werden, der Waschbottich nicht. Gewiß, es wäre sehr schön, wenn jeder Deutsche außer dem bekannten Huhn im Kochtopf auch ein Badezimmer zur Verfügung hätte. Aber es geht auch so. Ein Behälter, um Wäsche einzuweichen und zu säubern, pflegt auch in Familien zu sein, die nicht mit Glücksgütern gesegnet sind, und Seife ist kein so kostbarer Artikel, daß man daran sparen müßte. Und die Zeit, um sich täglich von Kopf bis zu Füßen oder besser von den Füßen bis zum Kopf, was dem Körper zuträglicher ist, zu waschen, kann ein jeder aufbringen. Ich habe durch peinlich saubre Menschen feststellen lassen, daß man sich gut in fünf Minuten rein waschen kann. Man muß nur nicht dabei schlafen. Freilich es bleiben genug übrig, die nicht einmal ein Waschfaß besitzen, all die Unseligen, die in einem oder zwei Zimmern wie in Käfigen zusammengepfercht sind. Aber denen würde auch das Badezimmer nichts nützen, solange unsre dreimal hochgelobte Kultur sie schlechter als das Vieh zu wohnen zwingt.

Es ist auch eine eigne Sache mit den Badezimmern. Die Seife pflegt in den Badezimmern der Reichen nicht in dem Maße verwendet zu werden, wie es wohl wünschenswert wäre. Mit dem Sichdehnen im angenehm warmen Wasser allein spült man aber den Schmutz nicht weg. Es fällt keinem Menschen ein, schwarze Wäsche ohne Seife in lauem Wasser zu säubern. Dazu gehört viel Seife und heißes Wasser. Und so sollte der Mensch auch heißes Wasser nehmen, um sich zu reinigen. Mit dem kalten kommt man nicht so rasch vorwärts, und mit dem lauen verfehlt man den andern Zweck des Waschens, die Erziehung der Hautgefäße. Hitze und Kälte erziehen die Haut, Hitze noch besser als Kälte, namentlich bei alten Leuten. Wärme verwöhnt die Haut. Es gibt auch Menschen, die sich einbilden, man brauche sich morgens nicht zu waschen, wenn man es nur abends tut. In der Nacht wird man ja nicht schmutzig. Was müssen diese Menschen wohl für Nasen haben, daß sie nicht einmal den Schlafzimmergeruch wahrnehmen!

Ich sagte vorhin, das weibliche Geschlecht sei im ganzen reinlicher. Aber ich muß das einschränken. Die meisten Frauen bilden sich ein, sie dürften sich während der Periode nicht waschen. Ich kann mir dafür, daß sie durchaus ein Viertel ihres Frauendaseins schmutzig herumzulaufen lieben, keinen anderen Grund denken, als daß sie das Wort der Schrift, daß die Frau während der Blutung unrein sei, in verkehrtem Sinne heilig halten wollen.

Auch die übertriebne Reinlichkeit, der Waschwahnsinn, hat Schattenseiten. Wohl jeder ist einmal Menschen begegnet, die alle fünf Minuten zum Waschbecken laufen, die, wenn sie eine Klinke angefaßt oder eine fremde Hand geschüttelt haben, sobald als möglich sich die Hände waschen. Solche Leute sollten nicht vergessen, daß sie ihr Inneres verraten. Ihr Waschen ist die symbolische Handlung, die wir alle von Pilatus und der Verurteilung Christi her kennen. Ihr Innres ist beschmutzt, meist von frühen Kindertagen her, und das Gefühl davon wollen sie wegspülen.

Noch eins möchte ich erwähnen. Ein jeder weiß, welche segensreiche Rolle die Reinlichkeit in der Chirurgie spielt. Was aber nur wenige wissen und doch jeder, der Lust hat, sich operieren zu lassen, wissen müßte, ist, daß auch die gründlichste Desinfektion nicht genügt, um die Hand des Operateurs vollständig keimfrei, vollständig ungefährlich zu machen; ebenso wie jeder sich gegenwärtig halten sollte, daß die

Betäubung an sich ihre Opfer fordert, ohne erst die Hilfe des Messers abzuwarten. Seit über vierzig Jahren gibt man sich Mühe, eine Methode zu finden, die operierende Hand vollständig zu reinigen, aber bisher ist es noch nicht gelungen, und es wird auch nie gelingen; in den oberen Schichten der Haut, an den Härchen und unter den Nägeln bleibt immer noch dieser oder jener Keim sitzen, und schließlich ist man soweit gekommen, in Gummihandschuhen zu operieren. Wer sich nun gar einbildet, er könne durch Waschen und Baden die Ansteckungskeime fortschaffen, die in irgendeinem Scharlach- oder Diphtheriezimmer an ihm haften blieben, der sollte einmal seine frisch gewaschne Hand neben die schmutzige eines Arbeiters auf einen Nährboden für Bakterien legen. Er würde zu seinem Erstaunen sehen, daß von seiner gepflegten Hand sich viel mehr Bakterien ablösen, als von der ungewaschnen des Arbeiters. Die Hauptmasse der Keime sitzt eben in den obersten Schichten der Haut und läßt sich durch Wasser und Seife nicht entfernen, wohl aber bilden Staub und Schweiß der Arbeit eine verhältnismäßig bakterienfreie Kruste.

Unsre Zeit steht unter der Herrschaft der Angst, und vor dem Gewimmel der Bakterien bebt unser Geschlecht, das sich Herren der Erde nennt. Da lohnt es sich einmal gegen den Ansteckungswahnsinn der Menschen, gegen die erbärmliche Feigheit, die sich offen und schamlos überall zeigt, statt in die fernsten Winkel zu kriechen, ein Wort zu sagen. Wer die Schmach miterlebt hat, wo im Zeitalter der Kultur die größte Handelsstadt des Reichs, Hamburg, geächtet wurde, aus elender Angst vor der Cholera, geächtet wie es schlimmer nicht zu den Zeiten von Acht und Bann geschah, der hat von da an eine tiefe Verachtung vor dieser schuftigen Zeit der Kultur behalten, die wahrlich durch die Beobachtung des täglichen Lebens nicht geringer wird. Sprengt doch die Angst vor der Ansteckung die Bande zwischen Kind und Eltern, Bruder und Schwester, zwischen Freund und Freund, tötet sie doch sogar in unsrer demokratischen Zeit den Freiheitsdurst und die Menschenwürde, die sich willig unter die Gewalt der Polizei beugen und selbst ihr Heim, ihr Heiligstes und Heimlichstes der blöden Hast der Desinfektion preisgeben. Da gilt es zweierlei zu betonen: einmal, der Mensch kann sich nicht vor den Bakterien schützen, und dann: die Bakterien tun ihm nichts, wenn er ein ganzer Mensch ist.

Der Mensch kann sich vor den Bakterien nicht schützen, das hat die Wissenschaft längst und tausendfach festgestellt. Warum trotzdem gerade diese Wissenschaft die zwangsweise Desinfektion anpreist und dem Volke weismacht, damit wäre es geschützt, das ist eins der Rätsel, über das man nur lachen kann, das man aber nicht zu lösen sucht. Heil dir, mächtige Tollheit!

Und zweitens: die Bakterien schaden dem Menschen nichts, wenn er ein ganzer Mensch ist. Das läßt sich auch begreifen. Es gilt da das, was ich vorhin von der Erkältung sagte. Nicht die Bakterien sind die Ursache einer Erkrankung, sie benutzen nur die Gelegenheit, die ihnen das Leben bietet. Etwa wie der vom Wind getragne Grassamen sich in ein Loch der harten Erde einbohrt, um dort zu wachsen. Wer den Bakterien keinen Boden bietet, daß sie gedeihen können, der wird nicht krank. Die letzte Ursache alles Krankseins, auch der Infektionen, liegt im Menschen selbst. Er ist die entscheidende Krankheitsursache.

Der Versuch, die Bakterien in der Welt auszurotten, ist ungefähr so vernünftig wie der, Gras und Kräuter von der Erde zu verbannen. Beides wird nicht gelingen. Aber ein gesunder Acker, der gehegt und gepflegt wird, trägt kein Unkraut, und wenn es hie und da hervorsprießt, so wird es von der Saat erstickt. Man soll doch bedenken, daß in jedem Zimmer, in jedem Raum Tuberkelbazillen vorhanden sind, daß überall und überall gute und schlechte Keime sind, und daß kein Fenster bakteriendicht ist, keine Stätte in der weiten Welt ist, die nicht nach modernen Begriffen verseucht wäre. Das Streben des Menschen sollte nicht sein, vor der Krankheit zu fliehen, sondern sich so zu machen, daß ihm keine Krankheit etwas anhaben kann. Feigheit ist verächtlich. Sucht in euch die Ursache eurer Leiden, nicht draußen.

Ich hoffe, man hat verstanden, wie ich nach alledem über den Rheumatismus denke. Aber da ich so lange über seine Ursachen gesprochen habe, darf ich wohl auch ein Wort über das Hauptsymptom sagen, über den Schmerz. Er gehört zu den verkannten Heiligen. Nichts ist dem Menschen so verhaßt wie der Schmerz, und doch ist er des Menschen größter Wohltäter. Ich wies schon auf seine erzieherischen Wirkungen hin, und jeder Arzt, jeder Mensch, der ein wenig Beobachtungsgabe sein eigen nennt, weiß, daß er hochveranlagte

Menschen zu erstaunlicher Größe entwickelt. Die Sitte der Spartiaten – soviel ich weiß, herrscht sie auch bei den Japanern und bis vor ein oder zwei Jahrhunderten pflegte man sie auch bei den Deutschen –, die Knaben lediglich zur Stärkung ihres Charakters in regelmäßigen Zeiträumen zu züchtigen, war nicht schlecht und täte uns dringend not. Ich kann nicht begreifen, wie man sich das goldne Zeitalter ohne Schmerz vorstellen kann. Er gehört zum Menschen, ist sein väterlicher Freund. Das Herabsinken der männlichen Leistungsfähigkeit auf das Niveau der Frauen hängt damit zusammen, daß für den Mann der Schmerz mit der höheren Zivilisation immer seltner geworden ist, während dem Weibe der Schmerz des Gebärens Natur ist.

Aber das ist nur eine gute Seite des peinlichen Menschenfreundes, er hat mehr, und ich erwähne hier einen, der ein großes medizinisches Interesse hat. Wenn man den Körper mit einem geordneten Haushalt vergleicht, wie es oft geschieht, so spielt der Schmerz etwa die Rolle eines Hofhunds, der den einschleichenden Dieb anbellt. Wo Schmerz ist, da ist Gefahr, und so wie es dumm vom Hausherrn sein würde, dem wachsamen Hund, der den Dieb wittert, ein Stück Wurst hinzuwerfen, damit er den Schlaf des Hauses nicht störe, so ist es dumm, den Schmerz mit irgendeinem Mittel sofort zu unterdrücken; man verwischt damit das Krankheitsbild, beraubt sich selbst der besten Handhabe zur Behandlung. Es ist, als ob man die Mistgrube, die die Luft des Hauses verpestet, nur zudeckt, statt sie zu räumen. Gewiß, kein Arzt ist hart genug, immer und überall das Morphium oder ähnliche Arzneien zu verweigern; es wäre nicht Härte, sondern Grausamkeit. Wenn man mich aber vor die Frage stellte, möchtest du, daß das Morphium niemals entdeckt wäre, so würde ich die Frage wahrscheinlich bejahen und mit mir alle, die das Unglück gehabt haben, beruflich oder in der Familie mit Morphinisten zusammenzuleben. Der Morphinismus ist noch schlimmer als die Trunksucht. Denn beim Trunk wird der Mensch zur Bestie, beim Morphium bleibt er Mensch, aber er wird schlecht. Den Trunksüchtigen erkennt jeder auf den ersten Blick, man kann ihn meiden, wenn man nicht durch das Gesetz unlösbar mit ihm zusammengeschmiedet ist; den Morphiumsüchtigen erkennt fast niemand, denn er ist klug, meist auffallend klug, und er lügt. Man glaube ihm kein Wort, er lügt immer.

Wenn es wahr ist, daß in Norwegen mit dem Sinken des Alkoholverbrauchs der Verbrauch an Morphium gestiegen ist, so kommen einem Bedenken, allzu eifrig für die moderne Mäßigkeitsbewegung einzutreten. Freilich, die drei bis vier Milliarden, die jährlich in Deutschland für Alkohol ausgegeben werden, das namenlose Elend im Thüringerwalde, wo die Säuglinge mit Branntweinlutschern zur Ruhe gebracht werden und die Schulkinder als Mittagessen Brot mit Schnaps bestrichen bekommen, das und andres mehr schreit zum Himmel. Wer die Augen erst einmal geöffnet hat, dem tritt das Schicksal überall in schauderhafter Gestalt entgegen, und sein Leben verrinnt im Kampf mit dem Unglück. Und es ist schön zu kämpfen.

Soziale Tätigkeit ist heutigentags Mode geworden. Man tritt förmlich wie auf Pflaster auf gemeinnützige Vereine und Anstalten. Mir will es scheinen, daß es schon nicht mehr recht ist und daß aus Gut Böse wird. Geld und Kraft werden zu oft sinnlos vergeudet und die innre Tüchtigkeit des Volkes wird zernagt. Ein böses Beispiel dafür ist der staatliche Versicherungszwang. Auf dem Wege der Genossenschaft wäre dasselbe zu erreichen gewesen, ohne daß die schlimmen Folgen für unsre sittliche Kraft so stark aufgetreten wären. Darüber und über tausend andre blind betretne Wege sozialer Fürsorge ließe sich vieles sagen, ein ganzes Kapitel über den Humanitätsdusel der Menschen schreiben, über die Eitelkeit und den Neid der großen und kleinen Führer auf diesen Pfaden, die ins dunkle führen. Was aber soll man tun? Mit verschränkten Armen und zusammengebissnen Zähnen dastehn, zuschaun und nichts tun? Das hält keiner mehr aus, es wäre auch unrecht; denn es ist keine Frage, daß das letzte Jahrhundert namenloses Elend über die Menschen gebracht hat. Wenn ich die tausend und abertausend Wege betrachte, wollen mir nur drei als sicher erscheinen, die sich alle drei an einem bestimmten Ziele vereinen.

Das erste ist die Sorge für die Mütter des Volks. Unser Volk stirbt aus. Wir brauchen Kinder. Die Frau gehört an die Wiege, sie soll vom Manne ernährt werden. So gebe man dem Manne genug zu verdienen, daß er Weib und Kind ernähren kann; das ist bei drei Vierteln unsrer Männer nicht mehr der Fall. Die Frage der Frauenarbeit ist eine Geldfrage. Alle Wege, die dem Manne bessern Lohn verschaffen, sind gut, und die großen Organisationen, deren Muster die Arbeitergewerkschaften sind, halte ich für die Träger der Zukunft, wenn es anders eine Zukunft für uns gibt. Auch der Arzt gehört in seine Organisation hinein. Keiner sollte abseits stehen.

Das zweite ist die Sorge für ein eignes Heim. Ein jeder muß sein eignes Dach haben, ein jeder ein Stück Grund, das er bebauen kann. Der Mensch hat eine Antäusnatur. Löst ihn von der Erde, und er stirbt. Dies Ziel ist zu erreichen durch Innenkolonisation, Bodenreform, Siedlungsgenossenschaft. Warum zählen deren Anhänger noch nicht nach Millionen in Deutschland? Weil der größte Teil der Deutschen nicht weiß, was Bodenreform und Innenkolonisation ist, nicht einmal, was eine Genossenschaft ist, weil wir an das Nomadenleben gewöhnt sind und nicht mehr das Verlangen nach einem Heim haben. So tief sind wir gesunken!

Das dritte ist die Nahrung und Notdurft des Leibes und der Seele. Auch dazu ist der Weg gebahnt in den Konsumgenossenschaften. Man lasse das alberne Geschrei über die sozialdemokratische Tendenz der Konsumvereine. Es ist eine Lüge. Jeder, ausnahmslos jeder gehört in die Konsumgenossenschaft hinein, und wenn ein jeder darin ist, so ist von Sozialdemokratie keine Rede mehr. Aber wer mit der Angst der Menschen spekuliert und mit roten, schwarzen, blauen und gelben Gespenstern arbeitet, hat immer gewonnenes Spiel. Die Angst ist der innre Kern des Menschen, aber gerade die Genossenschaft erlöst ihn von dem Zwang der Angst. Genossenschaftlich war das Leben der Vorfahren, so zu leben ist echt deutsch.

Das sind die drei Wege, die ich kenne und schätze, auf allen andern wird Geld und Mühe verschwendet im Verhältnis zu dem, was erreicht wird.

Was, so wird man fragen, haben diese sozialpolitischen Dinge mit einer Heilkunde des Alltags zu tun? Darauf könnte ich erwidern, daß ich schreiben kann, was ich will; man braucht es nicht zu lesen. Es gibt besondre Gründe, die mir diese scheinbare Abschweifung aufzwingen. Die ärztliche Tätigkeit ist, besonders durch die Zwangsversicherung von drei Vierteln der Bevölkerung, unlösbar mit allen sozialen Fragen verquickt. Im Lauf der Jahrzehnte ist uns nun eins in voller Deutlichkeit klar geworden, klarer jedenfalls, als es uns zur

Zeit unsrer Universitätsstudien war und als es den meisten Menschen heute noch ist und mangels aller Erfahrung sein kann; daß, um überhaupt arzten zu können, der Kranke erst einmal Wohnung und Nahrung haben muß. Wir haben sehen müssen, daß diese Grundbedingungen unsrer Tätigkeit vielfach nicht vorhanden sind, und weil wir tätig sein wollen, haben wir uns entschließen müssen, uns diese Grundbedingungen selbst zu schaffen. Unser Beruf an sich hat uns mit den trostlosen Umständen bekanntgemacht, jeder Tag belehrt uns, daß vielfach der Boden unter unsern Füßen fehlt, um eine Behandlung auch nur zu versuchen, und das hat uns in die soziale Bewegung hineingezwungen. Die ärztliche Tätigkeit richtet sich, wie ich zu Anfang sagte, nicht auf den einzelnen Kranken, sondern auf den Menschen als Glied und Produkt des Lebens, auf die kleine Welt, deren Mittelpunkt er ist. Dem einzelnen Hungernden, dem einzelnen Obdachlosen aber die Bedingungen einer Behandlungsmöglichkeit zu schaffen, übersteigt das Vermögen des Arztes, solange es Tausende und Abertausende solcher Hungernden und Obdachlosen gibt. So müssen wir versuchen, durch Anschluß an weitgreifende Volksbewegungen uns den Boden für unsre Berufstätigkeit zu gründen. Daß es so ist, ist schlimm genug. Unser Beruf ist an sich schwer und erfordert die volle Tatkraft des Mannes.

Für die Volksgesundheit zu sorgen, sollte andrer Menschen Aufgabe sein. Daß wir gezwungen sind, selbst dafür zu sorgen, ist ein Diebstahl an unsrer Kraft. Wir sind in eine Lage gebracht, wie etwa die hohen Beamten der Eisenbahnverwaltung beim Streik des Personals, die sich dann auch auf die Lokomotive stellen und den Kessel heizen. Aber was sie für Stunden und wenige Tage tun, das fordert von uns unausgesetzt unser ganzes Leben. Es ist genug, wenn der Baumeister Pläne ersinnt und den Bau überwacht, ihn zum Steinetragen, zum Fundamentgraben zu zwingen, ist ein Frevel. Wir müssen auch das auf uns nehmen. So lange wir nicht durch andre ersetzt werden, steht jeder echte Arzt in irgendeiner Weise im Dienst der sozialen Arbeit; nicht aus Humanität – das Wort haßt er, da es durch Geschwätz entheiligt ist –, sondern aus Notwendigkeit, seines Berufs wegen. Die soziale Frage gehört vorläufig noch in die Heilkunde des Alltags hinein. Leider. Ich kehre zurück zu dem Schmerz. Wenn ich ihn einen

Freund des Menschen nannte, wenn ich auf das blinde Unterdrücken schelte, so ist das nicht so zu verstehen, daß man untätig den Leidenden seiner Pein überlassen müsse. Man richtet ja den gebrochnen Knochen sofort, man sättigt den Hungernden und stillt den Durst. Warum soll man den Schmerz nicht lindern, da es doch der dringendste Wunsch des Kranken und meist auch die erste, oft die einzige Aufgabe der Behandlung ist? Aber dazu gibt es genug Handhaben, die benutzt werden sollten, ehe man zu dem Morphium greift. Pflege und Lagerung tun das ihre, Massage, Bewegung, feuchte Wärme unter dem Prießnitz oder unter einfachem Guttaperchapapier, Bäder und tausend andre Mittel stehen uns zur Verfügung. Vor allem unsre eigne Hand. Die Hand des Arztes ist das edelste Werkzeug, das er besitzt, in Wahrheit das Instrument, das er nicht entbehren kann. Selbst ein blinder oder tauber Arzt ist eher denkbar als einer, dessen Hand nicht zur größten Vollkommenheit ausgebildet ist. Sie lehrt den Arzt, was vor ihm liegt, sie gibt dem Kranken im Berühren Linderung. Man lese, was Schweninger über die Hand des Arztes geschrieben hat. In ihr ist bis zu einem hohen Grade das zusammengedrängt, was den Arzt ausmacht, seine Persönlichkeit. Und diese Persönlichkeit ist es ja, die alles tut, die selbst den Schmerz lindert. Der Arzt als solcher, sein Wesen, sein Dasein ist das beste Mittel gegen den Schmerz.

Wir wissen das alle, ein jeder von uns hat es erfahren. Als wir krank lagen und der Arzt trat in das Zimmer, geschah ein Wunder, und dieses Wunder geschieht alle Tage. Der Arzt ist wie die Sonne. Er hat eignes Licht, und wo er ist, wird es hell und freundlich. Ich brauche dem nichts hinzuzufügen. Man weiß, daß dieses Wort wahr ist.

Eins der zahllosen Hilfsmittel, die Schmerzen zu lindern, möchte ich noch herausgreifen, weil es viel zu wenig benutzt wird, das ist die Hitze. In den sogenannten gebildeten Kreisen, bei denen ja alles Neue eine Zeitlang zu Hause ist, bis etwas noch Neueres kommt, haben das kalte Wasser und der Eisbeutel die Anwendung heißer Umschläge, die früher Sitte waren, verdrängt. Die Mode – es gibt in der Medizin ebenso Moden wie in der Kleidung – hat sich jetzt wieder etwas mehr der Behandlung mit Hitze zugewendet. Aber auf die Mode ist kein Verlaß, und außerdem gilt selbst unter der Mehrzahl der

Ärzte der Eisbeutel bei besonders schmerzhaften Erkrankungen: Blinddarmentzündungen, schlimmen Brüsten und so weiter immer noch als bestes Mittel. Gott sei Dank sind ja noch nicht alle Deutschen gebildet, und bei denen, die diesen Vorzug nicht genießen, hat sich durch die Jahrzehnte hindurch das Bewußtsein gerettet, daß Hitze den Schmerz besser lindert als Kälte, und neuerdings hat sich auch die berufliche Medizin dieser alten Erfahrung wieder bemächtigt.

Aber wenn auch jetzt unsre führenden Ärzte die physiologische Wahrheit lehren, daß die Blutgefäße unter der Einwirkung von Hitze sich ausdehnen und durch diese Veränderung im Strombett des Kreislaufs die Ursachen des Schmerzes, besonders die Entzündungserscheinungen, am besten beseitigen, so ist diese Wahrheit damit noch längst nicht in die wirren Köpfe unsrer Zeitungsleser eingedrungen. Sie schwören noch auf kalte Kompressen bei Migräne, auf den Eisbeutel bei Entzündungen. Da gilt es denn, ihnen immer wieder vorzuhalten, daß die Hände in heißem Wasser feuerrot werden und rot bleiben, daß sie in kaltem aber günstigenfalls nur in den ersten Sekunden sich röten, nach und nach aber blau werden. Das Blauwerden jedoch, soviel sollte jeder wissen, ist ein Zeichen, daß der Blutkreislauf stockt, daß das Sauerstofffeuer in ihm zu ersticken droht. Die Röte beweist, daß das Feuer lustig brennt, daß das Blut schneller fließt. Und daß rasch fließendes Blut leichter schädliche Substanzen wegschwemmt, daß ein helles Feuer gründlicher alles verbrennt, ist begreiflich.

Man versuche es nur einmal, den Schmerz, die Entzündung mit heißen Kompressen, mit Sandsäcken, Breiumschlägen, Wärmflaschen, vor allem mit heißen Teilbädern für die Arme und Beine oder den Kopf zu behandeln. Wer's einmal versucht hat, geht so leicht nicht wieder davon ab. Natürlich hat das kalte Wasser auch seine Berechtigung, sein eignes Wirkungsfeld. Aber jedem das Seine. Zumeist den Mädchen und Frauen, die ja zum großen Teil von Menstruationsbeschwerden geplagt werden, möchte ich raten, zehn oder zwanzig Minuten lang in ein heißes Sitzbad zu gehen. Sie werden damit sich und ihrer Familie, für die das Unwohlsein der Frauen wirklich keine Annehmlichkeit ist, den besten Dienst erweisen. Und sie brauchen keine Angst zu haben, daß der Blutverlust deshalb stärker würde. Die Hitze stillt eher die Blutung, wie denn bei starken Blutungen selbst ängstliche Ärzte heiße Bäder verwenden. Freilich, heiß müssen die Bäder sein, etwa 45° Celsius. Was man so gewöhnlich heiß nennt, pflegt warm zu sein und nützt nicht viel.

Nerven

Linderung der Schmerzen muß sein, das ist gewiß; aber besser ist es, die Ursachen der Schmerzen zu beseitigen, denn mit den Ursachen verschwindet die Pein von selbst. Da ist nun wieder der Schmerz ein guter Wegweiser. Er leitet uns zu den Ursachen hin. Freilich liegt nicht etwa immer an der Stelle der Schmerzen auch ihr Ausgangspunkt. Ein Kopfweh kann sehr wohl, und das weiß ja jeder, durch Magen- und Darmstörungen bedingt sein, es hat seine Quellen sogar nicht selten am äußersten Ende des Körpers, an den Fußsohlen. Aber immer ist das Weiterbestehn der Schmerzen ein sichres Zeichen, daß der Kranke nicht geheilt ist, auch dann nicht geheilt ist, wenn ihm nach glücklich überstandner Blinddarm- oder Gallensteinoperation versichert wird, die Krankheit sei nun vorüber und die Schmerzen hätten nichts zu sagen.
Meist gibt uns der Schmerz wenigstens den Anhaltspunkt für die Untersuchung. Wenn jemandem zum Beispiel die Bewegung des rechten Arms wehtut, so weiß ich, daß irgendwo die Nervenstämme, die den Arm versorgen, geschädigt sind. Ich kann dann leicht die Stelle finden, von der der Schmerz ausgeht, kann sie untersuchen und behandeln und meist auf den ersten Blick, fast immer im Lauf der Zeit feststellen, ob wirklich bloß der Nerv erkrankt ist, oder ob er durch andre Vorgänge, etwa durch Störungen im Bauch, der Brust, der gesamten Zirkulation und Ernährung nur in Mitléidenschaft gezogen ist.
Was ist nun zu tun, wenn sich herausstellt, daß der Schmerz tatsächlich nur durch eine Störung im Verlauf des Nervs verursacht ist, daß also der typische Fall des sogenannten Muskelrheumatismus vorliegt? Dann läßt sich mit großer Wahrscheinlichkeit annehmen, daß der Nerv an irgendeiner Stelle festsitzt und den Bewegungen des Gliedes nicht folgen kann. Aus dieser Umklammerung, dieser Verklebung, Verwachsung oder was es sonst sein mag, muß er gelöst werden. Dazu gibt es nun viele Wege. Man kann versuchen, durch Beförde-

rung des Flüssigkeitsstroms und der örtlichen Verbrennung, etwa mittels Hitze oder feuchtwarmer Umschläge oder reizender Substanzen, die in der Nähe der festsitzenden Stelle eingerieben werden, durch Einspritzen bestimmter Medikamente die einengenden Stränge zu erweichen. Vielleicht gelingt es auch, den Nerv selbst mit den Fingern zu fassen oder ihn durch Zerren und Dehnen der Umgebung zu lockern, oder man zieht und zupft, wie ich es vorher schon erwähnte, an den Muskeln, in denen er sich verästelt, an der Haut, in der die Nervenäste endigen. Das wichtigste aber ist und bleibt, durch Bewegungen des erkrankten Körperteils, durch häufig wiederholtes Biegen und Strecken der Gelenke über das gewöhnliche Maß hinaus die eingerostete Stelle wieder freizumachen.

Das Ganze läßt sich wohl an einzelnen Beispielen am besten klarmachen. Zunächst muß ich jedoch eine Erläuterung dessen geben, was ein Nerv ist, was ich bisher versäumt habe. Es wäre gewagt anzunehmen, meine Leser wüßten irgend etwas andres vom Nervensystem als die Redensart, daß diese oder jene Frau Nerven hat. Da muß ich daran erinnern, daß es ohne Nerven mit dem Leben überhaupt nicht geht, und daß es durchaus nicht ein Vorrecht erregbarer und launischer Menschen ist, Nerven zu besitzen. Alle Empfindungen und Gedanken, alle Bewegungen, der Herzschlag, die Atmung, die Ernährung, man kann fast sagen jede Funktion des menschlichen Lebens wird vermittelt und steht unter der Herrschaft des Nervensystems. Ein jeder weiß auch, daß das Leben in all seinen Teilen von dem Gehirn und Rückenmark, dem sogenannten Zentralnervensystem aus gelenkt wird. Wenn nun die Tätigkeit der Beine, der Arme, des Herzens, der Augen, des Gehirns, kurz aller Organe und Körperteile von dem Gehirn und Rückenmark abhängig ist, so müssen von all diesen Teilen aus Zusammenhänge mit der Zentrale bestehn. Tatsächlich laufen auch zwischen jedem Organ und dem eben erwähnten Mittelpunkt des Lebens Verbindungsfäden, eben das, was wir gewöhnlich Nerven nennen. Es ist das periphere Nervensystem im Gegensatz zu dem zentralen, das, welches nach der Peripherie des Körpers verläuft.

Wer einmal einen Seiler bei der Arbeit gesehn hat, kann daraus eine Vorstellung gewinnen. Da sind auf einem Gestell in gewissen Abständen kleine Pflöcke angebracht, und an jedem dieser Pflöcke ist ein feiner Faden befestigt. Alle diese Fäden vereinigen sich an ihrem andern Ende in der Hand des Seilers, der sie nach einer Richtung dreht, so daß die Fäden sich umeinander wickeln und den Strick bilden. Genauso enden in jedem Organ, jedem Muskel, jedem Hautstückchen Nervenfäden, die sich dann zum Nervenstrang und Nervenstamm vereinigen, nur daß sie nicht umeinander gedreht sind wie im Strick, sondern von einer Hülle zusammengehalten nebeneinanderliegen. Die Nervenstämme selbst, die in sich eine Menge der kleinsten Nervenfäden umfassen, verlaufen dann weiter zum Rückenmark und Gehirn.

Nimmt man zum Beispiel ein Bein, so findet man an jeder Zehe dünne weißliche Fäden, etwa glänzend weißen Baumwollfäden gleichend, zwischen der Haut und den Knochen. Wollte man sie weiter nach ihrem Ende zu verfolgen, so würde man sie schließlich in einzelnen Zellgebieten der Zehenmuskulatur oder der Zehenhaut verschwinden sehn. Geht man ihnen weiter nach oben, nach dem Fußgelenk hin nach, so schließen sie sich bald zu einem etwas dickeren Nerv zusammen, der wieder vereinigt sich mit Nervenfäden und Nervensträngen, die von der Muskulatur und Haut des Unterschenkels herkommen, und so geht es weiter, bis sich schließlich hinten in der Hüftgegend ein Nervenstamm von der Dicke eines kleinen Fingers gebildet hat, der *Nervus ischiadicus*, der in sich alle diese dünnen Nervchen nebeneinanderliegend mit einer gemeinsamen Hülle umfaßt. In ähnlichen Stricken sammeln sich die Nervenfäden andrer Gebiete des Beins, so daß dort, wo der Oberschenkel an den Rumpf ansetzt, nur ein paar dicke Nerven sich finden, deren Verlauf wohlbekannt und bei allen Menschen derselbe ist, also ohne jede Schwierigkeit aufgesucht werden kann. Genauso verhält es sich mit den Armen, dem Rumpf, Hals und Kopf. Überall fügen sich kleine und kleinste Nervenäste zu größern Stämmen zusammen, um Empfindungs- und Bewegungsvorgänge zwischen Gehirn und Organen zu vermitteln.

Diese Nerven nun, von den gröbsten bis zu den feinsten, meinte ich, wenn ich bei Gelegenheit der Muskelschmerzen vom Einrosten sprach. Die weißglänzenden Fäden sind nämlich nicht wesentlich ausdehnbar. Sie liegen daher, um den Bewegungen folgen zu können, locker zwischen den Geweben, so daß sie sich ein wenig verschieben lassen. Sind sie jedoch an irgendeiner Stelle unbeweglich eingeklemmt, so wird bei bestimmten ausgiebigen Bewegungen an ihnen gezerrt, und sie antworten mit Schmerz. Wird die Umklammerung enger und enger, wie es bei wachsenden Geschwülsten oder bei sich zusammenziehenden Narben, etwa Brandnarben, der Fall sein kann, so tritt zunächst ein dumpfes Gefühl des Kribbelns auf. Wir kennen es alle vom Stoß gegen den Ellenbogen her, wenn wir die Engel im Himmel pfeifen hören, oder dem Einschlafen der Beine, das durch den Druck der Stuhlkante auf den Ischiadicus herbeigeführt wird. Nach längrer oder kürzrer Zeit aber verwandelt sich das stumpfe Gefühl in Schmerz, der unter Umständen unerträglich wird.

Nehmen wir als Beispiel einen allbekannten Vorgang, die Lumbago, den sogenannten Hexenschuß, das plötzliche Auftreten großer Schmerzen in der Lendengegend. Der Verlauf dabei ist ungefähr folgender: Durch lange Stauungen, wie sie bei Kot- und Gasansammlungen in den untern Darmabschnitten oder bei Fettleibigkeit, bei Nierensteinen, bei mangelnder Übung, durch Mißbrauch des Korsetts und aus tausend andern Ursachen entstehen, ist der Rücken schwer beweglich geworden; die kleinen und zarten Muskeln längs der Lendenwirbelsäule haben, da sie nur selten gebraucht werden, einen Teil ihrer Nachgiebigkeit verloren. Nun bringt der Zufall es mit sich, daß einmal eine rasche, unvorsichtige und seit Jahren nie mehr ausgeführte Bewegung in der Lendengegend gemacht wird, bei einer plötzlichen Wendung oder beim Heben einer ungewohnten Last. Dabei reißen ein paar Muskelfasern, oder sie haken sich an irgendeinem Knochenvorsprung fest. Durch den geringen Bluterguß oder durch die falsche Lage, in die das Muskelchen geraten ist, wird der Nervenfaden, der in ihm endet, festgenagelt; er kann von nun an gewissen Bewegungen des Rumpfs nicht mehr folgen, jedes Bücken, Drehen und so weiter zerrt an dem Nerv und verursacht gewaltige Schmerzen, die erst aufhören, wenn der Nerv wieder gelockert ist. Meist wird der Bluterguß rasch, vielleicht unter Beihilfe von heißen Kompressen, aufgesogen, oder das Muskelchen gleitet von dem Knochenvorsprung, an dem es sich verheddert hatte, herunter, und damit ist die Sache scheinbar wieder gut. Scheinbar, denn in Wahrheit besteht die Gefahr fort, daß derselbe oder ein ähnlicher Vorgang in der Nähe sich wiederholt, da ja nichts getan ist, um die Lendenmuskulatur zu üben. Nach einiger Zeit tritt also ein neuer Hexenschuß auf, und das geht so fort, bis einmal der Bluterguß nicht aufgesogen wird oder der Muskel dauernd in seiner falschen Lage festgehalten wird.

Dann ist guter Rat teuer. Von selbst weichen die Schmerzen nicht; Hitze, Ruhe, die übliche Streich- und Knetmassage, selbst Morphium versagen die Dienste, und der Kranke gerät nach und nach in eine verzweifelte Lage. Da sehr bald andre Muskel- und Nervengebiete, besonders das Gebiet des großen Hüftnervs, mit ergriffen werden, geht er nur noch mühsam, gebückt und krumm, kann kaum liegen und gewiß sich nicht frei regen. Jetzt bleibt nichts übrig, als den eingekeilten Nerv durch zweckmäßige, allerdings sehr schmerzhafte Bewegungen wieder zu lockern, und das wäre von vornherein das Vernünftigste gewesen. Denn durch Bewegung kräftigen sich die schwachen Lendenmuskeln, so daß es zu Störungen in ihrem Gebiet nicht kommt. Anfänglich sind natürlich eigne Bewegungen des Kranken unmöglich, da die Muskeln wie gelähmt sind. Dann setzt man den Kranken auf den Boden, läßt ihn die Füße gegen die Wand stemmen und versucht nun, während der Leidende seine Knie gestreckt hält, den Rumpf gewaltsam nach vorn zu beugen; dabei werden fast alle Muskeln des Rükkens und der Beine stark gedehnt, und durch diese Dehnung wird der festgeklemmte Nerv allmählich gelockert und schließlich aus seiner Gefangenschaft erlöst. Wie gesagt, es ist sehr schmerzhaft. Aber der Kranke wird schon nach kurzer Zeit imstande sein, dieselbe Bewegung allein zu machen, er wird bald andre Übungen, etwa das Bücken des Rumpfs bei gestreckten Knien oder andre Beuge-, Streck- und Drehbewegungen ausführen können. Und was die Hauptsache ist, seine Muskeln werden gebraucht, erlangen ihre ursprüngliche Kraft wieder, Rückfälle des Hexenschusses treten nicht mehr auf. Behält der Wiedergenesne dann die Gewohnheit bei, seine Rückenmuskulatur ausgiebig zu gebrauchen, so hat er durch seine Erkrankung einen Gewinn für sein Leben erworben, den er nicht gering schätzen darf.

Ähnlich gestaltet sich das Verhältnis bei der Ischias, dem Hüftweh, nur daß die ganze Lage von vornherein schwieriger zu sein pflegt. Schon der Gelegenheiten zur Erkrankung des Hüftnervs sind viel mehr. Zunächst wird, wie ich schon früher erwähnte, die Bewegung des Hüftgelenks geradezu sträflich vernachlässigt. Nach den Seiten und nach hinten wird das Bein fast nie geführt, weit nach oben erst recht nicht, und das Bücken, das diese Bewegung allenfalls ersetzen könnte, wird alten Leuten, die es am nötigsten brauchen, verboten, unter dem nichtigen Vorwande, daß dabei eine Gehirnblutung auftreten könnte. Ich habe noch nie eine solche Blutung dabei erlebt, obwohl ich gerade den Greisen das Bücken stets eindringlich anrate, habe auch in meinem ganzen Leben nicht davon gehört. Ich kann versichern, daß es ungefährlich ist, und wenn es denn doch einmal vorkommen sollte, so kann man gewiß sein, der Schlaganfall wäre auch ohne das Bücken ein paar Stunden später gekommen. Er wird nicht durch das Bücken, sondern durch die Erkrankung der Hirngefäße verursacht. Im Gegenteil sollte man Leute, die Neigung zum Schlagfluß haben, durch häufiges Bücken, durch öfteres Tieflagern des Kopfes an die unvermeidlichen Flüssigkeitsschwankungen im Schädelinnern gewöhnen.

Bei der Entstehung der Ischias spricht dann weiter die Gewohnheit des Sitzens mit. Auf der Gegend des Hüftnervs lastet dabei das ganze Gewicht, sie ist, abgesehn von den hängenden Beinen, dann der tiefstgelegne Punkt des Körpers, zu dem nach dem Gesetz der Schmerz alle nicht vom Herzen umgetriebenen Flüssigkeiten niedersinken. Ein mehr oder minder starker Druck auf den Hüftnerv ist die natürliche Folge des Sitzens, und ein jeder, der gezwungen ist, lange Stunden auf dem Stuhle zu verbringen, weiß aus eigner Erfahrung, wie steif und ungelenk der Körper dabei wird, wie Verstopfungen, Hämorrhoidalknoten sich nach und nach einstellen. Aber es fällt ihm natürlich nicht ein, das einförmige Sitzen etwa durch Knien auf dem Stuhl zu unterbrechen; das schickt sich nicht, ja er untersagt es seinen Kindern aus Angst, daß sie die Hosen an den Knien durchscheuern. Wenn der Hosenboden fadenscheinig wird, ist das nicht schlimm, dort wird ein Flicken von der Jacke gedeckt. Aber das Knien der Bengel ist ein Angriff auf Vaters knappe Geldbörse.

Mit dem Liegen ist es ähnlich. Die Menschen pflegen, wenn sie nicht überhaupt auf dem Rücken liegen, wobei ja wiederum die Hüftnervgegend gedrückt wird, stets auf einer und derselben Seite zu schlafen, ja den Kindern, die die löbliche Gewohnheit haben, auf dem Bauch zu liegen, wird es verboten, auch wieder aus Angst, es könnten geschlechtliche Erregungen daraus entstehn.

Zu all den Schädigungen, die das Leben selbst mit sich bringt, kommt nun noch das Heer der Unterleibsstörungen. Die Stuhlträgheit – ist der Ausdruck nicht bezeichnend? – das gewohnheitsmäßige Vollessen und Volltrinken, die Schwangerschaften und Entbindungen, das Korsett, der Bierbauch und was es sonst noch an Annehmlichkeiten des täglichen Lebens geben mag. Rechnet man zu alledem die Freundlichkeit der Schuster, die uns die Füße ruinieren, so ist weder die Häufigkeit noch die Hartnäckigkeit der Ischias verwunderlich.

Der Versuch, den Hüftnerv aus seiner Umklammerung zu lösen, wird auch nicht so ohne weiteres durch Dehnung und Bewegung der Beine gelingen. Da heißt es meist alle Lebensgewohnheiten ändern, sehr viel Geduld haben, monate-, vielleicht jahrelang an der Genesung arbeiten. Allerdings steht auch hier wieder das Überbeugen und Überstrecken der Gelenke im Mittelpunkt der Behandlung, entweder in der Weise, wie ich sie vorhin für den Hexenschuß beschrieb, oder so, daß man den Kranken in einen Stuhl mit steifer Lehne setzt und ihm dann das im Kniegelenk stark gestreckte Bein hochhebt, es nach allen Seiten hinführt und dreht, oder daß man den Unterschenkel in der flachen Bauchlage gegen den Oberschenkel beugt, oder daß man sonst zweckmäßige Beinbewegungen ausdenkt und verwendet. Einzelne Muskel- und Hautgebiete lassen sich mit den Händen leicht dehnen, so daß auch auf diese Weise auf den Ischiadicus eingewirkt wird. Der Kranke muß dabei durch selbständige Übungen mithelfen. Es gilt da immer die Regel: je öfter die Übung geschieht, umso besser. Steter Tropfen höhlt den Stein. Aber damit ist es, wie gesagt, nicht abgetan. Man muß den Hüftnerv entlasten, durch knappe Kost, Verbot des langen Sitzens und des Korsetts, durch Hochlagern des Hintern, durch Bearbeitung des Bauchs, Beseitigung aller Entzündungsprodukte und so weiter.

Welchen Einfluß die Belastung des Hüftkreislaufs hat, läßt sich leicht feststellen, wenn man die Gegend der Hüfte bei Ischiadikern abtastet, da findet man bald hier, bald da harte Knoten und Schwielen, wie Erbsen, wie Tauben- oder Hühnereier, ja selbst faustgroße Anschwellungen. Allerdings, fühlende Finger muß man dazu haben. Man wundert sich dann nicht über die Hartnäckigkeit der Erkrankung, sondern nur über die Nachlässigkeit der Menschen, die ihren eigenen Körper so wenig kennen, und über die Großartigkeit des Menschenleibes, der jahrelang ohne Beschwerden diese Schäden vertrug. Diese Geschwülste lassen sich freilich nicht durch Strecken und Dehnen beseitigen, auch nicht durch Anregen des Kreislaufs, da braucht es der massierenden, gewaltsam massierenden Hand. Und das tut weh, es läßt sich nicht leugnen.

Wie an den Beinen können auch an den Armen, am Kopf, Gesicht und Nacken, an Bauch, Brust und Rücken die verschiednen Nervengebiete gedehnt werden. Beim Arm, dessen Nerven besonders durch die Arbeit der Hände, durch die fortwährende Beugestellung der Finger gefährdet sind, erreicht man das am besten, wenn man die Finger und das Handgelenk stark nach der Außenseite, der Handrückenseite umbiegt und dann den Arm bei gestrecktem Ellenbogen weit nach hinten führt. Ein jeder kann sich leicht davon überzeugen, wie stark dabei an den Armnerven gezerrt wird. Er braucht dazu nur die Handfläche in Schulterhöhe gegen die Wand zu legen, so daß die Fingerspitzen nach hinten gerichtet sind, und den Oberkörper bei gestrecktem Ellenbogengelenk von der Wand wegzudrehen. Die meisten werden dabei sehr bald einen starken Schmerz durch den ganzen Arm hindurch empfinden. Unter Umständen muß auch umgekehrt die geballte Faust des Kranken mehr nach der Innenseite der Beugeseite des Handgelenks gebogen werden. Es werden dabei andre Stellen gedehnt als bei der Überstreckung der Gelenke.

Auffallend ist, daß das männliche Geschlecht viel mehr mit schmerzhaften Leiden der Arme und Schultern zu tun hat wie das weibliche. Der Druck der Hosenträger auf die Nervenstämme der Halsgruben spricht dabei mit. Hauptsächlich ist es aber durch das Beugen der arbeitenden Finger bedingt, weshalb auch Frauen des Erwerbslebens im Gegensatz zu den Frauen des Haushalts, Wäscherinnen, Zigarettenarbeiterinnen, Näherinnen viel damit zu tun haben. Die Schwere der Arbeit spricht da weniger mit als die Beugestellung der Finger. Man täte wohl auch besser, von der steifen Hand des Arbeiters zu sprechen als von seiner schwieligen. Abgesehn von einzelnen Berufsklassen sind mir Schwielen an den Händen weniger aufgefallen als steife, schwerbewegliche Gelenke.

Sehr häufig sind die Nerven auf lange Strecken an der Innenseite des Oberarms, wo sie dicht unter der Oberfläche liegen, mit der Haut verwachsen, so daß das Entlangstreichen an dieser Stelle, die an einer Furche leicht zu erkennen ist, starke Schmerzen und einen Streifen dicht nebeneinanderliegender Blutaustritte verursacht. Besondre Aufmerksamkeit verdient bei dem Dehnen der Muskeln die Partie, die längs des äußern Schulterblattrandes entlangläuft. Packt man sie in der richtigen Weise, so tritt bei dem Kranken mit Armschmerzen sofort ein taubes Gefühl im Arm auf, das bis zu den Fingerspitzen herunterläuft, ein deutlicher Beweis, daß von dieser Stelle aus die Nerven des Arms gedehnt werden können. Es geht dort ein Nervenast von der seitlichen Brustgegend hinauf zur Achselhöhle, wo er sich mit den andern Nerven vereinigt. Die Erkrankung dieser Stelle ist deshalb so wichtig, weil sie beim Liegen auf der Seite gedrückt wird und die Menschen dann am Schlafen hindert.

Eine besondere Wichtigkeit hat die Dehnung der Nerven für alle Arten der Kopf- und Gesichtsschmerzen. Es gibt nur wenige Kopfwehleider, denen die Dehnung der großen Muskelgruppe zwischen Schulter und Hinterkopf nicht sofort den charakteristischen Schmerz im Hinterkopf bis vor zu den Augenhöhlen auslöst. Den Hals auf diese oder jene Weise zu recken, ist ein selten versagendes Mittel bei diesen Leiden, nur sollte es auch in den schmerzfreien Tagen verwendet werden. Zerren und Reißen an bestimmten Hautstellen, etwa über den Augen, an der Kopfhaut, den Wangen, bringt auch, oft und lange Zeit durchgeführt, manche Migräneanlage zum Verschwinden. Wer sich nun gar darauf legt, den Kopf und Hals auf schmerzhafte Punkte abzutasten, wie ich es von der Fußsohle beschrieb, der wird manche Überraschung erleben, aber auch reichen Lohn für die Behandlung schmerzhafter Leiden finden.

Am Bauch und an der Brust ist man im wesentlichen auf den Versuch angewiesen, die Haut und Muskulatur mit den beiden Händen zu packen und daran zu zerren: mitunter ist es auch zweckmäßig, namentlich in den Zwischenrippenräumen, die beiden Daumen fest auf die Haut zu setzen und sie, dem Verlauf der Rippen folgend, nach verschiednen Seiten gleiten zu lassen. Besonders der sechste und siebente Zwischenrippenraum der linken Seite kommen dabei in Betracht.

Das, was gewöhnlich Herzschmerz genannt wird, ist durch die Erkrankung dieser Nerven bedingt; Pulsbeschleunigung, Herzklopfen, zeitweise Atemnot, auch Unfähigkeit, auf der linken Seite zu liegen, pflegen sich anzuschließen. Beim Abtasten der Nerven läßt sich leicht feststellen, daß sie in ihrem ganzen Verlauf von der Wirbelsäule bis zum Brustbein empfindlich sind, ja daß der Schmerz oft durch Vermittlung der vorher erwähnten Schulterblattnerven in den linken Arm ausstrahlt. Das gilt als ein böses Zeichen, und ängstliche Leute denken bei diesen Armschmerzen sofort an Verkalkung der Herzgefäße, meist ist es aber eine recht harmlose Sache, die nur nicht von selbst heilt, sondern behandelt sein will.

Zustande kommen diese sehr quälenden Erscheinungen durch eine Verdrängung des Herzens von seinem Platz. Zwischen Bauchraum und Brustraum ist nämlich das Zwerchfell ausgespannt, der Muskel, der hauptsächlich die Atmung vermittelt. Dieser Scheidewand ist im Brustraum das Herz aufgelagert, während im Bauchraum Magen und Darm an ihre untre Fläche grenzen. Sind nun Magen und Darm durch angesammelte Speisen, Kot- und Gasmassen zu sehr ausgedehnt, so wird das Zwerchfell stark aufwärts gewölbt und gleichzeitig das Herz nach oben gegen die Brustwand gedrückt. Es hämmert dann mit aller Kraft gegen die sechste und siebente Rippe und deren Nerven. Diesem Zusammenhang entsprechend tritt meist eine Erleichterung des Zustandes ein, sobald Magen und Darm durch Aufstoßen und Winde von den blähenden Gasmengen befreit werden, das Herz wieder an seinen richtigen Platz zurücksinkt. Bei wirklichen Herzklappenfehlern, die oft genug unter diesen Umständen fälschlich diagnostiziert werden, ist die Empfindlichkeit der Zwischenrippennerven selten zu finden, es müßte denn gleichzeitig ein Hochstand des Zwerchfells vorhanden sein; das führt aber rasch zu schweren Symptomen, vor allem zu Wassersucht.

Daß dieses Aufwärtsdrängen des Zwerchfells tatsächlich die Herzbeschwerden bedingt, läßt sich bei jeder Schwangerschaft beobachten. Die Gebärmutter mit dem darin ruhenden Kinde schiebt nach und nach bei ihrer wachsenden Ausdehnung Zwerchfell und Herz nach oben, und es treten dann ähnliche Erscheinungen auf, wie ich sie eben beschrieb, nur weniger gewaltsam. Daß die Schwangerschaft gerade durch die allmähliche Dehnung der Haut und Muskulatur ein außerordentlich wirksamer Heilfaktor werden kann, ist nach dem, was ich über die Nervendehnung gesagt habe, verständlich. Man braucht sich nur die Größe eines neugebornen Kindes vorzustellen, um zu begreifen, in welchem Maße dabei an alten Narben und Entzündungsresten gezerrt und gezogen wird; und daß diese Dehnung der Leibesdecke so langsam vor sich geht, jeden Tag und jede Stunde neun Monate lang ein wenig mehr, macht die Wirkung doppelt groß.

Ich werde später ausführen, wie ein Teil der Beschwerden sowohl wie das merkwürdige Aufblühen der Frauen während der Schwangerschaft auf Dehnung der Gefäße zurückzuführen ist. Hier möchte ich nur darauf aufmerksam machen, daß ebensogut, wie durch das Wachstum der Gebärmutter alte Verklebungen und Einklemmungen zum Heil der Kranken gelöst werden, auch einmal recht unangenehme Folgen dadurch eintreten können. Namentlich gilt das von Gallen- und Nierensteinen; es ist nicht selten, daß die durch die Schwangerschaft in Bewegung gesetzt werden und Koliken auslösen. An und für sich ist der Gallenstein oder Nierenstein ein harmloses Ding, das tot an irgendeiner Stelle der Gallenblase oder des Nierenbeckens liegt und nichts weiter auf sich hat. Beide Arten der Steinbildung sind so häufig, daß, wenn man alle Leute, die damit behaftet sind, krank nennen wollte, wenig Gesunde übrigbleiben würden. Schlimm werden die Steine erst, wenn sie aus ihrer gewohnten Lage gebracht werden und so entweder Entzündungen hervorrufen oder irgendwelche Nervenbahnen drücken. Gerade die Schwangerschaft aber verrückt leicht die Steine, so daß dann die Kolik oder eine ganze Reihe von Koliken entsteht. Noch häufiger allerdings bringt das die Entbindung zuwege, bei der ja plötzlich ein weiter Raum im Bauche entsteht, so daß die Eingeweide gewissermaßen ins Rutschen kommen. Entweder rutschen die Steine mit, oder sie werden zu plötzlich aus ihrer drangvollen Enge befreit, und es dauert dann eine Zeit, ehe sie sich wieder beruhigen.

Wir sind bei der Besprechung des Muskelrheumatismus unversehens in das Gebiet des Nervensystems hineingeraten, das nun füglich näher erörtert werden kann. Daß der Nerv den Schmerz vermittelt, ist bekannt, und der Schluß, daß er uns ebenso jede andre Empfindung, mag sie angenehm oder unangenehm sein: Berührung, Kitzel, Kälte und so weiter, zum Bewußtsein bringt, ergibt sich von selbst. Die fünf Sinne: Gesicht, Gehör, Geruch, Geschmack und was alles man unter dem Wort Gefühl zusammenfaßt, sind von bestimmten Nerven abhängig. Ich erwähnte aber schon, daß auch jeder Muskel durch seinen Nerv in Tätigkeit gebracht wird, daß also ebenso wie die Empfindungen und Wahrnehmungen auch die Bewegungen durch Nerveneinflüsse geregelt werden. Dabei ist wohl zu bedenken, daß der Nervenstamm selbst, dieser mehr oder weniger dicke Strang, wie ich ihn früher beschrieb, weder empfindet noch aus eigner Kraft Bewegungen hervorruft, daß er vielmehr nur zwischen Gehirn und Organ vermittelt.

Da die Empfindungen im allgemeinen durch äußre Eindrücke geweckt werden, gewissermaßen an der Oberfläche entstehn, so müssen, um sie dem Gehirn, dem Bewußtsein zu übermitteln, Nerven von der Oberfläche nach dem Gehirn hingehn. Umgekehrt hat der Wille, eine Bewegung auszuführen, seinen Sitz im Gehirn, und dem Muskel muß der Befehl zur Zusammenziehung durch Nervenfäden gebracht werden, die vom Gehirn zum Muskel laufen. Es muß also zwei Arten Nerven geben, Empfindungs- und Bewegungsnerven, und ihre Tätigkeit muß in entgegengesetzten Richtungen wirken, bei der Empfindung nach dem Zentralnervensystem (Gehirn- und Rückenmark) hin, das andremal von dem Mittelpunkt fort. Diese Nerven haben jedoch im allgemeinen nicht getrennte Bahnen, sondern sie sind in den einzelnen Nervenstämmen nebeneinandergelagert, so daß diese aus Empfindungs- und Bewegungsnerven gebildet sind.

Meist veranschaulicht man die Tätigkeit des Nervensystems durch das Bild der Telegrafie. Auf irgendeine Stelle des Körpers, etwa durch Berührung der Haut, wird ein Reiz ausgeübt. Das würde dem Ort entsprechen, wo das Telegramm aufgegeben wird. Von dieser Aufgabestation aus wird die Depesche, die Empfindung, durch den Draht, den Empfindungsnerv, einer Zentrale, dem Gehirn, übermittelt und von dieser an die Ausgabestelle, den Muskel, durch den Bewegungsnerv weiterbefördert. Man muß sich dabei gegenwärtig halten, daß die Drähte zu und von der Zentrale in einem und demselben Kabel liegen, und daß der Empfindungsnerv niemals für Vermittlung von Willensaktionen benutzt wird und umgekehrt der Bewegungsnerv nie für Empfindungen. Das Gehirn selbst ist in Bezirke für die einzelnen Körperteile eingeteilt, so daß beispielsweise alle Wahrnehmungen des Auges zu einer bestimmten Stelle des Gehirns gehen, alle Empfindungen des Arms oder Beins zu einer andern. Ist die Stelle des Gehirns, die die Gesichtseindrücke wahrnimmt, zerstört, so formt sich allerdings im Auge noch das Bild der Gegenstände, es wird aber nicht mehr gesehn, der Mensch ist seelenblind geworden, wie der Ausdruck lautet. Ist das Armzentrum funktionsunfähig, so können Bewegungen im Arm nicht mehr willkürlich ausgeführt werden.

Am bekanntesten und für den Laien am auffallendsten in dieser Beziehung sind die Sprachstörungen, die im Anschluß an Gehirnblutungen auftreten. Wird das Zentrum für die Zungen- und Lippenmuskulatur dabei getroffen, so wird der Mensch mehr oder weniger unfähig zu sprechen, er lallt. Ebensogut kann aber auch das Bewegungszentrum gesund bleiben und ein andrer Bezirk des Gehirns, das Denkzentrum der Sprache, das, was man im eigentlichen Sinne des Worts Sprachzentrum nennt, zerstört werden. Dann spricht der Kranke noch, das heißt er bildet Worte, aber seine Worte entsprechen nicht mehr dem, was er sagen will; er will etwa ein Stück Papier haben, um etwas aufzuschreiben, aber statt Papier sagt er Lappen oder statt Löffel Ofen und so weiter. Bei dieser Art von Sprachstörungen geraten Kranke und Pfleger in eine verzweifelte Lage, da die Verständigung außerordentlich erschwert ist. Ab und zu treten auch Zustände auf, bei denen der Kranke fließend und richtig spricht, aber falsche Antworten auf Fragen gibt. Dann ist entweder das Hörzentrum verletzt, so daß die Fragen falsch, auch gar nicht verstanden werden, oder die Verbindung zwischen Hörzentrum und Sprachzentrum ist gestört, so daß die richtig gehörte Frage dem Sprechmechanismus falsch übermittelt wird. Gewöhnlich dauern diese Erscheinungen, falls der Tod nicht eintritt, nur kurze Zeit, ein paar Stunden oder Tage; denn meist handelt es sich bei den Blutungen, die den Schlaganfall verursachen, um kleine Mengen, die bald wieder aufgesogen werden. Die bedrohlichen Zeichen sind dann nur durch den Druck des ausgetretnen Blutes auf die Umgebung herbeigeführt, nicht durch Zerstörung der Gehirnmasse selbst. Es handelt sich auch nicht immer um Blutungen. Ähnliche Erscheinungen werden durch Geschwülste, durch Entzündungen und andere Erkrankungen bedingt.

Aus dem Aufbau des Nervensystems, wie ich es vorhin zu schildern versuchte, ergibt sich schon, daß eine Lähmung, selbst wenn sie plötzlich auftritt, nicht ohne weiteres mit einem Schlagfluß, das heißt mit einer Gehirnblutung, gleichgesetzt werden darf. Die Lähmung der Muskulatur oder die Empfindungslosigkeit irgendeines Körperteils kann ebensogut durch eine Unterbrechung der Leitung wie durch eine Störung im Zentralorgan bedingt sein. Es ist Aufgabe der Untersuchung festzustellen, ob etwa ein einzelner Nervenstamm oder eine Gruppe von Nerven erkrankt ist, oder ob sich der Herd des Leidens in dem Gehirn oder Rückenmark findet. Sowohl für die Behandlung wie für das Urteil über den Ausgang des Leidens macht das einen großen Unterschied. Weiterhin läßt sich aber auch oft genug aus der Art der Lähmung und andern Erscheinungen fast bis auf Millimeters Breite der Ort bestimmen, an dem etwa das Zentralnervensystem verletzt ist. Bei der Seelenblindheit und Seelentaubheit, bei jenen Arten der Sprachstörungen, die ich oben erwähnte, weiß man genau, wo die Störung stattgefunden hat, und man ist unter Umständen in der Lage, den Schädel aufzumeißeln und die erkrankte Stelle operativ zu behandeln.

Abgesehn davon haben aber die wachsenden Kenntnisse auf dem Gebiet der Gehirn- und Rückenmarksfunktionen uns einen schwachen Lichtschimmer gegeben, der uns bei der Beurteilung des Seelenlebens leiten kann. Allerdings ist nicht die Rede davon, daß das Problem der Geistestätigkeit auf diesem Wege jemals gelöst werden würde; wir dürfen wohl annehmen, daß dieses Problem für alle Zeiten unlösbar ist. Aber gewisse Einblicke in das Dunkel haben sich aufgetan. So wie man festgestellt hat, daß es an bestimmten Stellen Zentren für bestimmte Funktionen des Körpers gibt, so hat man auch einiges über die Verbindungen dieser Zentren untereinander in Erfahrung gebracht, man hat auch ungefähr einen Begriff davon bekommen, wie die einzelnen Gehirnregionen auf die verschiednen Nerven einwirken können. Wer jemals sich auch nur oberflächlich mit dem menschlichen oder tierischen Körper beschäftigt hat, weiß, daß die Nervenstämme, wie sie in Rumpf und Gliedmaßen verlaufen, in die Höhle der Wirbelsäule und weiterhin in das darin enthaltne Rückenmark eintreten. Dort aber verschwindet die Form des Nervs, wie wir sie vom Körper her kennen, vollständig, und unter gewöhnlichen Bedingungen läßt sich der Weg, den die Empfindung oder der Wille zur Bewegung nimmt, um zu dem Zentrum im Gehirn zu gelangen, nicht mehr verfolgen.

Der Verlauf gewisser Gehirn- und Rückenmarkserkrankungen, mögen sie nun durch das tägliche Leben oder das Tierexperiment herbeigeführt sein, hat uns da weitergeholfen. Es treten nämlich bei der Verletzung bestimmter Gehirnteile jedesmal entsprechende Veränderungen in andern Gehirnteilen und im Rückenmark auf, die den Weg angeben, durch den das verletzte Hirnzentrum mit der Austrittsstelle des Nerv aus dem Rückenmark verbunden ist. Mit Hilfe der vervollkommneten mikroskopischen Technik sind diese Forschungen bis zu einem bemerkenswerten Grade der Klarheit vorgedrungen. Besonders fördernd sind dabei die Untersuchungen über die Entwicklung des Nervensystems beim Kinde gewesen. Der Vergleich zwischen nicht ausgetragnen Früchten, die durch irgendeinen Zufall im Mutterleib abgestorben sind, mit neugebornen und weiterhin mit heranwachsenden Kindern hat manchen Aufschluß gebracht. Denn das Nervensystem ist ja ebensowenig wie irgendein andrer Organkomplex von vornherein nach der Empfängnis da, es entsteht vielmehr nach und nach, je nachdem diese oder jene Körperteile zur Ausbildung gelangen.

Die ganze Entstehung des Menschen ist nicht so zu denken, daß etwa nach der Empfängnis gleich ein Kindchen, wenn auch in den kleinsten Dimensionen mit Armen, Beinen, Kopf, Augen und so weiter versehn, vorhanden wäre. Vielmehr ist anfangs nichts andres da als das befruchtete Ei mit den zwei Kernen, von denen ich früher sprach. An diesem befruchteten Ei ist auch nicht eine Spur der spätren Menschenform wahrzunehmen, es ist eine einfache Kugel. Den Weg, den das Leben einschlägt, um aus dieser Kugel Knochen und Muskeln, Augen, Ohren und Nase, Herz und Nieren zu bilden, kennen wir ungefähr, wir kennen die Folge, in der sich die einzelnen Körperteile entwickeln. Warum aber aus dieser befruchteten Kugel immer in derselben Weise ein menschliches Wesen wird, davon haben wir im Grunde genommen nicht die geringste Vorstellung. Es ist Geheimnis, und weil es Geheimnis, dunkle Finsternis ist, ohne eine Spur von Licht, sehn wir nicht einmal, welch ein Wunder es ist. Wir tun ja auf allen Gebieten, als ob alles klar wäre, und wissen doch nichts. Wir sind wie der Bauernbursche, den der Leutnant fragt, warum die Erde rund ist. Weil der Herr Leutnant es befohlen haben. Weil die Wissenschaft es befohlen hat, das ist unsre Antwort. Aber weder der Leutnant weiß, warum zuletzt die Erde rund ist, er kann es nicht wissen, noch die Wissenschaft, warum aus dem Ei ein Mensch wird. Schließlich, wenn man die verzwickten Antworten, die gegeben werden, prüft, kommen sie alle darauf hinaus: Aus dem Ei wird ein Mensch, weil aus dem Ei ein Mensch werden muß.

Wie gesagt, über den Zwang, der das Menschwerden beherrscht, wissen wir nichts, wir wissen aber, daß im siebten Monat der Schwangerschaft das Nervensystem eine bestimmte Höhe der Ausbildung gewonnen hat, daß sie im achten, neunten Monat weiterschreitet und sich nach der Geburt im Verlauf von Jahren vollendet. Und diese verschiednen Stadien der Ausbildung haben es ermöglicht, die verschlungnen Wege der Nervenbahnen im Zentralorgan einigermaßen zu verfolgen.

Besonders die Vorgänge nach der Geburt, in den ersten Jahren des Lebens, sind hierfür lehrreich. Ich möchte bei dieser Gelegenheit betonen, daß man nicht imstande ist, den Beginn des Menschendaseins festzulegen. Selbst die Empfängnis ist für den Menschen nicht der Anfang. In Mann und Weib lag er schon vorgebildet, lebendig; in alle Ahnenreihen hinauf läßt sich dieser angeblich neue Mensch zurückverfolgen, körperlich und seelisch. Die Geburt gar, die für die grobe Betrachtung ein Anfang ist, ist nur eine Etappe im Leben, nicht der Beginn; jede künstliche Frühgeburt beweist das, ganz zu schweigen von den seltnen Fällen, in denen ein lebendiges Kind aus dem toten Mutterleib herausgeholt wird. Jede Bewegung des Kindes im Mutterleib beweist, daß individuelles Leben längst vor der Geburt vorhanden ist.

Bei der Geburt fehlen auch die wesentlichsten Funktionen, die den Menschen ausmachen, ja teilweise fehlen die anatomischen Grundlagen, die Organe dafür. Das neugeborne Kind kann weder sehen noch hören, wenigstens nicht in dem Sinne, wie wir Menschen diese Worte gebrauchen, es kann nicht eine zweckmäßige Handlung vornehmen, es kann nicht essen und trinken, es hat weder die Sprache noch den aufrechten Gang, was doch beides als Unterscheidungsmerkmal des Menschen vom Tiere gilt. Der Moment der Geburt bringt im Grunde nur das eine Neue, daß das Kind atmet, alles andre war entweder schon vorher da, oder kommt erst nachher. Alles muß erst gelernt werden. Man bedenke aber einmal, was da alles gelernt wird und in welch kurzer Zeit. Zunächst das Trinken, das Sehen, Hören, Fühlen, das Wahrnehmen und Denken, Greifen und Begreifen, das Gehen und Sprechen und was es sonst noch an im Kindesalter erworbnen Fähigkeiten geben mag. Wenn man das alles zusammenrechnet, versteht man sofort, daß dieses Kindesalter eigentlich das leistungsfähigste des ganzen Lebens ist, daß nie wieder an den Menschen so gewaltige Anforderungen gestellt werden, daß nie wieder so starke Eindrücke in solcher Zahl auf ihn einstürmen. Der Begriff der Vollkommenheit des Menschen, des Menschenwunders drängt sich da wieder auf. Es drängt sich aber auch die Überzeugung auf, daß an diesen Leistungen gemessen, die der Neugeborne doch leicht erträgt, das Latein- und Griechischlernen unsrer Gymnasiasten ein Kinderspiel ist, und daß es wohl nicht die Überbürdung mit Arbeit sein kann, die unsre Schuljugend schädigt. Die offen zutage tretenden Fehler, die Knaben und Mädchen aus der Schulzeit mit ins Leben nehmen, sind nicht auf zu große Anforderungen an ihren Verstand und ihre geistige Fassungskraft und Leistungsfähigkeit zurückzuführen, vielmehr müssen da andre Gründe vorliegen, denen nachzugehn Pflicht der Schule wäre. Schwer zu finden sind die Ursachen großenteils nicht.

Ich sagte vorhin, daß die Beobachtungen über die Funktionen des Gehirns, wie sie anhand von Experimenten und Krankheiten gemacht worden sind, einige wenige Anhaltspunkte für die Beurteilung des menschlichen Denkens gegeben haben. Das gilt besonders von den sogenannten Geisteskrankheiten. Die Geisteskrankheit ist sozusagen ein Instrument, mit dessen Hilfe man die menschlichen Seelenzustände untersuchen kann. Sie wirkt wie ein Mikroskop. Ein kleiner Teil des Geisteslebens tritt uns da in starker Vergrößerung vor die Augen, und wenn wir auch aus dem mikroskopischen Bilde nicht auf Form und Gestaltung des Ganzen schließen können, so zeigen sich dafür eine Reihe innrer Strukturverhältnisse, Details, die eben erst im künstlichen Bilde sichtbar werden. Wie Versteinerungen vorweltlicher Tierknochen unsre Phantasie anregen und uns allenfalls ermöglichen, uns vergangne Zeiten lebendig zu machen, so geben die Geisteskrankheiten Anregungen, unser Urteil über den Menschengeist zu vervollkommnen. Eine oder mehrere Seiten der Seele treten in greller Beleuchtung, vielleicht in den Dimensionen verzerrt, aber furchtbar deutlich hervor.

Die Belehrungen, die der Arzt aus dem Studium und der Behandlung Irrsinniger empfängt, am besten durch eine längere Tätigkeit in einer Irrenanstalt, sind unschätzbar und kaum auf andrem Wege zu erlangen. Die psychische Überlegenheit des Arztes über den Kranken ist ja die Grundlage, die Grundbedingung aller Behandlung. Der Arzt muß Herr über den Kranken sein. Und wenn ihm auch die Krankheit selbst von vornherein den Kranken unterwirft, so sind ihm doch angeborne Herrschergaben notwendiger als alles andre, und diese Herrschergaben auszubilden ist seine Pflicht. Der Arzt muß Persönlichkeit haben, viele Persönlichkeiten in sich vereinen. Um das zu können, sollte er die Möglichkeiten menschlicher Charakterbildung in tausendfacher Abwandlung kennenlernen, und nirgends wird ihm dazu bessre Gelegenheit geboten als im Irrenhause.

Bei der Verrückung aller Grundlagen des irren Geistes lockert sich das feste Gefüge, unter dem das innre Leben des Menschen haust, und tiefe Risse und Spalten gestatten einen Einblick in die Abgründe der Seele. Beispielsweise möchte ich an die Zusammenhänge zwischen Körper und Seele erinnern, die sich so oft bei psychischen Erkrankungen offenbaren. Delirien, die durch Hunger oder Durst entstehn, beweisen das, alltäglich begegnen wir dem Zusammenhang bei Trunknen und am klarsten in den Fieberphantasien, die man, so seltsam es auch manchem klingen mag, doch zu den akuten Geisteskrankheiten rechnen muß; und wem das nicht paßt, wer durchaus nur die Insassen der Anstalten für geisteskrank halten will, den erinnre ich an psychische Leiden, die im Anschluß an die Pubertät oder das Klimakterium, an Schwangerschaft und Entbindung auftreten. Ist der Blick erst einmal auf diese Dinge gerichtet, dann sieht er erstaunliche Verbindungen und Brücken zwischen Vorgängen, die scheinbar abgrundtief voneinander getrennt sind. Das Geschlechtsleben, das unsre Sittengesetze möglichst zu erdrücken suchen, steht plötzlich in seiner unheimlichen Größe da, als das Weltmysterium, als das Urphänomen allen Lebens, das in ewig wirkender Kraft Gutes und Böses schafft, Völker, Religionen, Kulturen wunderbar aufbaut oder mit gewaltigen Händen zertrümmert, das die Menschheit bewegt und den Einzelnen, das zum Gott und zum Narren macht.

Gerade die letzten Jahre haben den Zusammenhängen zwischen den Erscheinungen des täglichen Lebens und dem Geheimnis des Geschlechts, an dem sich die schwatzende Welt scheu und lüstern vorbeizuschleichen pflegte, mit vielleicht zu eifrigem Bemühn nachgespürt. Eine Wandlung der sittlichen Begriffe scheint vor sich zu gehn, von der freilich niemand vorhersagen kann, ob sie zum Aufgang führen wird oder zum Niedergang. Und wie auf allen Gebieten des Weltgetriebes dieses Suchen meist in wenig erfreulicher Gestalt sein Wesen treibt, so auch in der Medizin, in der die Lehre der Psychoanalytiker mehr und mehr Anhänger gewinnt. Bei der Psychoanalyse, der Seelenzergliederung, handelt es sich im wesentlichen darum, Krankheitserscheinungen aller Art, seelische und körperliche, durch genaues Durchforschen der Schlupfwinkel des innersten Herzens auf starke seelische Eindrücke zurückzuführen, die den Kranken meist schon in früher Kindheit betrafen und die fast stets geschlechtliche Erlebnisse waren. Diese Erlebnisse werden, darauf ungefähr kommt die Lehre hinaus, von dem Kinde in bewußtem oder unbewußtem Schamgefühl verschwiegen, ja die Erinnerung daran ist so quälend, daß der Mensch versucht, sie durch absichtliches Darüberhäufen andrer Gedankenbilder zu ersticken. Das gelingt jedoch nicht, vielmehr wird das Erlebnis nur verdrängt, sein Eindruck bleibt aber, wühlt im Innern, Charakter, Gesundheit und Leben mit geheimnisvoller Gewalt gestaltend, und bricht immer und immer wieder in verwandelter Form hervor, obwohl vielleicht scheinbar alle Erinnerung an das Ereignis verschwunden ist.

Dieses Erlebnis nun wieder klar aufzudecken, seine Harmlosigkeit zu zeigen, dem Kranken Stufe für Stufe die Entwicklung seiner Leiden aus dem vergeblichen Versuch des Gedankenmordens zu erklären und ihn so zu heilen, gilt den Psychoanalytikern als Aufgabe ihrer eigentümlichen Behandlung. Ich gestehe offen ein, daß Freud, auf dessen Wirken die ganze Bewegung zurückzuführen ist, unsre Kenntnisse des Seelenlebens in hohem Grade bereichert hat. Auch die Berechtigung und die verblüffenden Erfolge dieser Behandlung im geeigneten Fall und durch den geeigneten Arzt sind ohne weiteres anzuerkennen. Das Faktum, daß fast alle Kinder dergleichen Erlebnisse haben, von denen sie immer und immer schweigen, läßt sich nicht leugnen. Trotzdem sind die Krankheitsfälle, die eine solche Behandlung unbedingt erfordern, bei denen sie in keiner Weise zu ersetzen ist, selten, und die Menschen, die groß, selbstlos und gütig genug sind, sie ohne schwere Gefährdung des Kranken zu handhaben, sind noch seltner. In der Methode an sich liegt eine große Gefahr für den Kranken, die selbst der Meister der Kunst nicht immer vermeiden kann. Der Kranke wird dabei genötigt, sein tiefstes Geheimnis zu offenbaren, er gibt seine Persönlichkeit einem Andern preis. Selbst wenn man annehmen könnte, daß dieser Andre diskret genug wäre, dieses Geheimnis zu verschweigen, was nach dem Ausweis der Literatur nur bei einzelnen der Fall ist, läßt sich doch ohne weitres sagen, daß der Kranke durch das Bewußtsein, der Arzt dort weiß etwas von mir, was niemand wissen darf, in eine unlösbare Abhängigkeit von seinem Helfer gerät. Er ist für alle Zukunft der Sklave seines Arztes; selbst wenn er den Mut hat, sich frei zu bewegen, fühlt er doch immer die Ketten. Es gehört eine Robustheit des Denkens dazu, sich wieder zu befreien, wie sie bei diesen Kranken nicht vorauszusetzen ist und in der Tat selten genug vorkommt. Diese Klippe können wie gesagt selbst die Vornehmen unter den Psychoanalytikern nicht immer vermeiden. Aber wieviel solche Künstler gibt es denn überhaupt?

Diese ganze Bewegung wirkt etwa so, als wenn man jedem den Gebrauch der Morphiumspritze freigeben wollte, mit dem Befehl, alle, die Schmerzen haben, zu spritzen. Jetzt geht das ja noch allenfalls. Es sind bisher großenteils Ärzte, die das gefährliche Gift der Psychoanalyse handhaben. Aber lange wird das nicht dauern. In den Kreisen der Ärzte wird diese Kunst nicht bleiben. Sie wird sich ausbreiten wie eine Seuche, hat sich schon ausgebreitet. Alle geschlechtlichen Dinge haben eine unwiderstehliche Anziehungskraft gerade auf die schlechten Elemente unter den Menschen. Sie werden sich bald der neuen Methode bemächtigen, sie zu ihrem Vergnügen ausnützen und den Schmutz, der in den Tiefen des Geschlechtslebens ruht, mit Wonne aufrühren. Es wird eine heidenmäßige Sache werden, wenn erst einmal alles, was sich einbildet psychologisches Verständnis zu haben, in den Geheimnissen der Freunde, Verwandten und Schutzbefohlenen herumwühlt. Und wer bildet sich das nicht ein, ja wer hat auch nur die Möglichkeit, sich dieser Einbildung zu entziehen, da einen jeden seine Eigenschaft als Vater, als Lehrer oder Erzieher, als Freund und Gatte dazu zwingt, irgendwelche Psychologie zu treiben? Es wird damit gehn wie mit dem Klavierspielen. Weil es zwei oder drei große Künstler gibt, die Klavier spielen können, wird jeder Schulbube und jede höhere Tochter an den Marterkasten gesetzt. Aber mit schlechtem Klavierspielen tut man nur den Ohren weh, das Spiel mit der Psychoanalyse wird unzählige Herzen zerreißen.

Wer ein einziges Mal ein unglückliches Geschöpf gesehen hat, das, ohne Heilung zu finden, durch die Hände gewiegter und gewissenhafter Psychoanalytiker gegangen ist, der kann sich eine Vorstellung machen, was bei blöder Pfuscherei daraus werden wird. Dabei ist der Philisterhochmut schon so geschwollen, daß man glaubt, alle Geheimnisse des Denkens und Dichtens zu verstehn, weil man es jetzt in Büchern druckt, daß Träume sexuell gedeutet werden können, und daß Kinder gewöhnlich mehr von der Welt wissen, als prüde und blinde Eltern für wahr halten wollen. Der Mensch bleibt immer derselbe. Hat er eine kleine Wahrheit entdeckt, so glaubt er der Herrgott zu sein und alles zu verstehn.

Es ist nicht meine Aufgabe, Moral zu predigen, und wer die Absicht aus meinen Worten herausliest, daß ich den Weltverbeßrer spielen möchte, legt ihnen einen falschen Sinn unter. Die ganze Frage, die ich eben behandelte, gehört in den Verlauf unsrer Zeit, die für gesund oder krank zu halten Geschmacksache ist. Mehr oder weniger ist jede Zeit sowohl gesund wie krank, genauso wie jeder Mensch gleichzeitig gesund und krank ist. Ein bißchen verrückt ist jeder, heißt es im Sprichwort, und das Sprichwort mag wohl recht haben. Gerade auf dem geschlechtlichen Gebiet zeigt sich das. Da gilt die Verrücktheit für normal. Wenigstens fällt es niemandem ein, das närrische Verhalten verliebter Leute mit demselben Maßstabe zu messen wie das Betragen gesetzter Ehegatten. Es verwundert sich auch niemand in Kriegszeiten über den bestialischen Wahnsinn des Mannes, der Menschen abschlachtet, die ihm nicht das geringste getan haben, noch über die offenbare Torheit der Mutter, die selbst im Idioten noch ihren Sohn bewundert. Urteilsstörungen, Verstandestrübungen gehören in das normale Leben hinein, und daß man sie nicht krankhaft nennt, ist lediglich eine Denkgewohnheit. Aber man darf deshalb, weil man einem Phänomen immer und immer wieder begegnet, es nicht einfach wegleugnen. Es läßt sich eben nicht bestreiten, daß das Leben zeitweise den Menschengeist verwirrt, wenn es damit bestimmte Zwecke erreichen will.

Ich erwähnte schon die auffallenden Veränderungen der Weibesseele, die die Schwangerschaft hervorruft, Veränderungen, die nicht etwa nur in den bekannten Schwangerschaftsgelüsten hervortreten, sondern der Frau ein immer wiederkehrendes Gepräge aufdrücken. Die körperlichen Vorgänge haben eben, nicht nur in der Krankheit, im Fieber, einen bestimmten und bestimmenden Einfluß auf den Geist, der nur, weil er eben in das alltägliche Leben gehört, so wenig beachtet wird wie etwa die Farbe der Tapete in der Stammkneipe. Besonders merkwürdig ist es, daß Tausende und Millionen Menschen durch die Welt laufen, ohne zu bemerken, daß das ganze weibliche Geschlecht ohne Ausnahme von der Natur zur Zeit der Menstruation periodischen Geistesveränderungen unterworfen ist. Entweder steigert ihr Seelenleben oder es sinkt oder es wandelt sich ab, unverändert aber bleibt es nie. Die Kenntnis dieser Tatsache ist längst Allgemeingut derer, die sich berufsmäßig mit der Frauenpsyche beschäftigen müssen, wie die Ärzte, Juristen, Geistlichen. Aber wie viel Leid würde aus der Welt verschwinden, wenn auch die Ehemänner das wüßten und darauf Rücksicht nehmen könnten, vor allem wenn die Frauen selbst sich dieser Eigentümlichkeit ihrer Natur bewußt wären und sich sagten: Nimm dich zusammen, dein periodischer Raptus kommt; laß dich nicht unterkriegen.

Es ist unter Umständen sehr schwer zu unterscheiden, ob gewisse Vorgänge mehr seelischer oder körperlicher Natur sind, da sich beides unlösbar verquickt. Bei der Periode des Weibes beachtet man gewöhnlich nur die körperlichen Vorgänge, einfach wohl deshalb, weil die Blutung die Aufmerksamkeit gefesselt hält. In Wahrheit ist aber die Blutung das Unwesentliche an dieser merkwürdigen Erscheinung. Noch Jahre nach dem kritischen Alter, wenn die Blutungen längst

nicht mehr auftreten, ja selbst nach Entfernung der Gebärmutter lassen sich die periodischen Seltsamkeiten deutlich
wahrnehmen. Die seelische Erregung ist für das Leben auch
gar nicht zu entbehren. Die Menstruation ist die Grundbedingung für die Empfängnis, und zwar nicht die Blutung, die
nur das sichtbare Zeichen der Menstruation ist, sondern die
Loslösung des Eis vom Eierstock.

Rein äußerlich betrachtet läßt sich der Vorgang der Menstruation leicht begreifen. Es handelt sich, wie jedermann weiß,
um Blutungen der Gebärmutter, die in regelmäßigen, etwa
vier Wochen dauernden Pausen auftreten. Die Gebärmutter
selbst ist ein etwa birnengroßes, innen hohles und starkwan-
diges muskulöses Organ, dessen Höhle durch eine Öffnung
mit der Scheide in Verbindung steht. Die Innenwände der
Höhle sind mit einer blutreichen Schleimhaut ausgekleidet,
so ähnlich wie etwa Nase oder Mund. Die Aufgabe der Gebärmutter ist, den befruchteten Menschenkeim in sich zu he-
gen und zur Entwicklung zu bringen, bis das neue Menschen-
kind geboren werden kann. Im Lauf dieser Entwicklung der
Frucht zum Kinde muß sich selbstverständlich die Gebärmutterhöhle und weiterhin das ganze Organ zum Vielfachen
der ursprünglichen Größe ausdehnen. Nach der Entbindung
geht sie wieder auf ihre früheren Dimensionen zurück. Die
Befruchtung selbst, die ich früher beschrieb, geht schon in
der Gebärmutterhöhle vor sich, dort treffen sich männliche
und weibliche Zeugungszellen. Die weiblichen Eier – im
Laufe des Lebens entstehn eine große Menge – werden jedoch
nicht in der Gebärmutter gebildet, sondern in den Eierstök-
ken, zwei rundlichen Organen zu beiden Seiten der Gebärmutter, die durch die Eileiter mit der Gebärmutterhöhle verbunden sind. Dort reift das Ei heran, und erst wenn es vollständig ausgebildet ist, gelangt es in die Gebärmutter und
wartet dort eine Zeitlang auf den befruchtenden männlichen
Kern. Da die Aussicht auf eine Schwangerschaft besteht, solange das Ei in der Gebärmutter weilt und lebensfähig ist,
beginnt nun der weibliche Körper für diese Zeit des Hoffens
und Wachsens zu sorgen. Um aus dem winzigen Ei das Men-
schenkind zu bilden, bedarf es eines weichen Betts, das das
zarte Gebilde vor Verletzungen schützt, und einer großen
Vorratskammer, um dem rasch wachsenden Keim Nahrung
zu geben. Für beides sorgt die Gebärmutter. In ihrem Innern

nämlich regen sich allerlei Kräfte, die Schleimhaut wuchert und wird dicker, saftreicher und lockrer, neue Blutgefäße bilden sich, kurz, dem erwarteten Kinde wird eine Wiege bereitet, in die es sich bettet, sobald die Befruchtung eingetreten ist. Zu dem harrenden weiblichen Keim gesellt sich nun nach der Begattung, bei der eine große Zahl männlicher Samentierchen in die weibliche Scheide gelangten, der männliche Keim. Vereinigen sich beide, so beginnt die Schwangerschaft in dem wohl ausgerüsteten Nest. Die Gebärmutterschleimhaut wächst mehr und mehr, besonders an der Stelle, wo der Menschenkeim liegt, und bildet nach und nach den Mutterkuchen, der die Ernährung des Kindes im Mutterleibe übernimmt. Von dem Moment der Befruchtung an hören die periodischen Blutungen der Gebärmutter auf, aus Gründen, die sofort verständlich werden. Oft harrt das reife Ei vergeblich der Befruchtung, da entweder überhaupt kein Beischlaf stattfindet oder der männliche Keim das hoffende Ei nicht findet. Dann stirbt der weibliche Keim nach einiger Zeit. Die Hoffnung auf das Kind ist vereitelt, und der Körper zerstört nun die Wiege in der Gebärmutterhöhle, die keinen Zweck mehr hat. Die Schleimhaut stößt sich unter Blutverlust in der sogenannten Menstruation ab. Zum Herrichten der Wiege braucht er im Durchschnitt etwa drei und eine halbe Woche, drei bis fünf Tage dauert die Zerstörungsarbeit, an die sich sofort der Bau des neuen Nests anschließt.

Das ist in großen Zügen betrachtet der äußere Verlauf der Menstruation. Aus diesen Verhältnissen aber ergibt sich ohne weiteres, daß nur in den Tagen um die Menstruation herum eine Empfängnis stattfinden kann. Das ist unwiderleglich festgestellt. Ist dem aber so, so ist es verständlich, wenn die Natur, die die Beschwerden der Schwangerschaft und des Wochenbetts genau kennt, den Geist der Frau umnebelt, so daß sie alles und sich selbst vergißt und den Mann gerade in dieser Zeit empfängt. So unvollkommen arbeitet das Leben nicht, daß es nicht, wenn es die Möglichkeit der Befruchtung zeitlich begrenzt, nicht auch zugleich den Zwang zur Begattung schüfe. Es erregt das Weib durch die Periode seelisch, revolutioniert gleichzeitig Körper und Seele, facht durch die Periode das Liebesbedürfnis, den Trieb zur Vereinigung mit dem Manne an. Die Periode des Weibes, daran ist nicht zu zweifeln, ist gleichwertig mit der Brunst der Tiere. Sie bedeutet den seelischen und körperlichen Zwang zum Geschlechtsverkehr.

Die seelische Abhängigkeit des Weibes von ihrem Geschlechtscharakter entscheidet ein für allemal die Frauenfrage. Die Tatsachen beweisen, daß die Frau im Erwerbsleben auf vielen Gebieten mit dem Mann in Wettstreit treten, ihn auch in dieser oder jener Richtung übertreffen kann. Das ist aber nicht so zu deuten, daß etwa die Frau für das Erwerbsleben ebenso bestimmt und begabt ist wie der Mann, und daß nur durch die Knechtschaft der Jahrtausende diese Fähigkeiten unterdrückt worden sind, jetzt aber unter der Wucht des sozialen Zwangs und der Freiheitslust plötzlich hervorbrechen. Wenn die Frau jetzt auf den alltäglichen Lebensgebieten der Arbeit dasselbe leistet wie der Mann, so beweist das nur, daß die männliche Leistungsfähigkeit auf das Niveau der weiblichen herabgesunken ist, eine Erscheinung, die sich auch anderwärts jedem, der nicht blind ist, aufdrängt. Aber selbst jetzt sind der Frau alle unmittelbar schöpferischen Kulturleistungen gerade durch die periodischen Umwälzungen ihrer Seele versagt. Ihre Schöpferkraft wird immer und unter allen Umständen für die Gebärtätigkeit gebraucht, und ich dächte, damit könnten sie sich zufriedengeben. Das ist doch eine hohe Leistung. Wenn man dazurechnet, daß der Mann ohne die Anregung des Weibes überhaupt nichts tun würde, daß also indirekt alle Kultur vom Weibe ausgeht, so begreift man den Ehrgeiz der Frauen nicht, Männerpflichten auf sich zu nehmen. Daß unsre Zeit die Frau in die Erwerbsarbeit durch Hunger, Not und Langeweile hineinzwingt, ist eine Schande dieser Zeit. Jeder sollte daran arbeiten, die Frau wahrhaft zu befreien. Das kann nur geschehn, wenn man sie den Kindern zurückgibt, wenn man die Männer ausreichend entlohnt.

Hat man erst einmal begriffen, daß es sich bei der Menstruation des Weibes um regelmäßige Störungen des Seelenlebens, bedingt durch die Geschlechtsabhängigkeit, handelt – und jeder kann das begreifen, wenn er es will, da bei allen Frauen dieselben wohl charakterisierten Erscheinungen auftreten –, so erkennt man bald, daß auch der normale Mann in seinem Innenleben von Geschlechtseinflüssen gestört wird, nur fehlen bei ihm die häufigen und regelmäßigen Wiederholungen, und seine Rappelanfälle sind weder so lang dauernd, noch so typisch wie bei der Frau. Er steht dem Geschlechtsleben freier gegenüber. Immerhin werden beide Geschlechter innerhalb der Gesundheitsbreite von Seelenstörungen heimgesucht. Das ist das Wichtige, denn ebenso wie jedes Geschlecht, so hat auch jedes Lebensalter, jede Jahreszeit ihre eigentümlichen Seelenstörungen, die, so wenig sie auch ihrer Alltäglichkeit wegen auffallen, doch wohl studiert und erkannt sind. Sie beweisen, daß ein Gegensatz zwischen gesund und krank, wie ihn der Sprachgebrauch konstruiert, in Wahrheit auch auf geistigem Gebiete nicht existiert, daß dort, ebenso wie auf körperlichem, Gesundheit und Krankheit ineinander übergehn.

Das hat eine große Bedeutung, weil damit der sogenannten Geisteskrankheit der größte Teil des Schreckens und Makels genommen wird. Wir stehn ja leider in der Beurteilung des Irrsinns noch immer auf dem Standpunkt des Mittelalters. Der Geisteskranke gilt der Mehrzahl des Volkes als unrettbar verloren, er ist der Masse für Lebenszeit gekennzeichnet. Das ist eine schreiende Ungerechtigkeit und ein Zeichen mangelnden Verständnisses. Geisteskrankheiten sind in ihrem Wesen nicht anders als körperliche Leiden aufzufassen. Es würde ebenso verständig sein, jemandem einen Makel anzuheften, weil er eine Lungenentzündung durchgemacht oder sich das Bein verstaucht hat. Geisteskranke sind ebenso oft und ebenso selten zu heilen, vollkommen zu heilen, wie körperlich Kranke, werden auch tatsächlich ebenso oft geheilt. Die Heilung hängt nicht davon ab, ob eine Geistes- oder Körpererkrankung vorliegt – beides ist meist nicht zu trennen –, sondern neben anderm von der Neigung der einzelnen Krankheit, ein gutes oder schlimmes Ende zu nehmen. Und daß sich in der Beurteilung dieser Heilbarkeit Irrtümer über Irrtümer häufen können, beweist die Geschichte der Gehirnerweichung.

Bis vor wenigen Jahren galt die Gehirnerweichung, die sich durch die engen Zusammenhänge der körperlichen und seelischen Veränderungen auszeichnet, für absolut unheilbar. Es hat sich herausgestellt, daß das ein Irrtum ist und daß Heilungen nicht nur vorkommen, sondern nicht einmal allzu selten sind. Was aber von dieser verrufensten aller Geisteskrankheiten gilt, trifft für andre psychische Leiden erst recht zu. In der Tat haben die meisten Seelenstörungen die Neigung zur Heilung, so daß der Schauer, den jeder bei dem Wort Geistes-krankheit empfindet, unberechtigt genannt werden muß. Es herrschen da eben Vorurteile, die noch aus der Zeit herrüh-ren, wo man die Geisteskranken vom Teufel besessen glaubte und sie wie die schwersten Verbrecher in Ketten und Kerker hielt.

Auch das Bild der Gehirnerweichung, der progressiven Para-lyse, der *dementia paralitica*, ist durch Mißverständnisse voll-ständig entstellt. Der Name schon verleitet zu der Annahme, daß bei dieser Erkrankung das Gehirn allmählich in einen Brei sich verwandle. Davon ist keine Rede. Ebenso ungeeig-net ist auch der Name Rückenmarksschwindsucht, ein Lei-den, das ja allgemein bekannt ist. Auch da schwindet nichts, es verändern sich nur die Verbindungen zwischen Rücken-mark und Peripherie. Ohne weiteres ist an dem Gehirn des Paralytikers überhaupt nichts zu entdecken, und es hat lange gedauert, ehe man allenfalls aufgeklärt hat, wie das merkwür-dige Bild dieses Leidens zustandekommt. Es handelt sich da-bei, wie der Name progressiv ausdrückt, um einen fortschrei-tenden Vorgang, der sich in allmählich steigender Verblödung und in Lähmungen, ähnlich denen der Rückenmarks-schwindsucht, äußert. In der Tat werden auch beide Organe des Zentralnervensystems, Gehirn und Rückenmark, davon ergriffen.

Es gehn nämlich dabei einerseits gewisse Verbindungen zwi-schen dem Zentralnervensystem und den Nervenstämmen zugrunde, genau wie bei der eben erwähnten Rückenmarks-darre, andrerseits aber auch Fasern zwischen den einzelnen Zentren des Gehirns selbst. Diese Fasern erweichen nicht etwa, sondern es geht in ihnen eine nur mikrokopisch wahr-nehmbare Veränderung vor sich, die sie für die Nerventätig-keit leistungsunfähig macht. Die Entdeckung dieser im Ge-hirn verlaufenden Fasern hat uns einigermaßen eine Vorstel-lung davon gegeben, auf welchen Wegen das Denken des Menschen vor sich geht, oder besser gesagt, welche Wege im Gehirn unbedingt gesund sein müssen, damit ein gesundes Denken stattfinden kann. Damit ist natürlich das Problem des Denkens selbst noch nicht einmal berührt, geschweige denn gelöst.

Sowohl die Gehirnerweichung wie die Rückenmarksdarre, die sich durch den auffallend schlenkernden Gang auszeich-

net, sind in neuerer Zeit in einen ursächlichen Zusammenhang mit einem andern weitverbreiteten Leiden gebracht
worden, mit der Syphillis. Ich habe mich nach den Erfahrungen, die ich im Laufe der Jahre gemacht habe, von dem Bestehn eines solchen ursächlichen Verhältnisses nicht überzeugen können. Es kommen genug Fälle von Rückenmarks-
schwindsucht und Gehirnerweichung vor, bei denen eine geschlechtliche Ansteckung vollkommen ausgeschlossen ist.
Ein einziger solcher Fall beweist aber, daß syphilitische Infektion höchstens eine Gelegenheitsursache ist, daß sie vielleicht dieselbe Rolle spielt, wie ich sie für die Erkältung auf
andern Gebieten in Anspruch nahm. Das Zahlenspiel der Statistik kann daran nichts ändern, umso weniger, als es vielfach
nur auf den suggerierten Aussagen der Kranken oder, wenn
die versagen, auf chemischen oder mikroskopischen Erscheinungen beruht, von denen nachgewiesen ist, daß sie nicht der
Syphilis allein angehören.
Wir stehn bei diesen chemischen Experimenten vor einem
Phänomen menschlichen Denkens, das, so leicht es sich auch
aus der Natur des Menschen erklärt, merkwürdig genug ist.
Seit man entdeckt hat, daß bestimmte Lebenwesen sich stets
bei bestimmten Krankheitsformen des menschlichen Körpers
finden und daß sich durch Einimpfen dieser sogenannten
Krankheitserreger experimentell ähnliche Krankheitsformen
hervorrufen lassen, hat man diese Mikroorganismen, Bazillen
oder wie man sie sonst nennen mag, kurzweg als Krankheitsursachen angesprochen. Und diese Annahme, die höchstens
eine Teilwahrheit ist, hat sich in wenigen Jahren in der ganzen
zivilisierten Welt ausgebreitet, so daß man jetzt sagen kann,
sie beherrscht das Denken. Der alte Irrtum, daß Krankheit
etwas Fremdes ist, was den Menschen von außen anfällt und
mit dem er einen Kampf bestehn muß, lebt immer noch weiter, nur ist es nicht mehr ein böser Geist oder ein Fluidum,
eine geheimnisvolle Flüssigkeit oder eine *materia peccans*,
eine sündige Materie, sondern es sind die Bazillen. Daß
Krankheit niemals etwas dem Körper Fremdes ist, sondern
ein Lebensvorgang dieses Körpers, daß der Körper gewissermaßen schon krank sein muß, wenn die Gelegenheitsursache
der Bazillen irgendeine Wirkung ausübt, daß das Entscheidende für den Lebensvorgang nach der gesunden oder kranken Richtung hin nicht der Bazillus ist, sondern der

Mensch, in den der Bazillus hineingelangt, das wurde theoretisch wohl zugegeben, praktisch jedoch nicht berücksichtigt.

Der Gedankengang der ganzen zivilisierten Welt, nicht nur der Ärzte, war vielmehr: hier sind die Krankheitsursachen, die Bazillen; vernichtet sie, dann ist die Menschheit von den ansteckenden Krankheiten erlöst. Unter dem Druck dieser öffentlichen Meinung, die sie durch einen Denkfehler geschaffen hatte, hat dann die Medizin jahrzehntelang versucht, Mittel zur Vernichtung der angeblichen Menschenfeinde zu finden. Der Versuch ist mißglückt, mußte mißglücken, da ja, wenn denn durchaus von solch einem Unding wie Krankheitsursache geredet werden soll, das Menschsein, der lebendige Mensch selbst diese Ursache ist, und obwohl sich durch die Jahrzehnte die seltsamen Konsequenzen einer durchaus falschen Vorstellung wie die Anzeigepflicht, die Desinfektion und so weiter erhalten haben, so ist die Vorstellung selbst doch unbeliebt geworden, namentlich seitdem man sich davon überzeugte, daß die gefürchteten Krankheitserreger überall vorkommen, daß sie auch im gesunden Menschen ruhig hausen, ohne ihm das mindeste zu tun. Das bizarre Unternehmen jenes Arztes, der ohne jeden Schaden eine ganze Kultur von Cholerabazillen austrank, als wenn es ein Schnaps wäre, beleuchtete grell die Situation.

Man schob nun wieder mehr den lebendigen Menschen in den Vordergrund. Dessen Körper schien der Acker zu sein, auf dem die Bazillen wachsen konnten; wurde der Acker umgegraben, rationell bewirtschaftet, so verloren die Krankheitserreger von selbst jede Entwicklungsmöglichkeit. Der Gedanke ist richtig. Aber leider gehört zur guten Bestellung des Ackers, daß sein Eigentümer, der Bauer, ein fleißiger Mann ist, der mit Pflügen, Eggen, Düngen harte Arbeit verrichtet. Jedoch Fleiß auf den Gesundheitsacker zu verwenden, der hier nicht bloß den Körper, sondern das ganze Leben bedeutet, ist dem Menschen noch nie in den Sinn gekommen. Er stellte sich hin, steckte die Hände in die Hosentaschen und erwartete von den Ärzten, daß sie bei den großen Fortschritten der Wissenschaft durch irgendein künstliches Düngemittel den Acker in Ordnung brächten, ohne daß er, der Bauer, sich mit dem Bestellen abzumühn brauchte, und zwar schnell, ohne viel Zeitverlust. Die Ärzte waren wirklich gutmütig genug, das zu versuchen.

Die Krankheitsursachen vom Körper fernzuhalten, vermögen wir nicht, kalkulierten sie; es ist auch nicht nötig, denn meist gelingt es ja dem Körper, mit den eingedrungnen Bazillen fertigzuwerden. Wenn wir herausbekommen, wie er das macht, so ahmen wir seine Maßregeln künstlich nach. Der Körper muß irgendein geheimnisvolles Mittel besitzen, in seiner innern chemischen Fabrik herstellen, mit dem er das Gift der Bazillen vernichtet. Da dieses Gegengift an allen Stellen des Körpers wirksam ist, so kann es nur in der Blutflüssigkeit entstehn, in dem Blutserum. Nennen wir das Bazillengift Toxin – seitdem sind schon Jahre verflossen und man hat Zeit genug gehabt, neue Namen zu erfinden, hat diese Zeit auch redlich benutzt –, so bilden sich im Blutserum Antitoxine. Es findet bei der Infektion ein Kampf zwischen Toxinen und Antitoxinen statt. Es kommt darauf an, ob Gift oder Gegengift stärker ist. Wir müssen also den Körper fähig machen, daß er möglichst viele und starke Antitoxine herstellt. Antitoxine entstehn durch das Kreisen von Toxinen im Körper. Wir müssen, um gute Gegengifte zu erhalten, das Gift immer von neuem in ganz kleinen, unschädlichen, abgeschwächten Dosen in den Körper einführen, dann häuft er allmählich Gegengifte an, die den Kampf siegreich beenden; ja auf diese Weise muß es sogar gelingen, genug Antitoxine anzusammeln, um nicht nur den Menschen für den Augenblick von der Krankheit zu befreien, sondern ihn auch für alle Zukunft davor zu schützen, ihn zu immunisieren. Aus diesem Gedankengang heraus, den man freilich mannigfach abgewandelt hat und der vor allem mit vielen gelehrten Inschriften und Wegweisern geschmückt worden ist, begann man nun nach dem künstlichen Düngemittel zu suchen, das den Gesundheitsacker ohne Arbeit der Bauern bestellen sollte. Man spritzte Bazillengifte in den Körper. Zunächst kam das Tuberkulin. Ich habe den epidemischen Wahnsinn, der damals die Welt durchflog, an dem größten Berliner Krankenhaus als Arzt mitgemacht und verdanke dieser Zeit die Einsicht, daß nicht alles Wissenschaft ist, was sich dafür ausgibt. Ich habe auch mit Verwunderung und Entsetzen das große Buch gelesen, das damals vom Reichsgesundheitsamt herausgegeben wurde und das ein Musterbeispiel dafür ist, wie die Menschen alles glauben, was sie glauben wollen. Nach dem großen Zusammenbruch, der dem Delirium folgte und durch den auch für lange Zeit das Brauchbare an dem Tuberkulingedanken verschüttet wurde, kam sofort ein neuer Taumel, der des Diphterieserums. Während sich sehr bald herausstellte, daß auch damit eine Immunisierung des Menschen gegen die Diphterie nicht zu erzielen ist, hielt man den Gedanken, daß das Serum die Diphterie heile, fest und erst jetzt gibt man hie und da zu, daß auch das nur ein Traum war.

Allerdings nach der Statistik sank die Sterblichkeit in Deutschland nach Einführung der Serumbehandlung. Aber in England tat sie das nicht, sondern stieg zusehends, und in den letzten Jahren steigt sie bei uns auch wieder. Der Zufall hatte gespielt. Die Epidemien haben die Eigentümlichkeit, daß sie sich in Wellenform bewegen, in aufsteigenden und absteigenden Ästen. Wenn heute eine schwere Epidemie mit hoher Sterblichkeit herrscht, so pflegt die nächste schwächer zu sein, die dritte noch schwächer und so fort bis ein Tiefpunkt erreicht ist, von dem an die Gefährlichkeit der Seuche wieder zunimmt. Die Einführung des Diphterieserums fiel in Deutschland in die Zeit der abnehmenden Gefährlichkeit, in England in die der zunehmenden. Es wird nicht mehr lange dauern, so wird diese Wahrheit auch von der offiziellen Wissenschaft anerkannt sein.

Durch den großen Erfolg des Entdeckers des Diphterieserums angestachelt, kamen nun die Erfinder neuer Sera von allen Seiten. Bei uns ist es noch nicht einmal so schlimm, aber in England und Frankreich herrscht eine wahre Sintflut von Krankheitsseren. Man bereitet da vielfach für jeden einzelnen, mag ihm fehlen, was da will, aus irgendwelchen Bazillen, die er in Darm oder Mund beherbergt, in der Retorte ein eignes Serum, spritzt es ein und läßt sich dafür reichlich bezahlen. Wie gesagt, so schlimm ist es bei uns nicht. Aber auf der Suche nach diesem Heilmittel sind wir immer noch. Wir haben diesem Bemühen auch eine ganze Reihe wichtiger Entdeckungen zu danken, nur leider den Wunsch der faulen Bauern nach dem Wunderdünger, den haben wir immer noch nicht erfüllt, werden ihn auch nie erfüllen können. Nicht in der Minderwertigkeit der Serumantitoxine liegt die Ursache der Erkrankung, sondern das Stück Welt, das in dem Kranken konzentriert ist, führt ein falsch gerichtetes Leben, und nicht durch Stärkung der Gegengifte heilt die Krankheit, sondern der Mensch gesundet, wenn sein Leben sich gerade richtet.

Wenn der Mensch faul ist, so verfault er, das werden wir Ärzte nicht ändern.

Bei diesem Suchen ist man auch auf die Syphilis verfallen, hat mit der experimentiert, und das Resultat davon sind die vorhin erwähnte Wassermannsche Reaktion, mit der man unwiderleglich das Vorhandensein von Syphilis nachzuweisen glaubt, und das Salvarsan, mit dem man die Syphilis heilen zu können glaubte. Von der Begeisterung für das Salvarsan ist man ziemlich rasch zurückgekommen. Was die Wassermannsche Reaktion für die Diagnose leistet, wird sich nach und nach herausstellen. Daß sie keine unbedingte Gültigkeit hat, ist schon erwiesen. Und, daß das offne Handhaben dieser Untersuchung und die Verkündigung des Resultats an den Kranken grenzenloses Unheil anrichtet, das kann ich bezeugen.

Die Diagnose geht den Kranken nichts an. Das ist ein Fundamentalsatz der Krankenbehandlung. Und vor allem gilt das für die Syphilis. Oder glaubt man, es sei so etwas gleichgültig für den Menschen, wenn er erfährt, daß er syphilitisch ist? Dann unterschätzt man die wahnsinnige Angst, die man den Menschen durch fortwährendes Einschüchtern mit Gehirnerweichung, Vererbung, Ansteckung der Ehegatten und so weiter eingeimpft hat. Daß die Sachverständigen die Angst vor den Gefahren der Syphilis nicht teilen, daß man die Menschheit grundlos eingeschüchtert hat, geht schon daraus hervor, daß eben diese Sachverständigen den Kranken ruhig sagen: Sie haben die Syphilis, wie sie etwa sagen: Sie haben den Schnupfen. Denn daß sie so grausam wären, einem Unglücklichen, einem Kranken ein solches Wort zu sagen, wenn sie eine Ahnung von der furchtbaren Wirkung dieses Wortes hätten, kann ich nicht annehmen. Übrigens weiß jeder Arzt, daß die Syphilis meist irgendwie und irgendwann heilt, daß nur ein ganz geringer Prozentsatz der Kranken wirklich gefährdet ist, daß denen allerdings weder Salvarsan, noch Quecksilber, noch Naturpantscherei zu helfen vermag.

Aber die Vererbung, höre ich rufen. Soll man dieses einen leichtsinnigen Menschen wegen die Nachwelt der Gefahr ererbter Syphilis aussetzen? Mit diesem Geschwätz sollte man billig die Welt in Ruhe lassen. Ich will mich hier nicht über die schwierige und noch absolut dunkle Frage der Krankheitsvererbung, überhaupt der Vererbung, auslassen – wir wissen darüber verschwindend wenig –, aber wer sucht denn gerade in der Syphilis solche Vererbungsgefahr? Man braucht sich nur ein wenig in der Geschichte dieser Krankheit umzutun, so weiß man, daß die europäische Welt längst zugrunde gegangen sein müßte, wenn diese Krankheit wirklich solche Neigung zum Vererben hätte. Man sagte – neuerdings leugnet man es wieder –, sie sei über Europa in Pandemien hingegangen, die den verbreitetsten Seuchen der Influenza nichts nachgeben, sicher aber existiert nicht eine Familie, die im Laufe der Jahrhunderte verschont geblieben wäre. Trotzdem leben wir, bleiben sogar viel länger am Leben als unsre Vorfahren, sind, wenn auch nicht viel klüger, so doch auch nicht erheblich dümmer, als sie waren. Und wenn man bedenkt, wie verschwindend selten die hereditären Fälle gegenüber der Masse der Erkrankungen sind, dann verliert man wirklich die Geduld mit dem Angstschüren vor der Syphilis. Es geht doch nicht, daß jeder, der einmal von Rassenzüchtung hat reden hören, sich nun als Sachverständiger aufspielt und unser ängstliches Volk noch mehr einängstigt. Ich bin sehr dafür, daß unsre jungen Mädchen sich es wohl überlegen, ehe sie in ihrer verliebten Torheit sich irgendeinem Manne anvertrauen, der ihnen oft nur deshalb gefällt, weil er ihnen in der Zeit des periodischen Rappels in den Weg läuft, finde es auch richtig, wenn sie dabei die Frage der Geschlechtskrankheiten erwägen und daran denken, daß aus der Ehe mit einem kranken Manne kranke Kinder kommen können. Aber das ließe sich doch ohne diesen Lärm und ohne diese Übertreibung machen.

Aber das ist eben das Komische an unsrer Zeit. Wenn man sie reden hört, sollte man glauben, sie dürste nach Freiheit, wenn man sie handeln sieht, erkennt man, daß sie nach Sklaverei und Knechtschaft lechzt. Ihr höchstes Ziel ist, das Verantwortungsgefühl des Menschen zu töten und einer Sache, einem Fetisch, dem Staat die Verantwortung aufzubürden. Man schwärmt begeistert für die Freiheit des Mädchens, sich den Ehegatten zu wählen, und in demselben Atem ruft man nach der Polizei, daß sie jedem, der nicht einen Gesundheitsschein beibringen kann, die Ehe verbiete. Welch ein Hohn auf alle Freiheit! Und wie denkt man sich diese Behörde, die dem Brautpaar die Zeugungsfähigkeit bescheinigen soll? Ich dächte, es wäre genug, daß man uns gezwungen hat, als Polizeidiener die Anzeige bei ansteckenden Krankheiten auszuüben, und ich würde es jedem Arzt verdenken, wenn er sich dazu hergäbe, verliebten Leuten die Last der Verantwortung abzunehmen. Oder gibt es wirklich Ärzte, die sich nach ein oder zwei oder meinetwegen zwanzig Untersuchungen – abgesehn von einigen Ausnahmefällen – ein sichres Urteil darüber zutrauen, ob einem Paare gesunde oder kranke Kinder entsprießen werden? Ich glaube nicht, daß es solche Ärzte gibt.

Wen will man überhaupt von der Ehe ausschließen? Die einmal geschlechtlich angesteckt waren? Das wäre hart, wenn man der paar Ausnahmen halber einem großen Prozentsatz der Bevölkerung verböte, gesunde Kinder in die Welt zu setzen. Den Tuberkulösen? Dann ade, Welt. Die drei vom Hundert, die nicht tuberkulös sind, können, beim besten Willen und mit viel Liebe, den Untergang nicht aufhalten. Den Minderwertigen überhaupt? Aber das ist eine Redensart. Wer soll darüber entscheiden, was minderwertig ist, und vor allem, ob die Nachkommen auch wieder minderwertig werden müssen. Den Geisteskranken? Es ist nicht immer so einfach festzustellen, ob ein Mensch geisteskrank ist oder nicht, und die, bei denen es offenkundig ist, pflegen im Irrenhause zu sitzen oder ihr Irrsinn ist so bekannt, daß es des ärztlichen Zeugnisses nicht bedarf. Jeder kann sich vor der Ehe mit dem Verrückten hüten, wenn er nur will. Am liebsten würden die Rasseverbeßrer gar den Leuten, die Wein oder Bier trinken, auch die Erlaubnis verweigern. Hat man doch das Märchen in die Welt gebracht, daß bei der Zeugung schon kleine Quantitäten Alkohol den Keim der Kinder vergifte. Danach müßten seit Jahrtausenden die meisten Erstgeborenen vergiftet, minderwertig sein, denn seit Jahrtausenden ist der Minnetrunk Sitte. Wenn man es sich recht überlegt, bleiben ein paar Ausnahmemenschen übrig, wie etwa die Bluter, die man freilich auch nicht bei der Prüfung anstechen kann, um sich von ihrem Leiden zu überzeugen, die Leute mit der Thomsenschen Krankheit, Taubstumme, Blindgeborene und so weiter.

Und glaubt man wirklich, daß man verliebte Leute am Kinderzeugen hindern kann durch ein Eheverbot? Das Standesamt ist gewiß eine nützliche Einrichtung, aber es soll vorkommen, daß auch ohne Aufgebot und Magistratserlaubnis Kinder geboren werden. Kastrieren kann man doch nicht alles, was die Menschenzüchter nicht für vollwertig anerkennen. Das ist aber das einzige Mittel. Und ich würde es sehr billigen, wenn man es bei den Verbrechern bestimmter Gattung, bei Trunkenbolden, die mit als die schlimmsten Verbrecher anzusehn sind, vielleicht auch bei schwerkranken Epileptikern und Verrückten anwendete. Aber dazu braucht nicht jedes Brautpaar von Kopf bis zu Füßen im Naturzustand von einem beliebigen, durch die Behörde bestellten Arzt untersucht zu werden. Die Gewohnheitsverbrecher, die Säufer sind den Behörden bekannt. Man kastriere sie, und damit fertig. Aber man soll nicht unserm kranken Gewissen, das sich feige hinter den Staat zu ducken liebt, die letzten kümmerlichen Reste des Verantwortlichkeitsgefühls mutwillig zerstören. Überall gilt der Satz, und bei der Wahl des Lebensgefährten erst recht: Selbst ist der Mann, und wenn der Mann auch eine Frau ist. Söhne und Töchter so erziehen, daß sie sich der Verantwortlichkeit gegen Volk und Zukunft bewußt sind, damit züchtet man Rassen. Und wenn man ein übriges tun will, so stoße man alles wirklich Minderwertige, alles von Geburt an Schlechte, alles was aus dem Verkehr mit fremden Rassen entspringt, hinab in die Tiefen der menschlichen Gesellschaft, nehme ihnen Pflichten und Rechte des Bürgers und bilde daraus ein neues Proletariat. Zeit dazu ist es; wenn wir wirklich den Wunsch haben, dem deutschen Arbeiter ein menschenwürdiges Dasein zu schaffen, was gewiß notwendig und berechtigt ist, so brauchen wir ein Fundament niedriger Kreaturen, auf denen der Arbeiter fußen kann.

Wohl, Freisein ist schön und Freiheit der Grundpfeiler des schönen Lebens. Aber Freiheit kommt nicht von außen, sie ist innen im Menschen, eine Geistesgabe wie etwa der Verstand oder das Talent des Künstlers. Ich kenne Menschen, und jeder kennt sie, die wie Lasttiere und Sklaven durch die Welt gehn, von jedem getreten und mißbraucht, und die doch frei sind, die selbst in Kerker und Ketten freibleiben, weil sie an sich selbst glauben, weil sie die Verantwortung nicht scheuen. Hilf dir selbst, dann hilft dir Gott.

Mit diesem Mangel an Selbstgefühl, dieser Scheu vor Verantwortung, dieser Feigheit, die durch die sozialen Verhältnisse der Arbeitsteilung und Spezialisierung und durch die politischen der Massenentscheidungen und der Staatshilfe, der Versicherungstollheit großgezogen worden ist, muß man rechnen, wenn man ein Urteil über den kranken Menschen, über die Art, wie er krank wird und wie ihm zu helfen ist, gewinnen will. Wesentlich darauf ist die Macht zurückzuführen, die der Arzt im Laufe der letzten Jahrzehnte über alle menschlichen Verhältnisse gewonnen hat und die ihm den größten Teil all der Gebiete unterwirft, die früher dem Geistlichen gehörten. Der Arzt, wenn anders er seinen Aufgaben gewachsen sein soll, muß von Natur mit einer guten Dosis Selbstvertrauen ausgerüstet sein, und sein Selbstvertrauen wächst durch den Beruf, das liegt im Wesen dieses Berufs. So steht er denn als geborner und erzogner Führer der verantwortungsscheuen Masse gegenüber.

Das tritt auf allen Lebensgebieten hervor, besonders aber in der Art der Krankenbehandlung. Sie ist in hohem Grade eine psychische Behandlung geworden. Kaum ein Wort ist so Schlagwort unsrer Tätigkeit geworden, wie das Wort Suggestion, ja es ist auf Lebensbeziehungen verwendet worden, die ganz außerhalb der ärztlichen Tätigkeit liegen und auf die es nicht mehr paßt. Die Medizin hat auch, wie bekannt, eigne Spezialitäten geschaffen, in denen Suggestion und ihr Geschwisterkind Hypnose methodisch betrieben werden. Es liegt mir fern, diesen Behandlungsmethoden die Berechtigung abzusprechen, nur soll man nicht vergessen, daß die Suggestion, oder besser das psychische Übergewicht des Arztes über den Kranken Voraussetzung jeder Behandlung ist, und daß es weniger auf die Methode der Behandlung als auf die Persönlichkeit des Arztes ankommt. Die besten Ratschläge sind nutzlos, solange sie nicht ausgeführt werden. Der Arzt muß die Herrschaft über den Kranken gewinnen.

Gewöhnlich entscheidet die erste Begegnung darüber, und wenn der Arzt in diesem Augenblick das Ziel, den Kranken zu unterwerfen, im Auge behält, so wird er es meist erreichen. Darauf sollte er zunächst seine ganze Kraft richten; selbst die Untersuchung und Feststellung des Tatbestands ist demgegenüber unwichtig; untersuchen kann man den Kranken auch später, die Augenblicksdiagnose, die für die Behandlung entscheidend ist, richtet sich mehr auf den Menschen als Ganzes, auf sein Wesen, seine Schwächen und Stärken, als auf sein Leiden. Sich Gehorsam verschaffen ist die Grundlage aller ärztlichen Kunst. Das ist nicht schwer, weil ja der Kranke nur ein Teilmensch ist, weil er sich seiner Schwäche bewußt ist, weil er meist mit dem Vorsatz zum Arzt kommt, in ihm den Führer zur Gesundheit zu finden. Es gilt dann nur, das Mißtrauen, das der Schwächre immer gegen den Stärkern empfindet, zu überwinden. Das aber ist kaum methodisch zu erlernen, es ist in erster Linie Begabung, Intuition.

Man hat vielfach die Vorstellung, daß eine psychische Behandlung, eine Suggestionsbehandlung, nur bei den sogenannten nervösen Personen am Platze sei. Das ist ein großer Irrtum. Die psychische Behandlung ist der Beginn der Behandlung überhaupt. Dafür begabt zu sein, ist im Grunde genommen wichtiger als alle Kenntnisse und Geschicklichkeiten, und der Arzt, der befehlen kann, der eine große Suggestionskraft besitzt, mag vielleicht weniger bequem sein als ein andrer, ist auch gewiß in weiten Kreisen und nicht zum wenigsten bei seinen früheren Kranken verhaßt, aber ein guter Arzt ist er doch. Und das sollte ihm genügen. Der Arzt rechnet nicht mit der Dankbarkeit der Menschen, sondern er weiß, daß die Wohltat nicht dankbar stimmt, daß sie verbittert, und daß diese Verbitterung nur durch eine seelische Anstrengung überwunden werden kann. Die Natur hat die Dankbarkeit der Kranken nicht gewollt. Sie vernichtet mit dem Leiden die deutliche Erinnerung an das Leiden und damit auch die Vorstellung, was der Arzt im Leiden war. Das ist gut für den Kranken, daß er nicht noch einmal in Gedanken durchleben kann, was in der Wirklichkeit unerträglich war. Es ist gut für den Arzt, denn er bleibt durch den Undank frei, selbstbewußt und stolz. Er bekommt Nerven wie Stahl – und die braucht er, fest und biegsam.

Nerven wie Stahl und Nerven wie Zwirnsfäden, in diesen beiden volkstümlichen Sprüchen ist enthalten, was ich früher sagte, daß das Leben unter der Gewalt des Nervensystems steht. Es gibt noch ein drittes Wort, das die Bedeutung des Nervensystems deutlich hervortreten läßt, den Ausdruck Nervosität. Er spielt im täglichen Leben eine große Rolle und noch mehr in dem Sprachgebrauch zwischen Arzt und Kranken, und da wird er leider arg mißbraucht. Ihnen fehlt nichts, Sie sind nervös; das sind nervöse Erscheinungen; Sie müssen sich eben an die Schmerzen gewöhnen, Sie sind nervös: das sind Redensarten, mit denen man sich unbequeme Kranke und unbequeme Klagen vom Halse zu schaffen sucht, und dieser Mißbrauch des Worts hat gewiß schon ebensoviel Unheil angerichtet wie der böse Satz: Sie bilden sich das ein, das ist Einbildung. Er steht auf gleicher Höhe wie die beliebte Antwort der Mutter an ihr wißbegieriges Kind: So etwas darfst du nicht fragen, das schickt sich nicht, das ist sehr unartig. Damit bringt man das Kind zum Schweigen, aber die Frage bleibt in ihm, und der einzige Erfolg ist, daß das abgewiesene Kind anderswo sich Auskunft holt oder die Frage in sich vergräbt, was noch schlimmer ist. Sie sind nervös, ist keine Behandlung, sondern die Ablehnung der Behandlung. Wer noch genug Kraft in sich fühlt, zuckt bei solcher Antwort die Achseln und wendet sich an einen andern Arzt. Aber selbst dann hat er genug zu leiden, denn der Ausspruch: nervöses Frauenzimmer oder Neurastheniker – das ist moderner – fällt wohl auch den Angehörigen gegenüber, und damit ist eine Bitterkeit in das Leben gebracht, die nicht angenehm ist. Was aber, wenn der Kranke wirklich glaubt, was der Arzt sagte, wenn er glaubt, daß alles nur nervös sei? Dann verliert er den Rest seines Selbstvertrauens, dann ist er, man kann es ruhig sagen, für Lebenszeit vernichtet, denn was Selbstmißtrauen, Selbstverachtung bedeutet, brauche ich nicht erst zu sagen. Es ist das schlimmste Schicksal, das einen treffen kann, und wen es trifft, der rächt sich an der Mitwelt für die Erniedrigung, die er zeitlebens in sich fühlt. Deshalb sind die als nervös gestempelten Menschen die Qual ihrer Umgebung, deshalb sind sie die dankbarsten Kranken, wenn man sie von dem Gedanken, nervös zu sein, befreit, was leider nur selten gelingt.

Und was soll der Ausdruck? Ursprünglich bedeutet er doch wohl ein Lob; der Nervöse empfindet feiner als der Durchschnittsmensch. So nennt man noch jetzt das edle Tier nervös. Wird es aber in dem Sinne der übertriebenen, krankhaften Empfindlichkeit gebraucht, so muß man bedenken, daß irgendein Grund für diese übergroße Empfindlichkeit vorhanden ist, und daß nicht die Nervosität, sondern die Gründe der Nervosität gefunden und beseitigt werden müssen. Finden lassen sie sich immer, beseitigen oft, aber einfach einem Menschen auf seine Klagen zu erwidern: Sie sind nervös, das ist ebenso weise, wie wenn man dem Kopfwehkranken sagt, Sie haben Neuralgie. Es ist die Wiederholung dessen, was einem der Kranke vorgesagt hat. Das ist bequem, aber unwert zum mindesten der Bezahlung.

Etwas Wahrheit liegt ja in dem Ausdruck, nämlich die, daß alle Lebensäußerungen, gute und böse, gesunde und kranke, irgendwie mit dem Nervensystem zusammenhängen, aber ebenso hängen sie auch mit dem Kreislauf der Flüssigkeiten zusammen, oder mit den täglichen Lebensgewohnheiten, mit der Erziehung, mit der Ernährung. Der Mensch steht eben mitten in einer Fülle von Leben, ist ein Teil Welt und wird gewissermaßen von den Lebensverhältnissen gestaltet. Man kann ihn als ein Produkt seiner Verhältnisse ansehn, ja als Arzt sollte man ihn so betrachten. Nicht die Diagnose des Leidens ist in erster Linie wichtig, etwa ob jemand einen Herzfehler hat oder eine Nierenschrumpfung oder eine geschwollne Leber; das hat nur eine Mitbedeutung. Denn eine erkrankte Herzklappe, eine geschrumpfte Niere kann niemand wiederherstellen. Die Diagnose des Menschen als Produkt seines Lebens, die Diagnose der Faktoren, die ihn krank oder gesund machen, die entscheidet. Blindlings Digitalis verschreiben, wenn jemand einen unregelmäßigen Herzschlag hat und wassersüchtig ist, eine Milchkur und Bettruhe verordnen, wenn die Ödeme in die Beine steigen, das kann nachgerade jeder Laie, dazu braucht man nicht Arzt zu sein. Aber inmitten des bunten Lebens die Fehler dieses Lebens zu erkennen und zu beseitigen, das ist die Kunst des Arztes, und wenn er damit auch nicht eine durchlässige Herzklappe verschließen, ein entartetes Rückenmark neu aufbauen kann, so kann er doch meist durch Regelung des Lebens die Störungen der Leistungsfähigkeit und des Gesundheitsgefühls beseitigen, immer aber und ohne Ausnahme dem Kranken – selbst dem Unheilbaren und Todgeweihten – seine Leiden auf ein erträgliches Maß herabdrücken.

Die Aufgabe des Arztes ist nicht zu heilen, sondern zu behandeln, der Natur die Wege zur Heilung zu ebnen. Nun geht es aber mit dem Kranksein wie mit dem Stein, der ins Wasser fällt. Das Wasser wird nicht nur an der Stelle verdrängt, an der der Stein hineinfiel, rings um diese Stelle bilden sich Kreise, die weit auf den glatten Spiegel hinausgreifen. So ähnlich ist es im Menschen. Die anatomische Verletzung, beispielsweise der Herzfehler, bringt im Menschen und seinem Befinden auch solche Kreise hervor. Die aber lassen sich behandeln, die allein sind meist der Gegenstand der Behandlung. Alle Hast, die ja der Angst entspringt, ist da von Übel.

Man stelle sich nur die Lage des Arztes vor, der irgendwo zu Rate gezogen wird. Untersuchen kann er den Kranken sofort, vielleicht auch Namen und Sitz des Leidens feststellen, aber über die wesentlichen Punkte des Leidens, über das Leben dieses Kranken, das ihn krank machte, weiß er zunächst nichts. Meist bietet sich ihm ein verworrenes Lebensbild dar, das er nur unvollkommen überschaut. Übung und angeborner Scharfsinn, Weltanschauung lassen ihn vieles erraten, aber doch nicht alles. Da ist es seine Aufgabe, es ist das erste, womit jede Behandlung beginnen sollte, den Menschen in übersichtliche Verhältnisse zu bringen, das tägliche Leben in Ernährung, Bewegung, Ruhe, Atmung und so weiter zu regeln, daß er jede Handlung des Kranken kennt, sie, wenn sie schädlich ist, ausschaltet und an ihre Stelle Dinge setzt, die dem Arzt bekannt sind und die er als unschädlich erprobt hat. Tut er das, so wird er oft dasselbe erleben, was beim Knochenbruch eintritt; der eingerichtete und gutgelagerte Knochen heilt von selbst zusammen; genauso heilt ein großer Teil aller Leiden von selbst, sobald das kranke Leben eingerichtet und gut gebettet ist. *Natura sanat, medicus curat.* Die Natur heilt, nicht der Arzt, er behandelt. Tritt die Heilung nicht dadurch ein, daß man wohlbekannte, möglichst einfache und übersichtliche Lebensbedingungen für den Kranken schafft – etwa durch absolutes Hungern bei Diarrhöen oder durch Überführung in ein Krankenhaus mit seinem regelmäßigen Leben bei Lungenentzündungen oder durch genaue Lebensvorschriften –, tritt die Heilung nicht ein, so offenbart sich wenigstens bald, aus welchem Grunde die Natur ihr Werk der Heilung nicht vollbringt. Man kann ihr dann das Hindernis wegräumen, oder wenn das nicht geht, bei den verlornen Fällen, sie so unterstützen und leiten, daß dem Kranken nur das geringste Maß von Leiden zu ertragen bleibt.

Ernährung

Was ich eben besprach, sind wesentliche Grundlagen der ärztlichen Tätigkeit; sie in ihren Einzelheiten näher kennenzulernen, wird uns ein gut Stück weiterbringen. Zunächst gilt es, irgendwie eine Vorstellung davon zu bekommen, welchen Lebensbedingungen der Kranke als Mensch von vornherein unterworfen ist. Ein jeder hat außer den allgemein menschlichen Lebensäußerungen seine persönliche Lebenssphäre. Sie kommt für meine Zwecke hier nicht in Betracht. Wie sie beurteilt und geregelt werden muß, wie vernachlässigte Richtungen der Lebensführung gepflegt und allzu beliebte eingeschränkt werden müssen, wie die alte Gewohnheit gebrochen wird, ohne doch eine neue mit neuen Gefahren zu schaffen, wie Charakter und Wesen, Bedürfnisse und Pflichten zum besten des Kranken geordnet werden, das alles entzieht sich der Beschreibung. Diese Aufgaben finden ihre Lösungen letzten Endes in der Persönlichkeit des Arztes, sie machen das aus, was man individualisierende Behandlung nennt, bei der es, wie ich schon mehrfach betonte, nicht auf die Krankheit ankommt, die man vor sich hat, sondern auf den Kranken; die Krankheitsdiagnose, der Krankheitsname – man kann das nicht oft genug sagen – ist für diese individualisierende Behandlung nur ein Fingerzeig, nicht mehr. Denn der Kranke ist zunächst nicht das Produkt seiner Krankheit, sondern seine Krankheit ist das Produkt des Menschen, wenn dabei auch zugegeben werden kann, daß jedes Leiden Rückwirkungen auf den Kranken hat, ihn verändert. Es ist also wohl denkbar, daß ein Herzkranker ähnlich behandelt werden muß wie ein Krebskranker, sicher aber ist es falsch, alle Herzkranken in gleicher Weise zu behandeln oder alle Krebskranken. Wenn man in den medizinischen Lehrbüchern so tut, als ob das ginge, wenn Ärzte sich untereinander so zu verständigen suchen, wenn Pfuscher so handeln, als ob es Mittel gegen Krankheiten gäbe, so beweist das alles nichts dagegen, daß hier ein Grundirrtum vorliegt. Es beweist nur, daß wir uns immer noch in den Gedankenkreisen der Vorzeit bewegen, wo man die Krankheit als Feind auffaßte. Wie gesagt, diese individualisierende Kunst, dieses rein ärztliche Können haftet an der Persönlichkeit des Arztes, ist durch persönliches Lehren auf den Schüler zu übertragen, und auch das nur auf den persönlich begabten und dem Lehrer geistig verwandten Schüler. Eine Universalmethode, eine Allheilkunde gibt es nicht, vielmehr führen tausend Wege zum Ziel. Zu behaupten, ein Kranker oder gar eine Krankheit könne nur auf dem einen Wege, nur mit der ersten Behandlungsmethode geheilt werden, ist immer ein Zeichen der Verstandesarmut.

Ganz anders liegen die Dinge bei den Lebensfaktoren, die allen Menschen gemeinsam sind, wie Schlafen, Wachen, Atmen und so weiter. Sie lassen sich von bestimmten Gesichtspunkten aus betrachten und zum Zweck der Gesunderhaltung oder Heilung regeln; die meisten wenigstens, nicht alle. So zum Beispiel ist eine der wichtigsten Lebensbedingungen, die Abstammung des Kranken und seine vererbten Anlagen, für den Arzt so gut wie gleichgültig. Ich bin allerdings auf der Universität gelehrt worden, das Krankenexamen mit den Großeltern und Eltern zu beginnen, aber der Sinn dieser Fragen für die Behandlung ist mir nicht klar. Man kann die Menschen nicht wieder in ihre Keimzellen zurückzaubern und sie von andern Eltern erzeugen lassen.

Einen andern Faktor für das Produkt Mensch kann man, so wünschenswert es auch ist, nur selten verändern: das ist das Klima, in dem sich der Kranke befindet. Allerdings von den obern Zehntausend, die mit Glücksgütern reichlich gesegnet sind, kann man wenigstens die Beruflosen in den Süden, an die See oder in das Gebirge schicken. Für die Masse der Kranken kommt es nicht in Betracht. Man sollte auch mit dieser Maßregel vorsichtig sein, sie nur in dringender Not verwenden. Der Arzt, der ja für alle Leidenden auf der Welt ist, soll seine Behandlung möglichst einfach gestalten, so daß ein jeder, sei er reich oder arm, sie gebrauchen kann. Vor dem Arzt sind alle Menschen gleich, er handelt ohne Ansehn der Person. Es ist fast immer möglich, den Menschen an dem Entstehungsort ihrer Krankheit zu helfen, es muß möglich sein.

Auf die Wohnung selbst haben wir ebensowenig Einfluß. Man kann für frische Luft sorgen, viel weiter geht unsre Macht nicht. Allenfalls bietet das Krankenhaus oder das Sanatorium zeitweise einen Ersatz. Mit der Kleidung läßt sich schon mehr anfangen. Das Korsett in das Feuer zu werfen, den hohen Stehkragen dazu, alles, was beengend ist, beseitigen, das sind oft genug einschneidende Handlungen. Aber leider sind wir weder Schuster noch Schneider, noch weniger Macher der Mode, wir müssen uns mit dem zufriedengeben, was die edlen Zünfte und die Narrheit der Zeit für gut befinden.

Ein wichtiger Teil der Behandlung ist es dann, die Umgebung des Kranken wohltätig zu gestalten. Das einfachste ist auch da das Krankenhaus, nur läßt es sich nicht immer benutzen. Auch ändert der Aufenthalt im Krankenhause nichts an den Zuständen zu Hause. Deshalb gilt es zunächst, die Angehörigen unter die ärztliche Gewalt zu bringen. Ich sehe von den Böswilligen ab, die dem Kranken absichtlich das Leben verbittern und die man leider allzu oft antrifft. Nein, selbst bei gutem Willen, ja gerade durch die gute Absicht sind sie ein Hindernis für die Behandlung. Jeder Mensch spielt gern Arzt, schon die Kinder tun es, und wem ein liebes Familienglied erkrankt ist, der schleppt in seiner ratlosen Angst von rechts und links die verkehrtesten Ratschläge herbei und richtet bald im Übereifer Unheil an. Da heißt es schlau wie der Fuchs sein und unnachgiebig wie Stein. Einer nur kann Herr sein, und das ist der, der behandelt, der Arzt. Die äußern Schwierigkeiten lassen sich viel eher überwinden, wenigstens, wo es sich um Menschenwohnungen handelt und nicht um die fürchterlichen Menschenställe, von denen ich früher sprach. Ein Umstellen der Möbel, so daß Platz da ist und das Krankenbett von allen Seiten zugänglich wird, ist bald getan. Die Lagerung und Bettung lohnt die Sorgfalt, die darauf verwendet wird, vor allem aber tut Reinlichkeit not. In dieser Beziehung kann der Arzt nicht zu tyrannisch sein, und es tut seiner Würde keinen Abbruch, wenn er da auf die geringsten Kleinigkeiten achtet. Bei den meisten Kranken, besonders bei den Herz- und Nierenkranken, ist der Geruchssinn außergewöhnlich fein. Schon das genügt, um den Ruf nach frischer Luft und Sauberkeit zu rechtfertigen.

Beim Kranken selbst, das sagte ich schon früher, beginnt die Behandlung damit, daß Leidender und Helfer ihre moralischen Kräfte messen. Nur wenn der Kranke unterliegt, kann von einer Behandlung die Rede sein, sonst gilt das Wort Bismarcks zu Schweninger: Bisher habe ich meine Ärzte behandelt; Sie sind der erste, der mich behandelt. Diese Unterwerfung des Kranken unter den Willen des Arztes ist unumgänglich notwendig. Sie bringt auch sofort das, was der Kranke zunächst und dringend verlangt, die Hoffnung. Denn so verworren in seinen Begriffen ist niemand, in fünf Minuten Heilung zu erwarten, er will Hoffnung auf Heilung haben. Ja, im Grunde erwartet er im ersten Moment gar nicht Hilfe, sondern nur die Gewißheit der Genesung. Er hat kein Urteil mehr über sich selbst, kein Selbstvertrauen. Beides soll ihm der Arzt geben. Man lasse sich doch nicht durch die starken Reden des Kranken irremachen, die Wahrheit fordern, nichts als Wahrheit. Sie wollen immer nur die Hoffnung, die Gewißheit der Genesung, niemals die Wahrheit. Nur wenige sind stark genug, ihr Todesurteil gelassen hinzunehmen, und auch die wenigen hören lieber das Wort Gesundheit als das Wort Tod. Ja, je mehr jemand auf Wahrheit dringt, um so sicherer kann man annehmen, daß er davor zittert, daß er sie nicht ertragen wird. Wer mit Kranken zu tun hat, mag im Innern denken, was er will, zeigen darf er nur die Siegeszuversicht. Gewiß, es kommt vor, daß einer, der dem Tode verfallen ist, ohne es zu ahnen, veranlaßt werden muß, das Soll und Haben seines Lebens abzuschließen. Dazu gibt es aber andre Wege als den der Brutalität. Für den aber, der überhaupt genesen kann, ist der Glaube an Heilung die Hälfte der Heilung.

Zum mindesten ist es die Vorbedingung dieser, daß die Vorschriften des Arztes wirklich ausgeführt werden. Und nun diese Vorschriften selbst, die wie gesagt, zunächst nur den Zweck haben können, übersichtliche Verhältnisse zu schaffen. Sie lassen sich am besten verdeutlichen, wenn man sie in zwei große Gebiete unterbringt, das der Ernährung und das des Kreislaufs. Diese Begriffe sind dehnbar genug, fast die gesamte Heilkunde darin zusammenzufassen.

Der Mensch ißt, um zu leben, das ist eine alte Wahrheit, obwohl es jederzeit Leute gegeben hat, die sie umkehren und leben, um zu essen. Aber obwohl der Satz so bekannt ist wie etwa der, daß wir nicht für die Schule sondern fürs Leben lernen, machen sich doch recht wenige Menschen Gedanken darüber, was er bedeutet. Die meisten denken sich die Ernährung so, daß alles, was zum Munde hineingeht, nach vierundzwanzig Stunden zum After wieder herausgeht. Sie bilden sich ein, daß das, was sie als verdauen bezeichnen, die Umwandlung der Nahrung in Kot sei, und nach der Entleerung sprechen sie davon, daß sie Verdauung gehabt haben. Nach ihnen ist der Mensch eine Hackmaschine; oben wird Fleisch hineingestopft und unten kommt die fertige Wurst zum Vorschein. Sie erwarten, daß die Menge der Entleerung der der Nahrung entspricht, und sind unglücklich, wenn das einmal nicht der Fall ist. Zu dieser Annahme gehört nun wirklich ein gut Stück Gedankenlosigkeit. Wie soll wohl ein Kind wachsen oder ein Erwachsener dick werden, wenn alles, was gegessen und getrunken wird, wieder fortgeht. So einfach kann der Vorgang nicht sein, und die Nahrungsaufnahme muß andre Zwecke haben, als nur den leeren Bauch zu füllen.

Über diese Zwecke kann sich jeder bei der nachdenklichen Beschäftigung des Nägelschneidens klarwerden. Irgendwoher müssen die Nägel doch das Material bekommen, um immer wieder lang zu werden, und so bloß aus den Fingern saugen sie sich das Wachstum nicht, sonst müßten die Finger dünn werden. Der Mensch rasiert sich auch zuweilen oder läßt sich die Haare schneiden, oder, wenn es eine Frau ist, kämmt sie sich Haare aus. Aber diese Haare wachsen wieder, selbst wenn sie irgendeiner Schönheit auf Lippe und Backe sehr ärgerlich sind. Der Stoff, aus dem sich die Haare bilden, muß dem Körper zugeführt werden. Wo soll er anders herkommen als aus der Nahrung?

Denn das bildet sich kaum jemand ein, daß sich die Haare aus den bunten und duftenden Haarmitteln bilden, etwa so, daß diese herrlichen Essenzen in die Kopfhaut eindringen und dadurch das Material zum knielangen Frauenhaar geben. Ach nein, die hochgepriesne Flüssigkeit dringt nicht in den Kopf ein, selbst wenn es ein ganz leerer ist. Der Spiritus, das einzige, was daran allenfalls von Wert ist, und der ebenso viele Groschenstücke kostet, wie das Haarmittel Markstücke, reizt die Haut, weiter tut er nichts. Frauen und Maidlein mögen es ruhig glauben: die Haare, denen sie nachtrauern, wachsen von selbst wieder. Ein Haarmittel zu erfinden ist ein einträgliches, aber sonst nutzloses Geschäft. Ein jedes Haar fällt, wenn es eine gewisse Länge erreicht hat, aus, wird aber alsbald durch ein andres ersetzt, und alljährlich zur Frühlings- und Herbstzeit, das eine mal mehr, das andre mal weniger, gehn sie in Mengen aus, ohne daß je der Kopf dadurch kahl würde. Nur wenn das Haar oder die Kopfhaut krank ist, kommt kein neues wieder. Aber dann hilft auch das teuerste Mittel des besten Friseurs nichts. Dann heißt es mit Verstand behandeln.

Man kennt die Geschichte von dem Augenarzt, der, als es ihm in der Praxis nicht glückte, auf den Bällen die Damen mit aufrichtigem Entsetzen darauf aufmerksam machte, daß ihnen die Augenbrauen und Wimpern ausgingen. Wer es nicht glaubte, den bat er, daran zu zupfen, und verhökerte dann der erschreckten Schönen, da sie natürlich zwischen den Fingern ausgefallne Wimpern fand, ein Fläschchen Haarwuchselixier. Der Mann soll reich geworden sein. Aber ein jeder meiner Leser kann sich davon überzeugen, daß auch ihm die Wimpern ausgehn. Sie wachsen auch wieder.

Stets versuchen die Haarkünstler ihre Kunden damit zu kirren, daß sie von Schuppen auf der Kopfhaut reden. Auch davor braucht man sich nicht zu ängstigen. Wie das Haar nach einer bestimmten Lebensdauer ausfällt, so stößt sich auch fortwährend die oberste Schicht der Haut in kleinen Schuppen ab, nicht nur am Kopf, sondern überall, nur bleiben in den Haaren die Schuppen zurück; daran ist nichts Krankhaftes. Nun, wem es Spaß macht, sein Geld zum Friseur zu tragen, der möge es tun. Ich finde es sehr nett, wenn die Menschen für ihre Schönheit sorgen. Nur sollen sie auch auf Reinlichkeit bedacht sein. Haare müssen gewaschen werden, und nicht nur alle vier Wochen. Oder glauben die Frauen, daß die Haare gefeit sind gegen Schmutz? Freilich, durch das Waschen verliert das Frauenhaar seinen Duft, und das wäre schade. Er ist ja so oft von Dichtern und Liebenden gepriesen worden, wie es sonst wohl mit keiner Art von Unreinlichkeit geschehn ist.

Man verzeihe die Abschweifung! Worauf es mir ankam, war darzulegen, daß der Körper fortwährend Substanzverluste erleidet, die ersetzt werden müssen und eben durch die Nahrung ersetzt werden. Es ist nicht richtig, daß dieselbe Quantität im Kot ausgestoßen wird, die in Speise und Getränk aufgenommen wird. Vielmehr wird im Darmkanal ein nicht geringer Teil der eingeführten Stoffe vom Körper aufgesogen und zum Aufbau der Zellen und Organe benutzt oder als Heizmaterial für die Arbeit des Körpers verbrannt. Hunger und Durst sind nicht deshalb gefährlich weil der Magen knurrt und die Zunge am Gaumen klebt, sondern weil der Körper bei mangelnder Nahrungszufuhr sich selbst zerstört. Denn ebenso wie sich die Nägel, die Haare, die obersten Hautschichten vom Körper ablösen, so geht in allen Teilen des Menschen, in den Muskeln wie im Gehirn wie im Knochen und der Lunge, fortwährend Material zugrunde, das ersetzt werden muß. Immer und immer stirbt etwas im Menschen und immer tritt neues Leben an Stelle des abgestorbnen.

Der Mensch verwandelt sich ununterbrochen in all seinen Bestandteilen, er verbraucht auch ununterbrochen Wasser, Eiweiß, Kohlehydrate, Fette, Salze als Mittel seiner Arbeit, für seine Bewegungen, seine Empfindungen, sein Denken und Fühlen. Wird ihm das alles nicht von außen zugeführt und in dem Darmkanal schmackhaft zubereitet und gekocht, dann nimmt er es, wo er es am leichtesten in seinem Innern finden kann, etwa aus den Fettzellen der Haut, aus dem Muskel oder sonst woher. Er ißt sich selbst auf und trinkt sich selbst leer. Dabei hält er eine bestimmte Speisenfolge inne, voller Verstand und Überlegung, so daß er mit den wertlosesten Dingen beginnt, mit dem überflüssigen Wasser und mit dem Fett; die lebenswichtigen Organe, Gehirn, Herz, Lungen, die blutbildenden Gewebe läßt er fast unberührt.

Daß der Körper sich wirklich selbst verzehrt, kann jeder feststellen, wenn er sich abends und morgens auf die Waage stellt. Er wird dann sehn, daß er während der Nacht selbst dann an Gewicht beträchtlich abnimmt, wenn er weder Darmentleerungen noch Blasenentleerungen gehabt hat. Der Körper muß sich also, um den fortwährenden Verlust von Körpersubstanz zu ersetzen, aus dem Darminhalt neues Material holen.

Ich bezweifle nicht, daß viele meiner Leser hier ungeduldig werden und denken: wozu erzählt er nur das alles, wir wissen, daß der Körper Nahrung braucht; das weiß ein jeder; dazu ißt und trinkt man doch. Gewiß, daß man essen und trinken muß, das weiß jeder. Aber daß ein Teil von Speise und Trank in den Körper übergeht, das wissen sehr viele nicht. Oder vielmehr sie wissen es ebenso, wie sie wissen, daß die Erde ein winziges Ding im Weltall ist und daß der Mensch wiederum willenlos mit diesem Erdball durch die Luft fährt.

Ebensowenig wie ihn diese Schulweisheit daran hindert, sich für den Weltmittelpunkt zu halten, ebensowenig hindern ihn seine Verdauungskenntnisse daran, vom Darm zu verlangen, er solle immer und unter allen Umständen jede vierundzwanzig Stunden dasselbe Quantum wieder herausgeben, das er eingenommen hat. Die meisten Menschen überzeugen sich gewissenhaft durch den Augenschein, daß das auch wirklich der Fall ist. Geschieht es einmal nicht, so bringen sie dem Faulpelz mit einem Abführmittel Gehorsam bei. Aber wer sagt denn diesen klugen Leuten, daß der Körper unter allen Umständen innerhalb von vierundzwanzig Stunden mit seiner Auswahl aus dem Inhalt des Darms fertig sein muß? Es ist doch anzunehmen, daß das hin und wieder länger dauert, und daß er deshalb dem Darm verbietet, sich allzufrüh zu entleeren. Ja, wer hat je bewiesen, daß der Mensch jeden Tag eine Öffnung haben muß? Das ist einfach eine unbewiesene Behauptung, die an das Doktorexamen in Molières Lustspiel erinnert, wo jede Frage nach der Behandlung der Kranken mit dem Wort Abführmittel und Klistier zur großen Befriedigung der medizinischen Fakultät beantwortet wird.

Es ist nicht wahr, daß der Stuhlgang täglich stattfinden muß. Bei Dreiviertel der Menschen ist das nicht der Fall. Man kann aber nicht die Mehrzahl der Menschen mit Abführmitteln traktieren, bloß weil es einmal eine Zeit gegeben hat, wo man jeden Menschen, ob gesund oder krank, purgierte. Es ist die natürlichste Sache der Welt, daß die meisten Menschen zeitweilig verstopft sind, ja man kann ruhig sagen, das muß so sein und ist gut so, weil eben nicht jeder Darm zu jeder Zeit innerhalb Tagesfrist mit seiner Kocherei und Zubereitung fertig wird. Da von Verstopfung oder gar von Krankheit zu sprechen und womöglich die gut gemeinte und höchst nützliche Langsamkeit des Bauchs sinnlos zu beschleunigen, ist eine arge Unsitte, die weniger von den Ärzten als von den Laien gepflegt wird. Eine große Zahl von Menschen ist von Natur auf zwei- oder dreitägige Entleerungszeiten eingestellt, ja man begegnet nicht selten solchen, die normalerweise nur alle acht Tage zu Stuhle gehn, vollständig gesund dabei sind und es auch bleiben, bis sie durch irgendeinen neunmal Weisen und keinmal Klugen auf die Abführmittel gebracht werden.

Man lasse doch ruhig den Darm gewähren. Er hat nur eine

Öffnung, und da kommt früher oder später die Sache zum Vorschein. Platzen tut der Darm nicht, vollgestopft, wie die Menschen sich einbilden, ist er auch nie, denn er hat eine beträchtliche Länge von etlichen Metern und läßt sich zu einer wunderbaren Dicke ausdehnen. Das Märchen von den Blinddarmentzündungen, die daraus entstehn sollen, braucht auch niemand zu glauben, noch weniger das von den Darmverschlingungen. Man warte es ruhig ab, zwei Tage, drei Tage, es können auch zwei, drei Wochen sein, selbst vier, wenn das auch nur sehr selten vorkommt. Irgendwann kommt die Entleerung von selbst, das zweite Mal dauert die Zeit der Verstopfung schon nicht mehr so lange, und nach und nach stellen sich regelmäßige Entleerungen ein, täglich oder alle zwei bis drei Tage, je nachdem der Körper eingestellt ist. Aber man gebe weder Abführmittel noch Klistiere.

Deshalb braucht man nicht untätig zu sein. Es gibt genug Speisen, die den Darm zur Arbeit anregen: Obst, Kompott, Honig, Buttermilch, dicke Milch, grobes Brot und anderes mehr. Vor allem ist es gut, wenn der Darm ein paar Tage nichts mehr von sich gegeben hat, auch nichts in ihn hineinzubringen, die festen Speisen einige Zeit bis zur Entleerung zu vermeiden und sich von Flüssigkeiten zu nähren; denn oft bilden die Druckverhältnisse, wie sie durch die Mahlzeiten geschaffen werden, das Haupthindernis für die Fortbewegung der Kotmassen, und dann bringt die Veränderung des Binnendrucks beim Hungern raschen Erfolg. Zweckmäßige Bewegungen, bei denen die Knie gegen den Bauch gedrückt werden, tiefes Atmen und Übungen der Bauchmuskulatur, etwa so, daß man sich aus dem flachen Liegen in die Sitzstellung ohne Hilfe der Arme bringt, oder daß man den Bauch einige Male stark nach innen zieht und wieder nach vorn stößt, Liegen auf den Knien und Ellenbogen oder platt auf dem Leib tun das Ihre. Gesellt sich dazu eine den Verhältnissen angepaßte Massage, so wird bis auf die Ausnahmen der Darmverengung durch Geschwülste, Narben und so weiter, man kann wohl sagen, stets die Behandlung glücken. Der gewohnheitsmäßige Gebrauch von Abführmitteln oder Klistieren dagegen führt mit ziemlicher Sicherheit eine Verschlimmerung der Beschwerden herbei.

Die Wasserklistiere dehnen die untern Darmpartien aus, stumpfen auch ihre Reizbarkeit ab, so daß ihre Zahl und

Menge gesteigert werden müssen, schließlich ohne Erfolg. Schlimmer noch sind die Abführmittel. Sie verwöhnen den Darm. Er ist an sich zur Trägheit geneigt; wenn er nun merkt, daß täglich durch irgendeine Wunderpille ihm die schwierige Mühe abgenommen wird, daß er mit Hilfe dieses Zaubers in acht Stunden erledigen kann, wozu er sich sonst ein bis zwei Tage abarbeiten mußte, dann faulenzt er und tut von selbst gar nichts mehr, genau wie ein Junge, der zu viel geprügelt wird, ohne den Stock nicht mehr arbeitet. Eine lange Zeit liegen dann die Kotmassen und die Darmgase irgendwo unbeweglich fest, drücken auf die benachbarten Organe, Nerven und Blutgefäße und richten schon so allerlei Unheil an. Vor allem befördern sie Vorgänge, die unter dem Namen der Selbstvergiftung, der Autointoxikation in den letzten Jahren viel von sich reden machen.

Dabei stellt man sich vor, daß aus dem Darminhalt Fäulnisprodukte aufgesogen werden, in die Blutbahn gelangen und Vergiftungserscheinungen, Kopfschmerzen, Schwindel, Erbrechen und so weiter herbeiführen. An und für sich sollte man denken, daß aus den faulenden Massen im Darm fortwährend Giftstoffe in den Körper übergehn müßten. Warum das nicht der Fall ist, darüber wird man sich wohl noch einige Zeit den Kopf zerbrechen müssen. Bisher weiß man es nicht. Man behauptet aber, daß durch Stuhlträgheit derartige Selbstvergiftungen herbeigeführt würden. Das ist nicht richtig. Nur etwa in den ersten zwei Tagen der Verstopfung treten solche Erscheinungen auf, und auch nur dann, wenn der Darm durch unzweckmäßiges Essen oder durch Arzneimittel gereizt war. Läßt man der Verstopfung ihren Lauf, so verschwinden etwa vom dritten Tage an die Anzeichen der Selbstvergiftung. Das ist auch verständlich. Die Darmwand ist so eingerichtet, daß sie die Flüssigkeit des Darminhalts möglichst aufsaugt, so daß die Kotmassen um so fester werden, je länger sie in dem Darm bleiben. Da die Darmwand aber im allgemeinen keine festen Stoffe aufsaugt, sondern nur solche, die in der Flüssigkeit gelöst sind, so hört mit dem Härterwerden des Kots die Aufnahme der Fäulnisgifte von selbst auf.

Ganz anders verlaufen die Dinge, wenn dauernd Abführmittel gegeben werden. Dann wird der Darminhalt ungenügend ausgetrocknet, er kommt in breiigem oder gar flüssigem Zustande in die untern Darmabschnitte, wird dort durch die heftigen Bewegungen des gereizten Darms durcheinandergeschüttelt, so daß sich recht viele Fäulnisbestandteile in der Flüssigkeit lösen, ähnlich wie sich das Salz in der Suppe rascher löst, wenn sie umgerührt wird. Diese untern Darmpartien haben aber gerade die Aufgabe, Flüssigkeiten aufzusaugen. So ist es erklärlich, daß die Erscheinungen der Selbstvergiftung durch das gewohnheitsmäßige Einnehmen verschlimmert werden. Auch die Bildung von Fäulnisgasen wird durch die künstliche Beschleunigung der Darmtätigkeit gesteigert, da weder den Verdauungssäften noch den Darmbakterien genügend Zeit gelassen wird, dagegenzuwirken. Das Gefühl des Vollseins, dessentwegen so häufig irgendein Stuhlmittel genommen wird, verschwindet vielleicht für den Augenblick, kehrt aber sehr rasch wieder, da es nicht durch Speisereste, sondern durch die Luft im Bauche, durch den aufgetriebnen Bauch hervorgerufen wird.

Besonders unangenehm wird das alles, wenn die Abführmittel nicht alle Kotmassen heraustreiben, wenn in irgendeiner Ausbuchtung des Darms Kot liegen bleibt. Das kommt verhältnismäßig oft vor, namentlich dort, wo der Darm rechts an der Leber vorbeiläuft; dann haben die Kranken allerdings regelmäßige Entleerungen, sind auch sehr stolz darauf, aber der zurückgebliebne Kot, der die eilige Fahrt durch den Darm nicht mitgemacht hat, macht es sich in seiner Ecke behaglich, dickt sich ein und wächst allmählich durch Stückchen, die an ihm hängenbleiben. Dann kommt es mitunter zu den seltsamsten Dingen. Zuweilen versperrt der Kotballen eines Tages die Passage ganz. Die bedrohlichsten Erscheinungen, abnorm hohes Fieber, unstillbares Erbrechen, plötzlicher Verfall der Kräfte treten auf, und es dauert nicht lange, so liegt der Kranke unter dem Messer, das ihm den Bauch aufschneidet; damit ist man heutzutage in der Ära der Blinddarmentzündungen und Bauchoperationen rasch bei der Hand. Oder der Kotballen wird von außen fühlbar, man hält ihn für eine Krebsgeschwulst, und wieder kommt das Messer. Oder – und das ist das häufigste – es lösen sich von dem festen Klumpen hie und da Stücke ab und geraten in den Abführbrei. Dort werden die in ihm konzentrierten Giftstoffe ausgelaugt, sie kommen in den Kreislauf und führen in unregelmäßigen Zeiträumen gefährliche Vergiftungen herbei. Unter Umständen werden dadurch schwere organische Erkrankungen, ja selbst Geisteskrankheiten vorgetäuscht. Setzt sich nun gar der ganze Kloß in Bewegung, entweder zufällig oder nach einer vernünftigen Behandlung, dann geht es selten ohne stürmische und besorgniserregende Vorfälle ab. Der Körper wird plötzlich mit Giften überschwemmt, und Arzt und Kranker sind dankbar, wenn sie es glücklich überstanden haben.

Ich muß hier noch ein Wort über den Verstopfungswahnsinn einschalten, ein Leiden, das in erstaunlichem Maße verbreitet ist und das man unter dem Sammelnamen Nervosität, Neurasthenie, Hysterie und so weiter unterzubringen pflegt. Unter dem Einfluß der falschen Vorstellung, daß ein jeder täglich Entleerungen haben müsse, ist es Erziehungsgrundsatz geworden, den Kindern von früh ab einzuprägen: ihr müßt täglich Stuhlgang haben, sonst werdet ihr krank. Nun, es ist gewiß sehr zu billigen, wenn Eltern außer den Experimenten zur Charakterbildung auch das leibliche Wohl ihrer Kinder im Auge behalten, ihre Funktionen überwachen, und es ist sogar wünschenswert, daß sie den kleinen Fressern gelegentlich, etwa nach Weihnachten oder nach den Geburtstagen, den Bauch mit Sennesblättern oder Rizinusöl ausfegen. Aber die tägliche stereotype Frage: hast du etwas gemacht? mit dem darauffolgenden Stirnrunzeln: Du mußt alle Tage aufs Klosett gehn, sonst wirst du krank, frißt sich nach und nach so tief in die Seele ein, daß sie zum Bestand des Menschen wird und ihn durch das ganze Leben begleitet. Nur fällt später der Nachdruck nicht mehr auf die Frage, sondern auf die Ergänzung: nun werde ich krank. Und dann geht der Blödsinn des Abführens los mit allen seinen Folgen, und jeden Morgen läuft solch ein mißratnes Geschöpf elterlicher Angst ein paarmal auf den Abtritt, um zu probieren. Ja, da lacht man. Aber es ist durchaus nicht zum Lachen. Man sehe sich nur im Verwandten- und Bekanntenkreise um, da wird man bald einen oder eine finden, deren Gedanken und dringende Wünsche stündlich zum Klosett eilen, ja manch einem kommt dieser begehrenswerte stille Ort stunden- und tagelang nicht aus dem Sinn, und das wird dann weiter auf Kind und Kindeskind vererbt; man kann ganze Geschlechter hindurch die Verstopfungsnarrheit verfolgen. Nichts ist ja ansteckender als die Angst. Man sollte öfter, als es geschieht, des Unheils gedenken, das durch unsre übertriebne Gesundheitsmacherei angerichtet wird. Die Gesundheit ist durchaus nicht das beste Gut des Menschen, im Grunde genommen ist sie etwas Nebensächliches, wie denn Geschichte und tägliches Leben uns lehren, daß Krankheit große Leistungen nicht ausschließt; und auf die Leistung des Lebens kommt es an. Mut, Selbstvertrauen sollten die Kinder lernen, aber wie sollen sie das wohl bekommen, wenn Mama sich täglich die Zunge zeigen läßt, in den Hals guckt und die Klosettfrage stellt? Auf die Weise züchtet man die Angst, und davon haben wir wirklich genug in unsrer hochkultivierten Welt.

Freilich, man braucht deshalb nicht in das andre Extrem zu fallen und so zu tun, als ob Darm und Entleerung überhaupt nicht vorhanden wären. In dieser Beziehung sind die Männer auch wieder bevorzugt. Niemand hindert die Knaben, ihren Gefühlen freien Lauf zu lassen. Aber die armen Mädchen werden von Müttern, Erzieherinnen und Freundinnen methodisch dazu abgerichtet, so zu tun, als ob sie nur aus Kopf, Hals, Armen und allenfalls noch Füßen beständen; was dazwischen liegt, das ist von Übel. Wird solche unkeusche Keuschheit gelehrt oder auch nur geduldet, so kann man sich nicht wundern, wenn die Mädchen bleichsüchtig und die Frauen unterleibskrank werden; sie wollen und müssen durchaus beim Gang zum Stuhle unbemerkt bleiben, und da das nicht immer geht, so vergewaltigen sie die Natur, verpassen die Gelegenheit und behalten lieber ihren Kot, die Fäulnisgase und allen Schmutz tage- und wochenlang bei sich.

Ich erwähnte vorhin schon, daß dagegen nichts einzuwenden ist, gelegentlich ein Abführmittel oder ein Klistier, sei es nun als Wasser-, Kamillentee-, Öl- oder Glyzerinklistier, zu geben, um die Gedärme reinzufegen. Ja unter Umständen muß man das ein paar Wochen fortsetzen, nur eben irgendwann soll man aufhören. Rechtzeitiges Purgieren wirkt Wunder. Die tausendfachen Magenverstimmungen verlangen eine Reinigung des Verdauungskanals, Rizinusöl und Wassersuppe. Namentlich bei Kindern verschwinden oft die schwersten Fiebererscheinungen im Handumdrehen auf eine gute Portion eines Abführmittels hin, und die meisten Mütter versuchen es auch erst damit, ehe sie zum Arzt schicken; aber häufig bestehn dabei gar keine Verstopfungen, viel eher Erbrechen und Durchfälle, die sichern Zeichen, daß irgend etwas im Darm ist, was der Bauch gern los sein möchte. Denn genauso wie der Körper sofort durch Husten sich zu helfen sucht, wenn dem Menschen etwas in die falsche Kehle geraten ist, wenn er sich verschluckt hat, so bestrebt sich der Verdauungsapparat, falls er in Speise und Trank oder sonstwie gefahrbringende Stoffe bemerkt, sie nach oben oder unten zu entleeren; bekannt ist das ja bei allen Vergiftungen, aber auch der sogenannte verdorbene Magen pflegt sich zunächst von aller Last zu befreien. Da die gute Absicht der Natur, die sich in Erbrechen und Durchfall kundgibt, durchkreuzen, die Diarrhöe etwa mit Opium stillen, ist verkehrt. Im Gegenteil, wenn irgendwo, ist hier ein Abführmittel angebracht. Und wiederum ist es zweckmäßig, den gewaltsamen Entleerungen eine mehr oder weniger lange Fastenzeit folgen zu lassen, damit die allzu früh gereichte Nahrung den aufgeregten Darm nicht von neuem beleidige.

Häufig ist auch die seltsame Erscheinung, daß Verstopfungen mit Diarrhöen wechseln; es stecken dann gewöhnlich alte Speisereste im Darm, die sich oberflächlich erweichen, allerlei Verwesungsstoffe dem Darminhalt beimischen und dadurch die Schleimhaut reizen und zur vermehrten Wasserabsonderung und Bewegung anregen. Eine starke Diarrhöe ist die Folge davon. Dabei werden die obersten Schichten, die die Quelle der Vergiftung sind, von den vorbeifließenden Massen mit fortgerissen, ältere und härtere Schichten kommen an die Oberfläche, die ihr Gift nicht so leicht abgeben, die Diarrhöe kommt zum Stehn, und an ihre Stelle tritt Verstopfung, und so geht es weiter. Selbstverständlich muß man auf irgendeine Weise die alten Reste herausschaffen. Mit dem Abführmittel allein ist es da nicht getan, obwohl es meist unentbehrlich ist. Da kommen die erweichenden Einläufe, namentlich solche von Olivenöl oder Seifenwasser in Betracht, während man gleichzeitig durch verständiges Kneten des Leibes die alten Massen aus ihren Schlupfwinkeln herauszutreiben versucht.

Eine besondre Bedeutung unter den diarrhöischen Darmerkrankungen haben die Brechdurchfälle der Kinder. Es ist ja bekannt, daß ihnen jährlich Tausende und Abertausende zum Opfer fallen, man weiß auch männiglich, daß die Gründe zu dieser in Wahrheit schlimmsten Seuche unsrer Zeit in der unzweckmäßigen Ernährung der Säuglinge liegen. Hier ist nun wirklich einmal ein Gebiet, wo Prophylaxe, Verhütung der

Erkrankung not tut, wo sie große Wirkungen hervorbringt. Die Hauptschuld liegt an der künstlichen Ernährung mit Kuhmilch oder allerlei Ersatzmitteln für die Muttermilch. Verzeihung für den Ausdruck Ersatzmittel. Es gibt nichts, was die Muttermilch ersetzen kann, und ein Kind, das nicht an der Mutterbrust aufwächst, ist von vornherein einer schweren Gefahr ausgesetzt.

Mit ihrer ganzen Kraft und Energie treten seit Jahrzehnten die Ärzte dafür ein, daß der Säugling zunächst mit der Milch der Mutter genährt werden soll; Tausende und Tausende von ihnen tragen diese Lehre immer wieder in das Volk hinein, mit wachsendem Erfolge, immer wieder und wieder treten sie bittend, mahnend und warnend an den Staat heran, daß er helfe. Aber der Staat stopft sich die Ohren zu. Er bildet sich ein, er könne nicht helfen und dürfe nicht helfen. Nun, vielleicht ist es wahr, daß er die Mütter nicht zwingen darf, ihre Pflicht zu tun, obwohl ein solcher Zwang tausendmal entschuldbarer wäre als so mancher andre, den er ohne Gewissensbisse ausübt. Aber das wird auch gar nicht von ihm verlangt. Was die Ärzte und unter ihrer Führung alle, die es ehrlich mit unserm Lande und unserm Volke meinen, verlangen, ist, daß den Müttern erlaubt wird, ihre Kinder zu stillen. So lange Millionen von ihnen infolge der unzureichenden Erwerbsquellen der Männer gezwungen sind, von früh bis spät zu arbeiten, mangelt der Frau einfach Zeit und Gelegenheit, dem Kinde die Brust zu geben. Hier kann der Staat helfen und hier muß er helfen, und wenn er in seiner Angst vor Revolutionen nicht fähig ist, das Übel mit der Wurzel auszurotten, das heißt jedem Deutschen die Möglichkeit einer Existenz zu geben, so soll er wenigstens die Mütter dafür, daß sie ihm Bürger gebären, bezahlen; dafür kann er ja die Form der Zwangsversicherung wählen, die er so liebt und die er so falsch anwendet. Das wäre selbst für ihn nicht allzu schwierig, nachdem private Tätigkeit ihm die Wege mit den Mutterschaftskassen und den Stillgeldern gewiesen hat. Tut er es nicht, und zwar etwas rasch, so kann es ihm passieren, daß er an Entkräftung stirbt. Und wie lange soll es noch dauern, bis in den Milchhandel Ordnung gebracht wird? Es ist doch bei dem steten Sinken der Bevölkerungszunahme keine gleichgültige Sache, ob jährlich Tausende von Kindern hinsterben, von denen die meisten gerettet werden könnten. Die Geschichte wird nicht sanft über unser Zeitalter urteilen, und sie wird recht darin haben.

Der Arzt kann die Welt nicht zwingen, ihre Pflicht zu tun, aber er kann wenigstens sagen, was bei diesem ungeheuerlichen Übel zu tun und zu lassen ist. Ein Kind, das am Brechdurchfall leidet, soll nichts zu essen und nichts zu trinken bekommen, absolut nichts, das ist die Grundregel. Jeder Tropfen, der in einen so erkrankten Darm hineinkommt, wird zu Gift und verschlimmert das Leiden. Man habe keine Angst. Ein Kind, das nicht ohnehin dem Tode verfallen ist, stirbt nicht daran, daß es einmal vierundzwanzig Stunden hungert und durstet. Wohl aber gewinnt der Körper auf diese Weise Zeit, seine Kräfte einzig und allein auf die Heilung des Darmleidens zu verwenden. Man hängt leider immer noch viel zu sehr an der Gewohnheit, jedem Kranken möglichst Nahrung einzuflößen, in der Annahme, man könne damit die Kräfte erhalten. Aber alles zu seiner Zeit. Im Grunde genommen kommt es ja nicht darauf an, daß der Mensch ißt, sondern daß er das, was er ißt, für seinen Körper ausnützt. Während der stürmischen Erscheinungen des Brechdurchfalls ist jedoch der Darm nicht fähig, auch nur das geringste für den Körper auszunutzen. Im Gegenteil, jeder Tropfen Flüssigkeit, jedes bißchen Nahrung bringt nur neues Erbrechen, neue Diarrhöe hervor; es heißt geduldig abwarten, bis ein wenig Ruhe eingetreten ist. Trockne Hitze, feuchte Wärme unter dem Prießnitzverband, Breiumschläge, Kamillenteeumschläge und ähnliche Dinge können verwendet werden.

Sind etwa drei Stunden ohne neue Entleerungen verstrichen, so versuche man dem Kinde einen Teelöffel heißen Wassers einzuflößen. Behält es das bei sich, so mag man nach einer Stunde einen zweiten Teelöffel geben und dann nach und nach öfter, alle halbe Stunde, alle viertel Stunde. Je geringer die Menge ist, die zur Zeit gereicht wird, um so besser. Sobald von neuem Erbrechen kommt, müssen die Pausen verlängert werden oder gar mit dem Wasserreichen für einige Stunden ganz aufgehört werden. Irgend etwas andres als Wasser zu geben, ist ganz zwecklos, ja sogar gefährlich. Wasser stellt die geringsten Anforderungen an die Kraft des Darms. Und daß es heiß sein soll, hat seinen Grund darin, daß die Hitze einmal das beste Beruhigungsmittel für den aufgeregten Darm ist, und dann, daß ein heißes Getränk besser den Durst löscht und die Lebensgeister anfacht als ein kaltes.

Bei dem heißen Wasser kann man und soll man eine Zeitlang bleiben. Der menschliche Körper, auch der kindliche, kann lange Tage ohne Schaden jede Nahrung entbehren, wenn ihm nur Wasser zugeführt wird. Alles: Eiweiß, Kohlehydrate, Fette, Salze kann der Körper aus seinen eignen Beständen sich verschaffen oder er kann den Verbrauch vollkommen einstellen, Wasser aber muß ihm zugeführt werden. Die Vorräte, die er davon hat, sind bald erschöpft, da mit jedem Atemzuge, mit jeder Entleerung, mit jeder Zeitspanne der Körperausdünstung Wasser verlorengeht. Und da der Organismus zu Dreiviertel aus Wasser besteht, so ist es klar, daß der Mensch zugrundegehn muß, wenn ihm längre Zeit die Wasserzufuhr abgeschnitten wird. Jede Mutter weiß ja auch, daß Wasser das einzige unentbehrliche Nahrungsmittel ist und daß Milch für das Kind nicht unentbehrlich ist, da nach der Geburt ziemlich lange Zeit verfließt, ehe ihm überhaupt Milch gegeben wird. Was man dem Neugebornen nicht zumutet, sollte man dem Schwerkranken erst recht nicht zumuten.

Für die Behandlung der chronischen Durchfälle gilt im allgemeinen derselbe Grundsatz, den ich eben für den Brechdurchfall anführte: man soll den kranken Darm so wenig wie möglich belasten, ihm so wenig wie möglich Arbeit zumuten. Allerdings muß man sich dabei klar sein, daß die chronischen Diarrhöen, noch häufiger als die akuten, Folgeerscheinungen andrer Störungen im Organismus sind und durch Veränderungen der Ernährungsweise nicht beseitigt werden; eine Reihe der schwersten Allgemeinerkrankungen, beispielsweise die Tuberkulose, gehn mit Abweichen einher, Zirkulationsstörungen im Bauchkreislauf, vor allem auch psychische Läsionen haben Diarrhöen im Gefolge. Auch in den chronischen Fällen ist absolute Entziehung aller Nahrung, der festen wie der flüssigen, das begehrenswerte Mittel der Behandlung. Nur läßt sie sich selten durchführen. Man ist gezwungen, Nahrung zu geben, auch ist die Nahrungsaufnahme längst nicht so schädlich wie bei den rasch verlaufenden akuten Diarrhöen. Man muß dann sehn, die Anforderungen an den Darm auf andre Weise herabzudrücken, etwa so, daß man eine Zeitlang immer nur eine Speise reicht, wie es bei der reinen Milchdiät gemacht wird; es braucht aber durchaus nicht Milch zu sein, unter Umständen ist eine ausschließlich Fleischnahrung oder Käsenahrung oder Brotnahrung oder Gemüsenahrung oder Suppennahrung ebenso und besser wirksam, es kommt dann nur darauf an, daß es ein und dasselbe Fleisch, ein und dieselbe Suppe, ein und dasselbe Gemüse, ein und dasselbe Obst ist.

Muß man sich auf eine längere Dauer der Behandlung gefaßt machen – und das ist häufig der Fall –, so muß Abwechslung in den Speisezettel gebracht werden. Dann soll man aber jede Speise für sich geben, so daß immer nur eine Sache zur Zeit in den Magen kommt, etwa in der Weise, daß zunächst Fleisch genossen wird, ein oder zwei Stunden darauf Gemüse und wieder nach einer Pause Obst oder Käse oder Eier und so weiter. Natürlich muß dabei auch das Essen vom Trinken getrennt werden, eine Maßnahme, die in der Behandlung oft eine große Rolle spielt. Die Auswahl der Speisen hat dabei viel weniger Bedeutung, als man gemeinhin glaubt. Man kann meist unbeschadet Dinge geben, die als abführend verrufen sind, während einen andrerseits die bekannten stopfenden Speisen häufig im Stich lassen. Die einzelnen Mengen, die Art und Zeit der Darreichung und Zubereitung, das Kauen und langsame Essen und Trinken, kurz das Wie der Ernährung sind vor allem zu beachten, wie denn für jede Behandlung, Arzneimittel, Bäder, Elektrizität, Massage, Bewegung, Diät und so weiter der Fundamentalsatz gilt: nicht darauf kommt es zuerst an, was für ein Mittel verordnet wird, sondern wie das Mittel verwendet wird. Man kann fast immer ein Mittel durch das andre ersetzen, keins ist unbedingt das richtige und einzig mögliche, aber in der richtigen Weise muß jedes gebraucht werden.

Meine gewissenhaften Leser werden es vielleicht seltsam finden, daß ich, da ich zunächst von den Entleerungen statt von der Nahrungszufuhr gesprochen habe, diesen Abschnitt von der Ernährung am verkehrten Ende angefangen, gewissermaßen das Pferd am Schwanz aufgezäumt habe. Das hat aber seinen besondern Grund. Ungeduldige Leser und solche, die etwas von der Sache verstehn, pflegen vieles in den Büchern zu überschlagen. Will man sie dazu bringen, alles zu lesen, oder wenigstens den größten Teil – und welcher Autor wünschte das nicht –, so tut man gut, ihnen zunächst irgend etwas aufzutischen, wofür sie sich interessieren, sie sozusagen mit einem Köder in die Falle zu locken. Dann ist allenfalls Aussicht, daß sie auch die langweiligen Stellen mitnehmen. Wenn ich mit Fett, Kohlehydraten, Eiweiß, Kalorien und ähnlichen Dingen angefangen hätte, so würde gewiß einer oder der andre gedacht haben: das weiß ich längst und weiß es besser, womit er vielleicht nicht unrecht hat. Bei dem Wort Verstopfung horcht aber ein jeder auf, denn ein jeder hat entweder am eignen Leibe seine Erfahrungen gemacht, oder er leidet mit unter den Verdauungsverhältnissen seiner Umgebung; man glaubt gar nicht, was für ein ergiebiger Unterhaltungsstoff das ist. Wer sich aber erst in ein Kapitel hineingelesen hat, der nimmt auch ein paar Seiten gründliche Langeweile mit, ehe er mit dem Überschlagen beginnt. Ich gedenke jetzt nachzuholen, was ich versäumt habe, allerdings möglichst kurz.

Wenn man an einem Spezereiwarengeschäft vorübergeht und sieht dort im Schaufenster all die tausend Waren liegen, oder wenn man in einem Bierpalast die Speisekarte betrachtet, sollte man denken, es gäbe zahllose Arten von Ernährungen für den Menschen. Geht man jedoch der Sache auf den Grund, so stellt sich heraus, daß der Körper von all diesen Herrlichkeiten nur sehr wenig für sich gebraucht, daß er aus der Masse der Speisen lediglich ein paar Stoffe herausnimmt. Ich sagte schon, er verliert fortwährend Material, das muß er ersetzen, häuft es wohl auch in den Vorratskammern seines Innern an. Im wesentlichen ist der Mensch zusammengesetzt aus Wasser, Eiweißstoffen, Fetten, Kohlehydraten und ein paar Salzen. Für seine Verbrennungsarbeit braucht er dann noch Sauerstoff. Mit diesen wenigen chemischen Substanzen baut er die verschiedensten Formen und Organe auf, das Auge so gut wie den Nagel der kleinen Zehe, Herz, Nieren und Hirn, Knochen und Haut, kurz alles und jedes. Diese wenigen Substanzen sind auch die einzigen, die er aus alledem auswählt, was wir in den Magen hineinbringen. Seine Ernährung ist also im Grunde genommen sehr eintönig. Zunge und Gaumen, Magen und Darm verlangen Abwechslung in den Mahlzeiten und verweigern sogar das Rebhuhn auf die Dauer. Aber der Körper selbst kümmert sich um all diese Finessen nicht, er läßt sich vom Darm den Fasan und die Schnepfe zu genau demselben menschlichen Eiweiß zurechtkochen wie etwa den Limburger Käse oder den Salzhering. Die schönste Ananaserdbeere, die Artischocke, selbst die Trüffel opfert dieser gefühllose Darm in seiner Barbarei denselben Zwecken wie das gemeinste Schwarzbrot, der Bildung von Zucker. Ob der Mensch die frischeste Tafelbutter der Welt auf das Brot streicht oder Margarine, ob er Tran oder selbst Talglichter ißt, das ist dem Körper ganz gleichgültig; aus allem macht er dasselbe Menschenfett. Und auch am Kaffee, am Tee, der Schokolade und dem Bier ist ihm das wesentliche der Wassergehalt. Allerdings hat er eine bedenkliche Vorliebe für das Naschen, bedenklich deshalb, weil er sich als Leckerbissen bestimmte Gifte aussucht wie den Alkohol, das Koffein, Arsenik, allerlei Fleisch- und Pflanzengifte. Aber das interessiert uns hier bei der Ernährungsfrage nicht.

Die grundlegende Tatsache ist, daß unsre Speisen, wenn sie dem Körper zugute kommen sollen, nicht nur von der Köchin zubereitet werden müssen, sondern vom Darm in bestimmte Formen umgewandelt werden müssen. Das ist ein komplizierter Vorgang, über den wir noch immer nicht volle Klarheit erlangt haben, der sehr große Anforderungen an die Arbeitskraft der Eingeweide stellt, weshalb es eigentlich ungerecht ist, vom faulen Bauch zu reden. Nicht minder setzt dieser Vorgang eine scharfe Beobachtungsgabe und einen nicht unerheblichen Verstand des Darms voraus, so seltsam das auch klingen mag. Wir Menschen sind leider sehr oberflächliche und hochmütige Gesellen und erkennen die Arbeit nur an, wenn sie sich wie bei den Möbelträgern durch trinkgeldhungriges Keuchen bemerkbar macht, und Verstand pflegen wir bloß uns selbst zuzutrauen. Aber es wäre doch nützlich, einmal darüber nachzudenken, was aus dem Menschen würde, wenn der Bauch nicht fleißiger und weiser wäre als sein Träger. Das beweist schon eine flüchtige Betrachtung dessen, was der Mensch zu seiner Ernährung tut und was der Bauch zu demselben Zwecke ausführt. Vor uns steht der gedeckte Tisch; nehmen wir an, es ist ein gut bürgerliches Essen aufgetragen, etwa Fleischbrühe, Braten, Kartoffeln, Gemüse, Kompott, Brot, Butter und Käse. In diesem Menü ist alles enthalten, was der Körper braucht, Eiweiß, Fette, Kohlehydrate, Wasser, Salze und so weiter. Nur, und das ist wichtig, diese Stoffe sind in allen möglichen Hüllen fest verpackt und mit einer Menge unbrauchbaren Materials umgeben, etwa wie das Erz in dem Gestein. Will man das gewinnen, so muß man die Massen zerkleinern und das Erz aus dem Gestein herauslösen. So müssen auch die Speisen gründlich zerkleinert werden, da sonst die Verdauungstätigkeit gar nicht bis zu den verkapselten Nahrungsstoffen vordringt. Aus der Masse der zerriebnen und zermahlnen Speisen muß der Darm dann das, was für den Körper notwendig ist, durch fortwährendes Durchspülen herauswaschen, etwa wie das Gold in der Wäscherei vom Sande geschieden wird. Ist das geschehn, so müssen die Nahrungsstoffe in eine flüssige Form gebracht werden, damit sie in den Körper eindringen und von den kreisenden Säften zu den verschiednen Organen gebracht werden können. Und schließlich müssen sie in ihrer chemischen Beschaffenheit so geändert werden, daß sie Bestandteile des Menschen sind, sie müssen vermenschlicht werden, es muß, wie ich oben sagte, aus dem Eiweiß des Hühnereis oder der Milch Menscheneiweiß bereitet werden, aus dem Hammeltalg oder der Pflanzenbutter Menschenfett.

Das Zerkleinern, das Herbeischaffen der Flüssigkeit zum Spülen, das Auswaschen selbst, das Umwandeln mittels verwickelter chemischer Hilfsmittel, das Aufsaugen in richtigem Mengen- und Zeitverhältnis, das alles zusammengenommen ist doch wohl ein tüchtiges Stück Arbeit, die viel Fleiß, Geschick und Intelligenz erfordert. In unsre gewerbliche Tätigkeit übertragen brauchte sie ein ganzes Laboratorium und einen so hervorragenden Chemiker, wie ihn die Welt noch nicht hervorgebracht hat; denn es ist bisher niemandem gelungen, das, was der Darm täglich und stündlich vollführt, ohne daß er irgendeinen Preis oder Titel dafür bekommt, nachzuahmen.

Ja gewiß, der faule Bauch tut das alles, der Mensch selbst, dieser Gipfel der Intelligenz, tut so gut wie nichts dabei, und wenn er etwas tut, so ist es im Grunde genommen eine ziemliche Dummheit. Seine Arbeit besteht darin, daß er sich zu Tisch setzt, mit Messer und Gabel Braten, Gemüse und so weiter etwas zerschneidet, die Bissen in den Mund steckt, kaut, einspeichelt und hinunterschluckt. Mehr kann er nicht tun, alles andre muß er ratlos und hilflos so geschehn lassen, wie es der Darm für richtig befindet; hat er erst einmal den Bissen verschluckt, so entzieht sich der Vorgang völlig seiner Macht, dann kann er nichts mehr dazu und nichts davon tun.

Bei Lichte betrachtet ist das, was der Verstand des Menschen für seine Ernährung tut, nichts weiter als der grobe Dienst eines Handlangers, der das Material herbeischleppt. Die einzige Arbeit, die ihm sonst noch von der Natur anvertraut wird, ist, das Material ein wenig durch Kauen zu zerkleinern, was etwa die Intelligenz eines Steinklopfers voraussetzt. Aber die Natur hat sich dabei als mäßige Menschenkennerin erwiesen, denn selbst für diesen Tagelöhnerberuf sind die meisten unbrauchbar. Sie kauen schlecht, sei es nun, daß sie zu faul sind oder geistig zu hoch stehn, zu gebildet sind. Sie schlingen, als ob sie zur Familie der Hühnerhunde oder Riesenschlangen gehören, und dann, wenn die groben Bissen schwer wie Steine im Bauch liegen, schelten sie noch auf den lieben Gott, daß er ihnen solch schwachen Magen gegeben hat.

Aber selbst wenn es sich um einen guten Menschen handelt, der die richtige Andacht zum Essen mitbringt, der – wie man zu sagen pflegt – mit Verstand ißt, auch solch einer bringt nur dummes Zeug zustande. Er löffelt seine Suppe, kaut Fleisch und Gemüse, Obst, Brot und Käse und trinkt ein paar Glas Wein dazu, alles ohne auch nur einen Moment daran zu denken, wie schwer er es damit seinen Verdauungsorganen macht. Er nennt das ein einfaches, bekömmliches Essen. Nun, ihm macht es ja auch keine Mühe weiter, aber noch ehe der erste Bissen zum Munde geführt ist, werden eine solche Menge Kräfte in Bewegung gesetzt, daß es schier wunderbar ist.

Zunächst fangen Auge und Nase an zu arbeiten; sie taxieren die Menge und Art der Speisen, denn der Darmkanal muß alles zum Empfang der Nahrung vorbereiten, er ist ein sparsamer Hausvater, der genau wissen will, auf wieviel er sich einzurichten hat. Aus langer Erfahrung kennt er es, daß er für eine Scheibe Fleisch von dem und dem Verdauungssaft – es stehn ihm mehrere zur Verfügung – so und so viele Tropfen braucht, für ein Stück Brot so und so viel von einem andern Saft und für eine Birne wiederum eine andre Menge, und da er nicht geneigt ist, von seinen mühsam hergestellten Präparaten mehr abzugeben, als recht und billig ist, auch nicht weniger, um nicht ein Knauser genannt zu werden, so hat er mit den Sinnesorganen und dem Appetit Abmachungen getroffen, daß die ihm Nachricht über die Menge, Art und Folge der Speisen geben.

Das alles ist buchstäblich zu verstehn, so wie ich es hinschreibe. Man hat die Experimente an Hunden gemacht und herausgefunden, daß immer nur die Art und Menge Verdauungssaft abgesondert wird, die gerade auslangt, um die eingeführte Nahrung zu bewältigen, so daß beispielsweise ganz andre Verdauungsvorbereitungen getroffen werden, wenn dem Hunde ein Stück Wurst vorgehalten wird, als wenn man ihm ein Stück Zucker hinwirft. Das ist doch wahrlich kein Kinderspiel, sondern ein recht verwickeltes Kunststück.

Nun bedenke man aber einmal, was der gute Mann mit dem gesunden Menschenverstand dem Bauch durch seinen einfach bürgerlichen Mittagstisch für unnötige Schwierigkeiten bereitet. Da müssen die Vorrichtungen nicht für ein Stück Wurst oder etwas Brot getroffen werden, sondern für Fleisch, Sauce, Blumenkohl, Kartoffeln, Salz, Obst, Butter, Käse, Brot. Es muß im Moment ein Rechenexempel von den wahrnehmenden Organen angestellt werden, an dem ein tüchtiger Chemiker eine Stunde zu tun hat, es muß dabei noch die seltsame Gewohnheit des Suppeessens berücksichtigt werden, die ja eine Menge Flüssigkeit in den Darm bringt, alle Säfte also von vornherein verdünnt, und schließlich muß ungefähr Durst und Laune des Mannes erraten werden, ob er wohl zwei oder vier Gläser in den Magen gießen wird. Das alles geschieht in dem Bruchteil einer Sekunde, denn schon ehe der verständige Mann noch die Serviette ausgebreitet hat, läßt der dumme und materialistische Körper das Wasser im Munde zusammenfließen, ein Zeichen, daß er seine Verdauungsarbeit mit Absonderung von Speichel begonnen hat. Und nun geht es in ununterbrochener Folge: so und so viel Labferment, so und so viel Pepsin, so und so viel Salzsäure; die Leber hat diese Menge Galle zu liefern, die Bauchspeicheldrüse jene Menge ihres Safts, für die Darmdrüsen bleibt das zu tun übrig; und die Wände sollen sich darauf einrichten, nachher so und so viel Eiweiß, Fett, Kohlehydrate, Salz und Wasser aufzusaugen. Sie sollen sich in acht nehmen, nicht zu eilig trinken, es ist Wein dabei; für die Fortschaffung der Reste hat sich die Darmmuskulatur bereitzuhalten. Ist es denn ein Wunder, wenn dem Organismus dabei Irrtümer unterlaufen, wenn er zu viel oder zu wenig absondert? Nein, daß der Irrtum so selten vorkommt, das ist ein Wunder. Schon beim ganz gewöhnlichen Essen, das er auswendig kennt, kann es passieren, daß ihm mitten in die schönste Verdauungsarbeit noch ein nachträgliches Glas Wein oder Wasser in den Magen geschüttet wird. Da hat er dann alle Kräfte anzustrengen, um rasch noch ein paar Tropfen Saft zu liefern, da ihm sonst alles verwässert ist. Aber was kann er wohl mit Gerichten anfangen, die er nur mangelhaft oder gar nicht kennt, etwa mit Champignons oder Marzipan oder Schwalbennestern? Man weiß wirklich nicht, was soll man mehr anstaunen, den großartigen Apparat der Verdauung, der alle Aufgaben löst, oder die aufgeblasne Narrheit des Menschen, der alles als selbstverständlich hinnimmt und dabei von Einfachheit spricht. Ich will durchaus nicht den Prediger in der Wüste spielen und den Menschen Heuschrecken und Honig und das härene Gewand anraten. Im Gegenteil, die Fähigkeit, Speise und Trank bewußt zu genießen, gehört nach meiner Meinung zum Begriff des harmonisch ausgebildeten Menschen. Wem das Herz nicht aufgeht vor einem Glas edlen Weins, beim Anblick einer Gänseleberpastete oder eines ausgesucht schönen Apfels, wer das nicht als eine Lebensfreude empfindet, der kann mir gestohlen bleiben. Und wen man wacker zugreifen sieht, von dem weiß man wenigstens, daß er nicht ganz schlecht ist, daß er sich zum mindesten etwas Kindlichkeit gerettet hat, mag er sonst noch so sehr vom Leben verdorben sein.

Tue, was deine Hand zu tun findet, das aber tue mit der ganzen Macht deiner Kraft, heißt es. Ein jeder sollte es sich ins Innerste prägen, daß Essen, Trinken, Schlafen, Gehen, Atmen nicht minder edle und wertvolle Beschäftigungen sind wie Bilder malen, Staaten regieren, Mikroskopieren oder Gedichte machen. So lange man malt, soll man es mit ganzer Seele tun, aber wenn man sich ausruhn will, soll man auch die Courage haben, wirklich alle Viere von sich zu strecken und faul zu sein. Wer schläft, schlafe mit Leib und Seele, tief und fest, wer atmet, atme mit Freuden, wer sieht, sehe scharf, ohne nach der Seite zu schielen oder vor Taschendieben auf der Hut zu sein, wer ißt, der esse auch wirklich ohne Sorge um gestern und morgen. Und auch die Ausschweifung, falls sie gelegentlich betrieben wird und nicht Gewohnheit ist, hat ihre Berechtigung, wie die Entbehrung. Der Mensch muß frei sein; ja, nur der hat das Recht, sich gesund zu fühlen, der ebenso frisch vierundzwanzig Stunden lang um und um zechen und schmausen kann, wie er etwa einen Tag lang durstet und hungert, ohne darunter zu leiden. Selbstbeherrschung? Man beginne mit seinen Gewohnheiten; wenige haben sie in der Gewalt.

Aber bei aller Anerkennung für den Wert des Essens erlaube man mir, die Bezeichnung einfach bürgerliches Essen lächerlich zu finden. Man vergesse doch nicht, daß der Taglöhner jetzt Leckerbissen auf dem Tisch hat, nach denen die Cäsaren Roms mit all ihrer Macht vergeblich verlangt hätten. Für die Gäste des sprichwörtlichen Schlemmers Lukullus war eine Schüssel Kirschen ein unglaubliches Wunder der Verschwendung, eine Stadt, in der gutes Weißbrot gebacken wurde, hatte Weltruf, kein Krümchen Zucker war im römischen Reiche zu haben, Zimt und Gewürze unerschwinglich für jeden, der nicht das Geld mit Scheffeln zählte, Kaffee, Tee, Bier, Kartoffeln kannte man nicht. Also spreche man nicht von einfachem Essen. Wozu sollte man auch wie im Altertum einfach, das heißt schlecht essen, wenn man es mühelos und kostenlos besser haben kann? Wir sind ja wohl allzumal Sünder, aber haben nicht allzumal Lust und Verpflichtung, Fastengelübde für alles, was gut schmeckt, abzulegen. Gesundsein heißt alles können und nichts müssen. Wer gesund ist, kann und soll essen, was und wieviel er will. Für ihn ist die Frage, ob etwas bekömmlich ist oder nicht, leicht oder schwer verdaulich, einfach oder raffiniert, ganz gleichgültig. Er verdaut zur Not auch Kieselsteine; er soll nicht einfach leben, sondern frei.

Aber nicht alle Menschen sind gesund, und wer krank ist, der muß sich gefallen lassen, daß die Schranken des Lebens für ihn enger sind, daß er einfach leben und, wenn er am Magen oder Darm leidet, sich einfach nähren muß. In dem Wort einfach liegt es schon drin, wie er das tun, am leichtesten tun kann. In einem Fach, in einer Speise zusammengepackt nimmt er die Nahrung zu sich, er ißt jede Speise für sich, einzeln, nicht vermischt mit andern, sondern immer nur eine Sache zur Zeit. Wenn er Fleisch ißt, so ißt er nur Fleisch, keine Sauce dazu, keine Kartoffeln, kein Brot, kein Gemüse dazu; er trinkt auch nicht zum Essen, sondern wartet eine geraume Zeit damit. Und nach ein, zwei, drei Stunden, je nach den Anforderungen der Sachlage, ißt er sein Gemüse, wieder nur Gemüse, und später nur Obst oder nur Käse oder nur Gurkensalat. Und die einzelne Menge, die man nimmt, sei nicht zu groß: denn je kleiner etwas ist, umso größer ist die Oberfläche, und je größer die Oberfläche ist, umso leichter dringen die Verdauungssäfte ein, die ja von allen Seiten angreifen. Deshalb ist es unter Umständen wünschenswert, ein Ei zu Schaum zu schlagen, ehe man es reicht, denn dadurch vervielfacht sich die Oberfläche; deshalb kann es wünschenswert sein, einen Löffel Griessuppe zehnmal im Munde herumzuwälzen, damit der Speichel des Mundes die Stärkekörner der Suppe gut durchdringt; deshalb ist es vor allem geboten zu kauen, zu kauen, zu kauen.

Aber bitte, wer gesund ist, überschlage doch all diese Seiten. Sie sind nur für Kranke geschrieben und haben für den Gesunden keinen Sinn; sie machen ihn höchstens ängstlich, und nichts ist mir widerwärtiger als ein Gesunder, der um seine Gesundheit bangt.

Die meisten unter meinen Lesern werden hier den Wunsch äußern, daß auch die Kranken nichts von meinen Ansichten hören oder wenigstens nicht darauf achten. Einem Menschen, der Magenkranken Gurkensalat empfiehlt, ist überall nicht zu trauen. Aber ich empfehle ihn nochmals und Radieschen auch, und Rettiche nicht minder, und Käse und Heringe erst recht, selbst eine Fischmayonnaise hat ihre guten Seiten. Wer aber Salz, Pfeffer, Essig und Senf liebt, der verzichte nur nicht darauf, ebensowenig wie auf Anis und Kümmel, sie sind ihm gut trotz aller altjüngferlichen Weisheit, und auf das Sprüchlein: Das vertrage ich nicht, gibt es nur eine vernünftige Antwort: Dann lernen Sie es vertragen.

In der Tat, wo nicht besonders verwickelte Verhältnisse eine Lebensgefahr bedingen, gibt es nichts, was der Magen- und Darmkranke nicht vertrüge. Idiosynkrasien kommen vor – etwa gegen Erdbeeren, Hummer, Krebse, Eier und so weiter –, aber dann handelt es sich nicht um Magenkranke, sondern um Leute, für deren Gesamtorganismus, meist infolge einer Blutgefäßerkrankung, diese Dinge Gift sind, deren Magen und Darmkanal aber vollkommen leistungsfähig sind. Alle andern haben nur ihren Bauch verwöhnt, und da muß ihnen gezeigt werden, daß ihnen alles bekommt. Und wenn sie ein Glas Milch nicht vertragen, so gebe man ihnen einen Eßlöffel oder meinetwegen auch nur fünf Tropfen, aber man gebe Milch, man gebe Gurken, wenn es auch nur ein Viertelscheibchen ist. Man erziehe den Darm! Wenn man den Menschen mit erzieht, umso besser. Aber nie, niemals lasse man sich durch das immer und immer wiederholte Angstgeschrei des Kranken, der sich schon im Grabe sieht, weil er irgend etwas Schwerverdauliches essen soll, zu der Antwort hinreißen: Dann lassen Sie es fort. Lieber jage man ihn, wenn er durchaus nicht gehorchen will, zum Tempel hinaus. Der Kranke kommt zum Arzt, um sich den Weg zur Genesung zeigen zu lassen. Der einzige Dank, den er für die Bereitwilligkeit des Arztes, ihm zu helfen, geben kann, ist Gehorsam, unbedingter, blinder Gehorsam. Oder glaubt wirklich jemand, daß man den Arzt mit Geld bezahlen könne? Darüber kann ich nur lachen. Für das, was wir tun, gibt es nur ein Entgelt: Vertrauen und Gehorsam.

Für die Abneigung gegen Gurken, Radieschen, Rettiche, Zwiebeln und so weiter führen die Kranken gewöhnlich an, daß ihnen danach aufstößt. Ja, das soll es gerade, das ist der Zweck der Sache. Luft wird mit jeder Speise verschluckt, im kranken Magen bilden sich eben in krankhafter Weise Gase. Sie darin zu lassen, ist ein Fehler, und man soll froh sein, daß es Speisen gibt, die den Magen zur starken Zusammenziehung bringen, so daß er die Gase wieder herausbefördert. Man fühle nur einmal den Bauch von solchen Leuten an, was sie für eine sonderbare Trommel mit sich schleppen. Oder man klopfe ihnen die Lungengrenzen ab, da wird man finden, wie hoch das Zwerchfell steht und wie Lungen und Herz dadurch beengt sind.

Will man durchaus etwas verbieten, so sei es die Kohlensäure und das Hinunterstürzen großer Wassermengen. Diese Kranken haben meist großen Durst und treiben den größten Unfug mit dem Trinken. Bei dem hastigen Gießen gerät eine Menge Luft mit hinunter, und außerdem befördert die Flüssigkeit im Magen die Zersetzungsprozesse, die Gasbildung. Man behauptet ja allerdings vielfach, die Luft im Magen käme nur oder hauptsächlich durch Luftverschlucken hinein. Das ist ganz gewiß falsch. Bei weitem die größte Menge der Darm- und Magengase bildet sich aus Zersetzungs- und Gärungsprozessen. Mit dem Teelöffel Flüssigkeit nehmen, das ist recht für Verdauungskranke. Die Kohlensäure bläht sie nur noch mehr auf, sie regt den Magen nicht zur Zusammenziehung an, sondern nur dann kommt ein wenig davon wieder nach oben, wenn der gespannte Magen sich nicht mehr weiter ausdehnen kann. Es versteht sich danach von selbst, daß das Nehmen von doppelkohlensaurem Natron eine recht verkehrte Maßnahme ist, die dadurch, daß sie so häufig verwendet wird, nicht vernünftiger wird.

Die Magen- und Darmgase haben eine außerordentliche Bedeutung für das Befinden des Menschen. Unsre Sitten wirken da geradezu gefährlich, da sie den Menschen nötigen, bei sich zu behalten, was heraus will. Aber der Kranke sollte sich außerhalb der Sitte stellen. Wenn man erst allgemein weiß, daß der abnorm aufgeblähte Darm durch die große Spannkraft und das Ausdehnungsbedürfnis der Gase die verschiedensten Erscheinungen hervorrufen kann, vom Alpdruck an bis zur fürchterlichsten Herzangst, bis zum rasenden Herzklopfen und zum Aussetzen des Pulses, daß Schlaflosigkeit, kurzer Atem, Ischias, das Heer der Gebärmutter- und Eierstocksleiden, Gallen- und Nierenkoliken, Schreibkrampf und Kopfschmerzen oft nur dadurch bedingt sind, wird man doch wohl verständig genug sein, die Sitte zugunsten der Genesung zu biegen. Es handelt sich ja um Kranke; Gesunde mögen sich den Anstandspflichten fügen.

Die Gasbildung im Darm ist an sich nichts Krankhaftes, hat vielmehr ihre besondern Aufgaben für das Leben des Menschen. Sie gibt recht eigentlich dem Bauche Form und Halt. Ganz abgesehn von der Schönheit des Leibes, für die die formvolle Wölbung des Bauchs eine Grundbedingung ist, was sollte aus den Eingeweiden des Brust- und Bauchraums werden, wenn es keine Darmgase gäbe? Der Bauch ist ja nicht von Knochen umgeben, seine einzige Stütze ist das Becken, die Eingeweide aber werden in Wahrheit von dem luftgespannten Darm an ihrem richtigen Platz gehalten. Sinkt die Spannung unter eine gewisse Größe, so müssen fast alle Organe sich senken, sie tun es auch oft genug. Daß die Gase ebenso wie die Rückstände der Speisen, die Kotmassen, wesentliche Faktoren für die Blut- und Säfteverteilung sind, erwähne ich hier nur kurz.

Bei diesen Erwägungen fällt all die Mühe, die sich große Gelehrte gegeben haben, um die Nahrung tunlichst konzentriert zu geben, etwa in Pillenform, so daß man jederzeit gleichsam aus der Westentasche heraus eine Mahlzeit einnehmen und die Fourage einer Armee auf einem Leiterwagen transportiert werden könnte, der Lächerlichkeit anheim, und man begreift nicht, wie irgend jemand auf solchen absurden Gedanken kommt. Mit Pillen stillt man nicht einmal den Hunger, geschweige denn, daß man den Körper damit leistungsfähig erhält. Rückstände, Gase sind unentbehrlich für den Bestand des Körpers, sie gehören zum Menschen. Deshalb ist auch die Idee, das Leben durch Abtöten der Darmbakterien zu verlängern, nicht erörterungsfähig. Die Gärungsprozesse, die Gasentwicklung wird durch sie geregelt. Es wird damit gehn wie mit dem Soxhletapparat; noch vor zehn Jahren galt es als Frevel, wenn einer den Nutzen des unbedingten Sterilisierens der Milch in Zweifel zog. Seitdem ist es still geworden von diesem Spezifikum gegen Brechdurchfall. Bakterien sind notwendig für die Verdauung, und wenn wir bisher auch ihre Leistungen nicht genau bestimmen können, so darf man doch annehmen, daß hier ähnliche Verhältnisse vorliegen wie im Ackerbau und in der Forstwirtschaft, wo man die Abhängigkeit des Wachstums einiger Pflanzen von der Existenz bestimmter Mikrobenarten nachgewiesen hat.

Essen und Trinken

Es ist eine merkwürdige Sache mit diesem rechnenden Tier, das sich Mensch nennt. Der größte Teil seines Denkens besteht im Rubrizieren und Paragraphieren. Er bringt eine Menge Zeit lediglich damit hin, ein paar Lebenserscheinungen, wie sie sich seinem kurzsichtigen Auge bieten, abzuzählen und diese Zahlen dann in schön gezeichnete Quadrate, Dreiecke, Sechsecke und Kreise, kurz in alle möglichen mathematischen Figuren hineinzuschreiben, und wenn er das fertiggebracht hat, was nicht allzu schwer ist, glaubt er das Leben zu verstehn und der Lösung des Welträtsels nähergekommen zu sein. Er sieht nicht ein, daß diese Art der Einteilung ungefähr dem Gedankengang eines Kindes entspricht, das, weil die Männer seiner Umgebung Hosen tragen und die Frauen Röcke, die Menschen nach ihren Kleidern einteilt; zeigt man ihm Chinesen, so hält es die Kleider tragenden Männer für Frauen, die Hosen tragenden Frauen für Männer. Ach nein, das Leben ist bunt und eilt über alle Kreise und Entwicklungen hinweg, genauso gleichgültig, wie wir über die Felder hinwegschreiten, die Knaben zum Murmelspiel auf das Trottoir zeichnen.

Auf die Meinung des Kindes kommt nicht viel an, die augenblicklich herrschende Anschauung der Gelehrten über Lebensfragen dagegen hat Bedeutung. Außer bei politischen Streitfragen wird dieses Lottospiel und Zählen wohl nirgends so seltsam betrieben wie in der Medizin. Ich sehe dabei ganz davon ab, daß es manch einem Spaß macht, irgendeine Operation anzupreisen, wenn er sie zehnmal verwendet hat und unter den zehn Fällen kein Todesfall war, daß er auf Grund dieses Materials behauptet, die Gefahr des Todes sei gleich Null; das erinnert zu sehr an die berühmte Statistik des Engländers, der alle Franzosen für Rotköpfe hielt, weil der einzige, den er je sah, rote Haare hatte. Nein, ich meine wirklich große Zahlen mit acht oder neun Nullen hinter der Eins. Bei denen fängt der Ernst der Statistik erst an, allerdings auch ihre

Lächerlichkeit. Jeder, der sich einmal mit medizinischer Statistik beschäftigt hat, weiß, was ich meine; ihm fallen sofort gelehrte Trugschlüsse ein, die aus der Statistik der Geburtshilfe, der Chirurgie, der Tuberkulose und so weiter gezogen worden sind. Gar nicht zu überbieten ist in solchen nutzlosen Zahlenspielen die Ernährungsstatistik. Der erste Blick in das Leben belehrt uns, daß nicht ein Mensch dasselbe Nahrungsquantum zu sich nimmt wie der andre, daß derselbe Mensch heute doppelt so viel ißt wie morgen, ja daß er zeitweise ohne jede Nahrung die schwersten Arbeiten erträgt und leistet. Diese jedem zugängliche Wahrheit hat uns aber nicht abgehalten, immer und immer wieder, jetzt ungefähr fünfzig Jahre lang, auf Grund von sorgfältigen Experimenten auszurechnen, wieviel Nährwerte der Mensch zu seiner Erhaltung braucht.

So viel erkannte man allerdings von vornherein, daß sich ein Mindestmaß der Ernährung nicht für alle Menschen aufstellen läßt. Denn das ist klar, daß ein Kind andre Nährquanten braucht als ein Erwachsner, ein Mann andre als ein Greis, ein Bettlägriger andre als ein Seemann. Man suchte also erst einmal zu bestimmen, wieviel ein nicht übermäßig arbeitender Mann braucht, und bei diesem Suchen ist man auch geblieben. Man ist nie weiter gekommen, denn die Zahlen wollten durchaus nicht untereinander und noch viel weniger mit dem Leben stimmen. Nach den ersten Zahlen, die man aufstellte und die seltsamerweise immer noch in den populären Lehrbüchern und den Kursen für Krankenpflege ihre Rolle spielen, hätte man annehmen müssen, daß unsre Armee rettungslos dem Hungertode ausgesetzt sei. Dabei ließ sich aber feststellen, daß die Leute während der Dienstzeit ganz gegen alle Vernunft durchschnittlich ein bis zwei Kilo zunahmen. Ähnlich ging es mit neuen Zahlen, und ähnlich steht es noch heute. Allerdings an die Berechnungen nach Grammen, wie sie anfangs Mode waren, glaubt kein Physiologe mehr. Man hat statt dessen die Berechnung nach Kalorien, nach Wärmeeinheiten gewählt, was wenigstens den Vorzug hat, sie ein wenig mehr dem wirklichen Leben anzunähern. Aber genützt hat die ganze Mühe nichts. Wir sind jetzt genauso klug wie zuvor, nur ist die Welt wieder auf einen Irrweg gelockt worden, von dem sie sich so bald nicht wieder herunterfinden wird. Denn das eine soll man immer bedenken: wenn die

Wissenschaft schon jahrzehnte- und jahrhundertelang irgendeine ihrer Lehren verworfen hat, gilt diese Lehre immer noch im Volk. Und so werden denn die Nahrungstabellen seligen Angedenkens auch noch einige Jahrzehnte ein unverdientes Ansehn genießen.

Demgegenüber gilt es festzuhalten: es ist ganz gleichgültig, wieviel Eiweiß, wieviel Fett, wieviel Kohlehydrate der Mensch in seiner Nahrung zu sich nimmt. Um festzustellen, ob ein Mensch ausreichend oder mangelhaft ernährt wird, dazu gibt es nur ein Mittel, das ist die Aussage der Waage. Es ist nämlich auch hierbei so: nicht, was der Mensch ißt, ernährt ihn, sondern was und wieviel er davon ausnützt, verdaut, zum Aufbau des Körpers in sich aufnimmt. Darüber gibt aber keine Berechnung der Speisen Auskunft, wird und kann es nie geben. Nur durch regelmäßiges Wiegen, verbunden mit Messen der Länge und Dicke, besonders des Bauchs, kann man ungefähr eine Vorstellung von dem Wert einer Ernährung bekommen. Allerdings bloß ungefähr, und sie ist auch nur für die bestimmte Person gültig, mit der man es gerade zu tun hat. Im übrigen kann man sich auf die Gewalt des Lebens verlassen. Sollte es wirklich einmal vorkommen, daß eine Menge Menschen, nehmen wir an eine Armee, zu wenig Nahrung bekäme, so würde es keine sechs Wochen dauern, und selbst die bestdisziplinierten Soldaten würden meutern.

Wie gesagt, die Waage, die gibt den Ausschlag. Aber auch da hat der Zahlenteufel seinen Schwanz drangehängt. In jedem Biergarten steht jetzt eine Waage, auf der zu lesen ist: Wenn du soundso viel Zentimeter lang bist, mußt du soundso viel Kilo wiegen. Wenn es nicht stimmt – und es ist zehn gegen eins zu wetten, daß es nicht stimmt –, mag man sich aufhängen oder zum mindesten annehmen, daß man der Auszehrung verfallen ist. Nie und nimmer wird ein Durchschnittsgewicht für die Menschen gefunden werden, bei dem Individuum, das man gerade vor sich hat, kann man von einem Normalgewicht sprechen; das läßt sich aber nicht aus Tabellen ablesen, sondern muß durch langzeitliche Beobachtung festgestellt werden. Man soll den Menschen nicht falsche Begriffe beibringen. Daran fehlt es ihnen ohnehin nicht.

Das merkwürdigste an diesen Ernährungslehren, wie sie im Volke gang und gäbe sind, ist mir immer gewesen, daß ich wohl genaue Angaben über den Bedarf an Eiweiß, Fett, Kohlehydraten und so weiter finde, aber so gut wie nichts über das wichtigste Nahrungsmittel, das Wasser. Ja, irre ich mich denn, oder besteht der Mensch wirklich zu ungefähr drei Vierteln aus Wasser? Ungefähr, genau weiß ich es nicht; genau weiß es niemand. Die Leute, die es wissen sollten, geben den Betrag bald mit 60, bald mit 87 Prozent an. Aber jedenfalls ist es eine seltsame Sache, daß man eine Substanz, die über die Hälfte des Körpers ausmacht, in den Abhandlungen über die Ernährung entweder ganz fortläßt oder mit ein paar aus alten Zeiten überlieferten und schon längst als unrichtig nachgewiesnen Sätzen abmacht, während man den Proteinen, Nukleinen, Glykosen, Dextrosen Hunderte von Seiten widmet. Das heißt doch wahrlich, den Wald vor Bäumen nicht sehn.

Aber wenn der Körper auch zur Hälfte aus Wasser besteht, so wechselt dieser Bestand vielleicht nicht? Nein, das kann der Grund für diese Hintansetzung des Wassers nicht sein. Denn jedes Kind weiß, daß täglich große Mengen Wasser von den Nieren, der Haut, den Schleimhäuten, den Lungen ausgeschieden werden, und wer es nicht weiß – es gibt ja Menschen, die alles wissen, aber doch nichts wissen –, den erinnert der Durst daran. Oder vielleicht hat es keine Bedeutung für den Körper, wenn er kein Wasser erhält? Auch das kann der Grund nicht sein, denn der Mensch kann wohl ohne Schaden vierzig Tage und länger sämtliche Nahrungsmittel entbehren, aber das Wasser kaum vierundzwanzig Stunden, und nach drei Tagen ist er in Lebensgefahr. – Ja, aber unzweckmäßige Zufuhr von Eiweiß, Zucker, Fetten, Salzen können Krankheiten verursachen. Gewiß, nur ist es beim Wasser nicht anders. Ich sehe dabei von den Krankheitskeimen ab, die im Wasser dem Menschen zugeführt werden. Die werden ja gewöhnlich gründlich besprochen; nein, die unzweckmäßige Ernährung mit reinem purem Wasser ist in weit höherem Maße schuld an den Erkrankungen der Menschen als irgendein andrer Nahrungsstoff. Das Verhältnis ist etwa so, daß auf tausend Erkrankungen durch die Wasserernährung eine durch Eiweiß oder Fett oder Zucker kommt; ja man kann ruhig sagen, daß die fehlerhafte Wasserzufuhr die schwerste Schädigung des Körpers ist, die es überhaupt gibt.

Ich kann mir die stiefmütterliche Behandlung dieser kostbarsten Flüssigkeit nicht anders erklären als damit, daß Wasser in den Augen der Menschen etwas zu Gemeines ist, um auch nur einen Augenblick der wunderbaren Gedankentätigkeit darauf zu verschwenden. Der Kettenhund, von dem das Wohl und Wehe des ganzen Hauses abhängt, pflegt es ja auch schlechter zu haben als das Schoßhündchen.

Ich will nicht ungerecht sein, in der Krankenbehandlung spielen Trink- und Durstkuren eine große Rolle. Aber das Bewußtsein, daß es sich dabei um die Verwendung eines Nahrungsmittels handelt, fehlt oft. Infolgedessen fügt es sich leicht, daß es bloß bei Kurverordnungen bleibt, das heißt, daß für vier oder sechs Wochen Regeln gegeben werden, die dann nach Abschluß der Kur beiseite gelegt werden. Das ist aber für einen Stoff, der die Grundlage des Organismus ist, allzu bescheiden. Wenn man nun gar darauf achtet, wie solch eine Wasserkur der Regel nach gehandhabt wird, so möchte man wohl die Geduld verlieren. Oft liegt der Gedanke vor, den Körper auszuspülen, ihn von allen Gift- und Schlackenstoffen, wie sie sich durch unvollkommne Verbrennungsprozesse im Körper anhäufen, etwa von Harnsäure reinzuwaschen. Wer sich auch nur oberflächlich mit den verwickelten Kreislaufverhältnissen der Körperflüssigkeit beschäftigt hat, weiß von vornherein, daß ein solches Ausspülen recht schwierig ist, daß es auch gewiß nie möglich ist, durch reichliches Durchspülen von Wasser etwa Nierensteine oder auch nur Gichtablagerungen aufzulösen, wie sich das der Laie denkt. Man braucht nur einmal einen Nierenstein in Wasser zu legen, dann weiß man, was von solchen Hoffnungen zu halten ist. Der Stein würde unverändert bleiben, und wenn man die ganzen Quellen von Vichy, Wildungen, Karlsbad zusammen leertrinken wollte.

Aber gesetzt den Fall, es ließe sich durch reichliche Flüssigkeitszufuhr wirklich der Körper auswaschen wie ein schmutziger Gummischlauch, so läßt es sich doch gewiß nicht auf die Weise tun, wie es gebräuchlich ist. Solch ein Kranker, der innerlich durchgespült werden soll, pflegt morgens zwei bis drei große Gläser irgendeines Mineralwassers in kurzen Pausen zu trinken, vielleicht wiederholt er auch im Lauf des Nachmittags diese Prozedur. Ja, so kann man im Leben keinen schmutzigen Schlauch reinigen, daß man einen Liter Wasser durchgießt, dann weggeht und nach sechs Stunden, wenn der Dreck längst wieder eingetrocknet ist, noch einmal einen Liter durchschüttet. Auf die Weise kann man bequem ein halbes Jahrhundert und länger mit dem Ausspülen des Schlauchs zubringen. Ein solches Verfahren hat nur Sinn, wenn der Schlauch verstopft ist, dann kann man versuchen, durch den Wasserdruck den Propfen herauszupressen; das würde etwa dem gewiß seltnen Vorkommnis entsprechen, daß ein Stein den Harnleiter oder die Harnröhre versperrt; aber wenn man den nicht unbedenklichen Versuch machen will, solch einen festgeklemmten Stein durch Wasserdruck vorwärtszutreiben, nützt ein Liter gewiß nicht, dann müssen es schon vier oder fünf sein.

Will man jedoch wirklich spülen im wahren Sinne des Worts, so müßte man ständig und langsam einen Flüssigkeitsstrom durch den Körper rinnen lassen, mit andern Worten, man müßte jede halbe Stunde etwa oder noch öfter ganz kleine Quantitäten lange Zeit hindurch trinken lassen. Das hat wenigstens Sinn. Man hat darüber früher, als es noch üblich war, stündlich Medizin zu geben, reiche Erfahrungen gesammelt, wenn sie auch meistens falsch gedeutet wurden. Wer auf Grund dieser überaus und in vielen Beziehungen lehrreichen Experimente unsrer Vorfahren es versucht, oft und in kleinen Mengen Wasser zu geben, wird nicht schlecht fahren. Ob die Resultate, die bei einer solchen Verordnung erreicht werden, einem einfachen Durchspülen des Körpers und nicht vielmehr komplizierten Vorgängen zu danken sind, ist eine andre Frage. Der Mensch ist kein Gummischlauch.

Die Annahme, daß der Körper durch reichliches Trinken ausgespült werden könne und müsse, hat zu seltsamen Vorstellungen über die Gefahren der Wasserentziehung geführt. Daß die Beschränkung der Flüssigkeitszufuhr unter Umständen nützlich ist, gesteht freilich ein jeder ein. Aber ein jeder hebt auch in demselben Augenblick, wo er vom Durstenlassen spricht, ängstlich den Finger, wie es sich für unsre von der Angst besessne Zeit schickt, und sagt: Nimm dich in acht, deine Nieren könnten darunter leiden. Mit demselben Rechte kann man die Menschen davor warnen, auf die Straße zu gehn, weil ein Ziegelstein vom Dache fallen und sie erschlagen könnte. Ist es denn je vorgekommen, daß ein Mensch durch eine Einschränkung des Trinkens nierenkrank geworden ist? Ich bezweifle es; ich vermute, dieses seltsame Gerücht kommt daher, daß der Urin in den ersten Tagen mäßigeren Trinkens trübe zu sein pflegt. Wenn auch nicht alle Menschen ihr Wasser beschauen, wie sie ihre Kotentleerungen begutachten, so gibt es doch noch genug Gesundheitsanbeter, die mit ihrer Zeit nichts Beßres anzufangen wissen, als jeden Morgen in das Nachtgeschirr zu sehn. Ist da ein Satz drin, wie es denn naturgemäß öfter der Fall sein muß, so schreien sie gleich von einer Nierenreizung, erzählen das auch wohl unter Beibringung des *corpus delicti* ihren Nächsten und Freunden, und wenn sie sich auch am nächsten Morgen bei der hochnotpeinlichen Untersuchung überzeugen müssen, daß das Wasser wieder klar ist, sind sie doch der Meinung, einer schweren Gefahr entronnen zu sein. Zum mindesten aber nehmen sie an, daß eine Neigung zur Steinbildung bei ihnen vorhanden sei.

Nun ist hierzu mancherlei zu sagen. Zunächst ist es ganz in der Ordnung, daß ab und zu ein Satz im Nachtgeschirr ist. Das hat mit einer Erkrankung nichts zu tun. Weiterhin kann durch trüben Urin niemals ein Nierenleiden verursacht werden, am wenigsten ein Nierenstein. Drittens, und das ist in unserm Fall die Hauptsache: Die Trübung des Wassers, die bei der Beschränkung der Flüssigkeitszufuhr auftritt, verschwindet meist nach wenigen Tagen und ist durch Zusatz von heißem Wasser rasch zu heben. Sie war nur der Ausdruck der veränderten Verbrennungs- und Ausscheidungsvorgänge; sobald sich Einfuhr und Ausfuhr wieder ins Gleichgewicht gesetzt haben, wird der Urin klar.

Zur Beschwichtigung ängstlicher Gemüter füge ich noch hinzu, daß in den festen Speisen viel Flüssigkeit enthalten ist und daß nur geringe Quantitäten mittels Trinken aufgenommen zu werden brauchen, um den täglichen Wasserverlust zu ersetzen; dreiviertel bis ein Liter genügen dazu, alte Leute brauchen noch weniger. Und weiterhin teile ich ihnen zur heilsamen Erhaltung ihrer kostbaren Gesundheit mit, daß die Menschen mit Nierensteinen durstige Menschen zu sein pflegen, die sich mit Hilfe dieses Durstes ein Bäuchlein antrinken, in Wasser, Tee, Wein oder Bier, das hat dabei nichts zu sagen. Denn der Stein entsteht und kann nur entstehn, wenn der Abfluß des aus den Nieren ausgeschiednen Harns auf irgendeine Weise behindert ist, und das läßt sich nicht leugnen, daß der Hauptgrund für eine derartige Harnstockung der dicke Bauch ist, dessen Masse auf den Ausfuhrgängen des Harns lastet; dasselbe gilt von den Nierenentzündungen. Soweit sie nicht durch Vergiftungen oder Infektionen herbeigeführt werden – das ist der häufigste Vorgang –, entstehn sie fast immer durch langjährige Stauungen, wie sie vor allem bei Dickbäuchen vorkommen; eine Nierenentzündung durch Dürsten zu schaffen, bringt auch der fanatischste Arzt und Mensch nicht fertig.

Bei dieser Gelegenheit schickt es sich gut, sich klar darüber zu werden, was es mit dem Dürsten auf sich hat, das ja, wie männiglich bekannt, eines der wichtigsten Hilfsmittel des Arztes ist. Da bemerkt man denn, daß der Durstzustand eine auffallende Ähnlichkeit mit dem Fieber hat und daß seine hervorragende Wirkung in der Krankenbehandlung hauptsächlich auf dieser Ähnlichkeit beruht. Das wird nun freilich die Heroen der Angst nicht sehr für das Dürsten einnehmen. Fieber ist, nach ihrer Meinung, der schrecklichste der Schrecken; da muß ihnen die Empfehlung, Kranke durch eine Art künstliches Fieber zu behandeln, wie eine Herausforderung des Schicksals vorkommen. Aber um ihre Meinung sollte sich niemand kümmern. Man schenke ihnen ein Fieberthermometer und lasse sie ihre leere Zeit mit Angst und Temperaturmessen töten. Im übrigen aber halte man fest, daß das Fieber ein Heilungsversuch der Natur ist; daß ihr die Heilung oft nicht gelingt, ist eine Sache für sich.

Der Körper, in dessen Innrem irgendwelche Gifte kreisen, wie sie etwa durch das Eindringen bestimmter Mikroben oder durch den raschen Zerfall von Körpersubstanz oder auf anderm Wege entstehn, hat die Pflicht und den Wunsch, sie zu vernichten, und dazu steht ihm in erster Linie die Beschleunigung der Verbrennungsprozesse zur Verfügung. Genauso wie der Mensch Briefe oder irgendwelche Schriften, die ihn bloßstellen und sein Lebensglück vergiften könnten, im Feuer vernichtet, genauso verfährt der Organismus. Die hohe Körpertemperatur, die Angehörige und oft genug auch Ärzte in Verwirrung bringt, ist nur der Beweis dafür, daß das Feuer des Innern in heller Glut brennt, daß der Organismus auf seiner Hut ist und die Gifte vernichtet. Die Höhe des Fiebers ist daher auch weitaus in den meisten Fällen ein günstiges Zeichen; sie bürgt dafür, daß noch Widerstandskraft vorhanden ist, daß der Körper sich wehrt. Das geht schon daraus hervor, daß der frische kindliche Körper am leichtesten und gleich in hohem Grade fiebert. Man sorge sich nicht allzu sehr, wenn beim Kinde plötzlich aus voller Gesundheit heraus Temperaturen von 39 Grad auftreten. Meist handelt es sich um irgend etwas Harmloses, man braucht nicht gleich an Diphterie oder Typhus zu denken.

Vor allem aber hüte man sich, gleich mit Fiebermitteln vorzugehn. Das Niederdrücken der Temperatur ist fast immer ein Fehler. Auch das Thermometer bleibt besser im Futteral. Temperaturkurven zu führen hat nur unter ganz bestimmten Voraussetzungen Berechtigung, und gar das Messen bei jedem Krankheitsfall ist eine Unsitte. Sie zieht Gespensterfurcht hoch; wir haben aber genug Gespenster in unsrer Zeit und brauchen sie nicht zu kultivieren. Im allgemeinen soll man mit den Instrumenten auskommen, die einem der Herrgott anerschaffen hat, mit Augen, Ohren, Nase und nicht zu vergessen mit den Händen. Sie bis zur Vollkommenheit auszubilden, ist Pflicht, wer aber immer gleich mit dem technischen Instrumentarium anrückt, das nur ein Notbehelf ist, der wird nie sehn und fühlen lernen.

Es ist eine gewöhnliche Rede unter den Menschen, daß der Arzt Diener der Natur sein soll, und wir, die wir Ärzte sind, rühmen uns dieses Dienens als einer Ehre. *Natura sanat, medicus curat.* Was aber heißt der Natur dienen anders, als ihr die Wege des Heilens absehn und ihre Mittel künstlich nachahmen? So soll man denn auch das Fieber nachahmen, dessen Wesen nicht in der Temperatursteigerung, sondern in der Beschleunigung der Verbrennungsprozesse liegt. Dort, wo es darauf ankommt, die Glut des Körpers zu steigern, soll man nur so viel Flüssigkeit geben, daß der quälendste Durst gelöscht ist. Das ist Nachahmung, Dienen der Natur. Und man braucht nicht davor zurückzuschrecken, durch Salzen der Speisen oder durch heiße Bäder den Durst künstlich hervorzurufen, ja bei einer ganzen Reihe schwerer Ernährungsstörungen ist es notwendig.

Das heiße Bad hat noch den besondern Vorzug, daß es an sich schon, auch ohne die Wasserentziehung, schnellere Verbrennung herbeiführt. Viele tausend Male habe ich seine Kraft erprobt, und ich kann sagen, daß es mich nie im Stich gelassen hat. Freilich es muß heiß sein. Mit der üblichen lauwarmen Brühe von 37°C ist es nicht getan. Ein heißes Bad soll 45°C und darüber haben, soll zwanzig bis dreißig Minuten lang genommen werden, soll durch Zuschütten auf der hohen Temperatur erhalten bleiben und soll im allgemeinen als Teilbad, als Arm- oder Bein-, Sitz-, Rumpf- oder Kopfbad gegeben werden. Damit ist etwas auszurichten. Angst freilich darf man nicht haben, sondern man muß dem Arzt vertrauen. In dessen Interesse liegt es nicht, Kranke umzubringen, und wenn er Leute, die Schlaganfälle gehabt haben oder Netzhautblutungen, doch und gerade deshalb alle Tage in ein heißes Bad setzt, so wird er sich das vorher überlegt haben. Allerdings, wenn er selbst ein Hasenfuß ist, dem vor lauter Indikationen und Kontraindikationen der Kopf schwirrt, dann wird er seine Kranken nicht weit bringen. Leider spuken uns aus der Studienzeit bei jeder Gelegenheit Erinnerungen an diese oder jene Gefahr vor Augen, die unter Millionen Malen einmal eintritt. Das verlernt sich schwer. Ich sage es aber als meine feste, durch zwanzig Jahre tagtäglich erprobte Überzeugung, daß das heiße Bad als solches niemals irgendeine Gefahr bringt und daß es nur dann kontraindiziert ist, wenn der Kranke nicht bewegt werden kann. Dann helfe man sich mit heißen Umschlägen oder sonstwie. Aber vergessen soll man nicht, daß man der Natur zu dienen hat und daß die Natur zwei große Mittel verwendet, Entzündung und Fieber. Beides ahmt das heiße Teilbad nach.

Noch eine andre Rede über die Ärzte geht unter den Menschen um, daß sie eher den Krankheiten vorbeugen sollen als sie behandeln. Ich finde, man verlangt etwas viel von uns. Selbst wenn man uns mit der denkbar größten Macht des Autokraten ausstattete, wäre es unbillig, von einem allenfalls vernünftigen Menschen zu fordern, er solle diese Macht zur Verhütung von Krankheiten verschwenden. So genau ist es nicht ausgemacht, daß das Kranksein ein entbehrliches Übel in der Weltordnung ist, im Gegenteil, es gehört nach meiner Meinung zu den notwendigen Übeln. Jedenfalls aber würde es für solch einen von Gott und den Menschen mit aller irdischen Macht ausgestatteten Mann Wichtigeres zu tun geben, als einen solchen Versuch zu unternehmen, der immer mißlingen müßte. So aber wie die Dinge liegen, ist es absurd, von einem machtlosen Staatsbürger des zwanzigsten Jahrhunderts Wunder zu erwarten. Ebensogut kann man uns zumuten, mit unsern flachen Händen den Lauf des Rheins aufzuhalten. Ebensogut kann man einem Gefangnen die Aufgabe stellen, er soll, ohne seinen Kerker zu verlassen, Gemsen jagen. Nein, es ist nicht unser Geschäft, den Krankheiten vorzubeugen. Wir können uns allenfalls Gedanken darüber machen, wie das geschehn könnte, wir können diese Gedanken auch mitteilen, aber daß man uns die Verantwortung für die Narrheit, Bosheit, Unzulänglichkeit unsrer Mitmenschen aufbürden will, ist eine anmaßende Forderung, die wir ohne weiteres zurückweisen müssen. Wer das Leben ernst nimmt, trägt an den Pflichten seines Berufs als Arzt und Mensch schwer genug. Als Mensch bestimmt ein jeder selbst das Maß der Verantwortung, die er übernehmen will, als Ärzte aber sind wir nur für den Rat verantwortlich, den wir erteilen, wenn wir dazu aufgefordert werden, und für die Art, wie wir diesen Rat erteilen. Ob er befolgt wird oder nicht, entzieht sich unsrer Macht, es liegt auch außerhalb der Grenzen unsrer Pflicht. Ich lehne es ab, irgendwie zur Verhütung von Krankheiten verpflichtet zu sein. Meine Ansicht aber, wie der Mensch krank wird, äußre ich, wo immer sich Gelegenheit bietet, genauso wie ich meine Ansicht über ein Buch oder einen Reichstagsbeschluß äußre. So gestatte man mir einige Worte darüber, wie die Ernährung krank und gesund macht.

Zunächst muß ich da wieder betonen, daß bei weitem die meisten der Menschen sich nähren können, wie es ihnen in den Sinn kommt; sie bleiben, was sie waren, gesunde Menschen. Der lebendige Organismus wird nicht leicht aus dem Gleichgewicht gebracht. Das ist aber kein Gegenbeweis gegen die Schädlichkeit gewisser Eß- und Trinksitten. Wird doch auch in der Schlacht nur ein Bruchteil der Kämpfer verwundet, und doch zweifelt niemand daran, daß der Kugelregen eine gefährliche Sache ist. Unter solcher Einschränkung des Satzes kann man behaupten, daß ganz allgemein, selbst in den armen Bevölkerungsschichten gewohnheitsmäßig mehr gegessen und getrunken wird, als gut ist. Das gilt von der Gesamtmenge, die in vierundzwanzig Stunden genommen wird, noch mehr aber von den Mengen der einzelnen Mahlzeit.

Die nächstliegende Folge der Nahrungszufuhr in zu großen Quanten ist eine nutzlose Belastung des Verdauungsapparats und des Kreislaufsystems des Körpers. Bei der unmittelbaren Nachbarschaft von Magen und Herz muß die Ausdehnung des einen Organs jedesmal eine Rückwirkung auf Lage und Tätigkeit des andern haben, wenn sie auch vielleicht für unsre groben Untersuchungsmethoden nicht immer nachweisbar ist. In gleicher Weise wird der Blut- und Säftestrom im Bauch, vor allem in dessen Blutadern, durch eine Last von ein bis zwei Kilo, wie sie einer gewöhnlichen Mahlzeit entspricht, beeinflußt, die Nervenzentren der obern Bauchgegend, das sogenannte Sonnengeflecht, wird in Mitleidenschaft gezogen und nicht zum wenigsten die Atmung, die freie Bewegung der Lungen. Solche Einflüsse müssen eintreten, wenn damit auch durchaus nicht gesagt werden soll, daß sie krank machen.

Ihre Wirkung aber wird noch dadurch verstärkt, daß diese Störungen für Herz-, Lungen- und Nerventätigkeit stets zu denselben Zeiten des Tages eintreten, da wir ja alle gewohnheitsmäßig zu den gleichen Tagesstunden unsre Mahlzeiten einzunehmen pflegen. Ähnlich wie auf einer Landstraße sich allmählich tiefe Gleise entsprechend der Spurbreite der Lastwagen einschneiden, prägen sich durch die Gewohnheit der Jahrzehnte den Funktionen der lebenswichtigsten Organe, der Zirkulations- und Ernährungswerkzeuge, Spuren ein. Die regelmäßige Belastung des Körpers zu bestimmten Zeiten wird zum Bedürfnis des Organismus, und wenn infolge zufälliger Ereignisse, wie sie jeder Tag bringen kann, vor allem infolge irgendeiner Störung des Allgemeinbefindens, durch eine sogenannte Krankheit, die gewohnte Belastung wegfällt, treten Folgen auf, die die Genesung außerordentlich erschweren, ja unter Umständen unmöglich machen. Daß dann weiterhin für den kranken Organismus alle diese kleinen Schädlichkeiten zu großen werden, brauche ich gar nicht erst zu sagen, es ist klar wie der Tag. Solche Gewohnheiten gerade sind es, die ich früher mit den Ringen verglich, wie sie beim Hineinwerfen des Steins ins Wasser entstehn. Solche anscheinend völlig gleichgültigen Dinge sind in Wahrheit von der größten Wichtigkeit. Sie verwirren das Krankheitsbild, bringen tausend Gefahren, die an sich mit der besondern Krankheit nicht zu tun haben, sie sind es aber auch, auf die zuerst sich die Behandlung des Arztes beziehen muß. Der menschliche Organismus ist ein großer Arzt, der sich selbst hilft; nur muß man ihm nicht die helfenden Hände binden.

So liegen die Dinge beim widerstandsfähigen Organismus,

der mit Leichtigkeit die überflüssigen Nahrungsstoffe wieder ausscheidet. Jedermann weiß aber, daß nicht alle Menschen dazu imstande sind, und bei ihnen treten dann greifbare, offensichtliche Folgen auf, Verdauungstörungen, Atem- und Herzbeschwerden, Unbehagen und nicht zu vergessen, Fettleibigkeit, oder besser gesagt: Dickbäuchigkeit. Denn um das gleich hier zu sagen, weit verbreiteter als die Fettleibigkeit und viel hinderlicher für Leistungsfähigkeit und Wohlbehagen, für echte Freiheit des Lebens ist der dicke Bauch: er findet sich, und das vergesse man nie und nirgends, selbst bei magern Menschen. Und wenn er nicht dick ist, so ist er zum mindesten aufgetrieben oder hart oder blutüberfüllt. Mit kurzen Worten, der Bauch des Menschen ist der Hauptunheilstifter seines Lebens, der Frevler, der Sumpf, von dem aus der Körper vergiftet wird. Er ist das wichtigste für Krankenuntersuchung und Behandlung.

Andre Zeiten haben das auch gewußt und ihre Lebensregeln danach geordnet. Es steht nicht umsonst in der Bibel: Seid nicht Diener des Bauchs. Nicht ohne Grund steht das Fasten, die Mäßigkeit in der Mitte aller religiösen, sittlichen und gesundheitlichen Vorschriften, und es ist wahrlich kein Zeichen hoher Kultur, daß unsre Zeit diese tiefe Lebensweisheit so ganz vergessen hat. Bei der Krankenbehandlung, beim Untersuchen ist die Vernachlässigung der Bauchverhältnisse begreiflich. Die gesamte Ärztewelt und mit ihr alles, was mit Kranken zu tun hat, stehn noch immer unter der Suggestion von Untersuchungsmethoden, wie sie uns das letzte Jahrhundert massenhaft beschert hat. Das Hörrohr, der Perkussionshammer, das Thermometer, das Mikroskop, Augen-, Kehlkopf- und Ohrenspiegel und wie diese Dinge alle heißen mögen, haben die Aufmerksamkeit der Untersuchung und der Behandlung von dem Bauch abgelenkt auf andre Organe. Warum die Gesamtheit aber mitläuft und sich nicht mehr um Bauch und Völlerei kümmert, das hat andre Gründe, leider sehr viel schlimmere Gründe, die nachdenklich und bange stimmen, Gründe, die den tiefsten Kern unsrer sittlichen Begriffe berühren. Offen gestanden, es kann einem übel werden bei all dem Gerede von Tuberkulose, Herzfehlern, Hygiene, Bazillen, Immunität und was dem mehr ist, wenn man bedenkt, daß das alles an Bedeutung nicht entfernt heranreicht an die tägliche schlechte Gewohnheit, an das Dem-Bauche-Dienen.

Ich habe vorhin das Wasser das wichtigste Nahrungsmittel des Menschen genannt, so ist es denn auch schicklich, daß ich am Wassertrinken auseinandersetze, was ich unter Bauchdienst verstehe. Zunächst möchte ich betonen, daß es für die folgenden Betrachtungen gleichgültig ist, ob das Wasser als reines Wasser genossen wird oder mit allerlei Zusätzen als Milch, Kaffee, Tee, Bier, Wein und so weiter. Die Gifte dieser verschiednen Mischungen interessieren in diesem Zusammenhang nicht. Es handelt sich vielmehr darum, wie das Wasser selbst durch unzweckmäßiges Trinken zu Gift wird.

Davon, daß das Suppeessen und das Trinken bei Tisch die Arbeit der Verdauungssäfte nicht erleichtert, da sie dadurch verdünnt werden, habe ich schon gesprochen, auch gesagt, daß das für den Gesunden weiter keine Bedeutung hat. Bei dieser Gelegenheit möchte ich aber von einer wirklichen Unsitte unsers deutschen Volks sprechen, von dem Kaffeetrinken des Morgens. Nach der Nachtruhe soll der Mensch erquickt sein, er selbst und alle seine Organe sollen neue Kräfte gesammelt haben. Da ist es doch seltsam, daß wir in den arbeitslustigen Magen Kaffee hineinschütten. Kein Mensch peitscht das Pferd, wenn es morgens aus dem Stall kommt; warum man das mit dem Magen anders hält, ist mir unverständlich. Die Engländer und Holländer sind darin vernünftiger, und unsre Vorfahren mit ihren dicken Suppen stehn an gesundem Menschenverstand weit über uns, wenn auch nicht an Kultur, versteht sich. Ich habe durchaus nichts gegen den Kaffee an sich, glaube auch nicht, daß er dem gesunden Organismus Schaden bringt, aber alles zu seiner Zeit; man beginnt ja seinen Tag auch nicht mit Kartenspielen, und wer frühmorgens Champagner trinkt, den nennt man einen Säufer. Für den Morgenkaffee hat man leider noch keine entsprechende Bezeichnung. Übrigens gilt das, was ich vom Kaffee sagte, auch für die Milchschlamperei; die ist nicht besser. Am Morgen sollten die Menschen etwas Solides genießen, namentlich unsre Kinder und die bleichsüchtigen Mädchen, etwa ein Beefsteak mit Bratkartoffeln oder einen Hering. Es würde auch aus tausend und einem Grunde, nicht zum wenigsten aus Rücksicht auf erzieherische Zwecke, nützlich sein, die Menschen erst ins Freie zu jagen, sie etwas leisten zu lassen, ehe man ihnen zu essen gibt. Ich weiß nicht, ob jene Behauptung eines Arztes, daß nur die Schweine morgens gleich an den

Freßtrog laufen, richtig ist, aber der Gedanke, daß der Mensch sich sein Brot verdienen soll, und wenn es auch nur durch einen kurzen Spaziergang wäre, hat seine Berechtigung.

Dies nur nebenbei; was mir mehr am Herzen liegt, ist, daß man wohl von Bier- und Schnapstrinkern spricht, aber nie von Wassertrinkern, wahrscheinlich weil wir es alle sind. Wir werden alle zum Trunk erzogen, und wenn zufällig jemand nüchterne Anlagen hat und seinen Körper nicht fortwährend unter Wasser setzt, dann kommen Tanten, Nachbarn und Eltern und predigen Tod und Verderben.

Ist es nun wirklich so schlimm, daß der Mensch Tag für Tag doppelt und dreimal soviel Wasser zu sich nimmt, als er braucht? Im allgemeinen gewiß nicht; das Wunder Mensch hält selbst die gröbste Mißhandlung aus. Aber man gehe nur einmal über die Straße, dann weiß man, was das Trinken der Deutschen bedeutet. Da sieht man nicht wenige zweibeinige Fässer und Fäßchen mit Menschenköpfen darauf einherwandeln. Das kommt vom Biertrinken, meint man. Nein, es kommt vom Wasser, das im Bier ist, denn auch die Weiblein sind nicht schöner als die Männlein, wenn sie auch mit Hilfe schlechtsitzender Schnürleiber den vorrragenden Körperschaden zu verdecken suchen. Die Frauen aber sind Wassertrinker, Tee- oder Kaffeeschwestern.

Nun, das sind Schönheitsfehler, das hat nicht viel zu sagen. – Doch, es hat viel zu sagen; zum mindesten das eine beweist es, daß es mit unsrer Kultur nicht weit her ist. Aber ganz abgesehn von diesem Mangel an ästhetischem Gefühl, der Wasserreichtum des Körpers und der große Bauch sind recht eigentlich die Wurzel mannigfacher Krankheitsformen. Man überlege es sich einmal: Das Leben des Menschen, seine Leistungsfähigkeit, seine Daseinsfreude hängen von der freien Tätigkeit seines Herzens ab. Das Herz treibt das Blut im Körper um, von dem Scheitel bis zur Sohle. In jeder Sekunde schleudert es eine Flüssigkeitsmenge von Pfunden durch die Blutgefäße. Ist es nun wirklich für das Herz gleichgültig, ob es diese große Last doppelt so weit treiben muß, als es bei einem schlanken Körper der Fall ist? Wenn es, statt die freie Bahn des ebenmäßig gebauten Menschen vor sich zu haben, das Blut durch tausend und abertausend neuentstandne enge Kanäle treiben muß, die krumm und von quellenden Fettmassen gedrückt den Strom überall hemmen? Denn für jede Zunahme an Leibesdicke muß das Röhrennetz der Blutgefäße erweitert werden.

Man mache den Versuch, durch einen Badeschwamm mit einer Spritze Wasser durchzujagen; der Strahl versickert sofort in den löchrigen Geweben, und nur langsam, kraftlos fließt das Wasser wieder heraus. Soll es beim Menschen anders sein, und ist es gut, mitten in die Blutströmung einen Riesenschwamm zu legen? Es ist ungefähr so, als wenn ein Magistrat die schön gefaßte und saubre Quellwasserleitung kurz vor dem Eintritt in die Stadt durch einen Sumpf unterbrechen wollte, so daß aller Schmutz und alles Gift des Sumpfs recht sicher in die Häuser gebracht würde. Da sich der Säftestrom in einem dicken Bauche nur langsam bewegen kann, ist die Gelegenheit zur Bildung von Körpergiften eher gegeben, vor allem bleiben die Reste der Verbrennung dann länger im Kreislauf. Dazu kommt noch, daß der Bauch ja nicht nur nach vorn und nach den Seiten wächst, sondern sich auch nach oben in den Brustraum hinein ausdehnt, das Herz aus seiner Lage verdrängt und an der freien Tätigkeit hindert.

Wenn so der freie Kreislauf durch die Fettleibigkeit gehindert wird, so geht es mit der zweiten Lebensbedingung, der Verbrennung des Körpers nicht anders. Die Tätigkeit des Organismus ist davon abhängig, daß den Geweben genügend Sauerstoff durch die Atmung zugeführt wird und daß dieser Sauerstoff das Feuerungsmaterial im Innern möglichst gründlich verbrennt. Durch die Ausdehnung des Bauchs nach oben werden jedoch die Lungen zusammengepreßt, das schwere Gewicht der Fettmassen – es handelt sich dabei oft um zwanzig bis dreißig Pfund und mehr – muß bei jedem Atemzug von den Muskeln gehoben werden; beides zusammen gibt ein erhebliches Hindernis für die Sauerstoffeinnahme. Bedenklicher noch ist, daß durch die Zunahme des Körpers auch die Masse der brennbaren Stoffe in seinem Innern zunimmt, daß also entweder dem umfangreicheren Körper mehr Sauerstoff zugeführt werden muß, oder, und das ist bei der schlechten Atmung der dickleibigen Leute die Regel, die Verbrennung findet nur unvollkommen statt; es bleibt mehr Asche, mehr Schlacke, mehr Gift im Körper zurück. Das Ganze ähnelt dann den Vorgängen im Ofen, wenn durch tolles Nachlegen von Kohlen das helle Feuer zur schwelenden Glut erdrückt wird. Die Schwerfälligkeit, Langsamkeit und Faulheit des Dickwansts tun noch das übrige, um alle Lebensfunktionen zu verzögern. Nimmt man zu alledem noch, daß in solch einem Bauche sämtliche Eingeweide, Leber, Milz, Nieren, Gebärmutter unter einem abnorm hohen Druck stehn, so hat man damit allerdings noch längst nicht die Wirkung des dikken Bauchs erschöpft, aber man hat doch ungefähr eine Vorstellung davon erhalten, was es mit der Ausdehnung des Leibes auf sich hat. Man kann fast sagen, alle Funktionen des Lebens werden dadurch mehr oder minder beeinträchtigt. Daß ein solcher überall behinderter Körper durch die Zufälle des Lebens leicht überrannt wird, daß er für alle und jede äußere Ursache vom Knochenbruch bis zur Bazilleninvasion anfälliger ist, brauche ich nicht erst zu sagen.

Nun kann man freilich einwenden, und man hat es auch von berufner Seite getan: Das alles hat nichts mit dem Wassertrinken zu tun. Wasser ist nicht Fett, und aus Wasser wird nie Fett. Ich weiß nicht, ob aus Wasser Fett wird und will es nicht behaupten. Wir wissen über die chemische Zersetzung und den Aufbau im Körper so verschwindend wenig, daß solch eine Frage gar nicht erörtert werden kann; bestimmt weiß man aber, daß reichliche Wasserzufuhr den Fettansatz befördert und daß bei Wasserentziehung meistens das Fett verschwindet. Gewichtsabnahmen von zwanzig Pfund, lediglich durch Einschränkung des Trinkens, sind alltägliche Ereignisse, ja ich habe mehrmals Gewichtsverluste von hundert Pfund und Umfangsabnahmen von fünfzig Zentimetern und mehr erlebt. Das ist ein unumstößlicher Beweis von dem Einfluß der Flüssigkeit auf die Dickleibigkeit, der durch theoretische Überlegungen nicht aus der Welt zu schaffen ist. Es handelt sich aber auch bei der Fettleibigkeit, dem dicken Bauch gar nicht bloß um Fettablagerung, sondern in erster Linie um das Aufspeichern großer Flüssigkeitsmassen in bestimmten Wasserreservoiren, deren der Körper eine ganze Reihe sich eingerichtet hat, gerade so wie sie für jede Wasserleitung angelegt werden.

Ich muß da auf einen merkwürdigen Irrtum hinweisen. Leute, die sich über das Schicksal dessen, was getrunken wird, Gedanken machen – solche Leute sind selten, da es sich ja nicht lohnt, über so ganz gemeine Dinge nachzudenken, aber es gibt ein paar –, solche Leute sind häufig der Ansicht, alles Wasser werde entweder zur Blutbildung gebraucht oder sehr bald von Nieren, Lungen, Haut und so weiter ausgeschieden; diese Vorstellung ist irrig. Nur ein Teil dessen, was man trinkt, wird wieder abgesondert; ein Teil bleibt im Körper zurück, und zwar nicht bloß als Blutflüssigkeit, sondern zum größeren Teil wird die Flüssigkeit als Notbestand für die Durstzeiten in den oben erwähnten Behältern aufgehoben. Solche Vorräte müssen da sein, da das Leben des Körpers jeden Augenblick und unvorhergesehn Wasser brauchen kann und nicht erst auf das Trinken der Menschen ohne Gefahr zu warten vermag. Überflüssiges Wasser ist in jedem Körper und muß darin sein, er braucht es ebenso wie etwa eine Wassermühle. Für die staut man das Wasser, damit selbst bei Trockenheit das Getriebe nicht stillzustehn braucht. Die Hauptwasserbehälter des Körpers sind nun die Haut und der Bauch. Beides sind Organe, die beliebig ausgedehnt werden können, vor allem kann der Bauch sich zu einem erstaunlichen Umfang erweitern; dazu ist er noch mit Organen angefüllt, die wie Schwämme gebaut sind und sich ganz und gar mit Wasser vollsaugen können, ohne ernstlich darunter zu leiden, ich meine da den Darm, die Milz, die Leber. Die hausväterliche Vorsicht des Lebens, Wasser zu sammeln, wird aber bei übermäßigem Trinken zur Gefahr. Offenbar überschätzt es den Verstand des Menschen; es denkt, daß dieser kluge Mensch doch wohl seine Gründe haben müsse, so viel Flüssigkeit in sich hineinzuschütten, infolgedessen dehnt es seine Behälter immer mehr und mehr und sammelt Liter auf Liter an. Daß der Mensch aus Gewohnheit trinkt, kommt ihm gar nicht in den Sinn. Eine besonders schlimme Sache ist dabei, daß das viele Trinken nicht etwa den Durst löscht, sondern ihn vielmehr weckt und anstachelt. Je mehr der Mensch gewohnheitsmäßig trinkt, umso größer wird sein Flüssigkeitsbedürfnis. Man sieht, das Trinken schafft Bedingungen für das Dickwerden, wie sie das starke Essen nicht in gleichem Maße mit sich bringt, wenn sich auch nicht leugnen läßt, daß man auch mit Hilfe des Essens dick werden kann. Ich glaube recht daran zu tun, wenn ich wie vorhin bei der Ernährungsfrage hier wieder auf das Wasser das Hauptgewicht lege. Ich glaube es auch deshalb, weil die Grundlagen zur Fettleibigkeit gewöhnlich im ersten Lebensjahr gelegt werden, zu einer Zeit, wo von fester Nahrung noch keine Rede ist. Den Säuglingen wird die Fettsucht methodisch anerzogen, es läßt sich nicht leugnen. Und gegen dieses wunderliche Resultat unsrer hygienisch erleuchteten Kinderpflege gestatte ich mir Front zu machen. Es wäre gut, wenn die Frauen auch einmal dazu Zeit fänden, sich über die elementaren Bedingungen des Kinderlebens zu unterrichten.

Atmen

Da ich so aus vollem Herzen über das viele Essen und Trinken, die Fettsucht und den dicken Bauch gescholten habe, ist es wohl recht und billig, mich darüber zu äußern, wie man den Unfug steuern kann, ohne sich das Leben durch die Angst vor dem Dickwerden und die Qual beständigen Entbehrens zu verbittern. Dazu gehört nur, daß man etwa alle drei bis vier Wochen ein Zehnpfennigstück opfert, um sich wiegen zu lassen; den Bauchumfang gleichzeitig mit dem Bandmaß festzustellen, kostet überhaupt kein Geld, sondern nur eine Viertelminute Zeit. Tut man das – und so wenig könnte wohl jeder für seinen Körper tun, der doch für ihn arbeitet und lebt –, dann braucht es nur, falls eine Gewichtszunahme eingetreten ist, eines Fasttags, um alles wieder ins rechte Geleise zu bringen; Fett, das erst kurze Zeit im Körper abgelagert ist, wird bequem innerhalb von vierundzwanzig Stunden vom Organismus verbraucht. Einen Tag hungern bringt aber niemanden um, es schwächt ihn auch nicht, im Gegenteil, man fühlt sich nach dem Fasten nur frischer und leistungsfähiger. Die Mode, ab und zu vierundzwanzig Stunden nichts andres zu genießen als dreiviertel Liter Milch, ist nicht schlecht, nur muß sie mit der Waage kontrolliert werden. Man darf sich auch nicht einbilden, daß es gerade Milch sein muß.
Vielleicht noch wichtiger als die Überwachung des Gewichts ist das Messen der Umfänge, vor allem des Bauchumfangs und der Bauchlänge, wenigstens bei der Krankenbehandlung. Günstige Gewichtsverhältnisse schließen eine übermäßige Zunahme der Umfänge nicht aus, wohl aber gibt das Dickwerden ohne Gewichtszunahme wichtige Aufschlüsse über die Lebensprozesse, die man auf einem andern Wege kaum erreichen kann. Und zum Wegschaffen des dicken Bauchs genügt das bloße Hungern und Dürsten nicht, wenn es auch vielfach nicht entbehrt werden kann. Da gewinnt ein andres Hilfsmittel Bedeutung, das uns von der Natur anerschaffen ist, die Atmung. Um das verständlich zu machen, muß ich jedoch erst

ein paar Worte über den Aufbau der Brust und des Bauchs sagen.

Der Brustkorb ist, wie männiglich bekannt, von den Lungen und dem Herzen ausgefüllt. Er ist rings von dem Gerüst der Rippen umschlossen, so daß er sich nur so weit ausdehnen kann, als es die Rippengelenke erlauben. Nach unten, nach der Bauchhöhle zu, ist er durch eine Querwand, einen flachen Muskel, das Zwerchfell abgegrenzt. Unterhalb des Zwerchfells kommt dann der Bauchraum, der nur ganz oben in den Rippenbogen und unten in dem knöchernen Becken feste Wände hat, an beiden Stellen noch nicht einmal vollständig. Außerdem steigt hinten noch die knöcherne Wirbelsäule empor, die jedoch weniger als Wand denn als Halt dient. Nach vorn und nach den Seiten hin wird die Bauchhöhle nur von der Muskulatur und der Bauchhaut zusammengehalten. Hier ist also eine gewisse Ausdehnungsmöglichkeit der Gewebe vorhanden wie nirgends sonst.

Diese Ausdehnung kann aber nur stattfinden, wenn Muskulatur und Haut des Bauchs ihre natürliche Spannkraft verloren haben und wenn der vernünftige Mensch durch unvernünftiges Hineinstopfen von Riesenmengen den Bauchinhalt unverhältnismäßig vergrößert. Das Leben selbst tut sein möglichstes, die Wände kräftig zu erhalten. Für jede Bewegung des Rumpfs, für das kraftvolle Gehn und Stehn, für die Atmung, für die Entleerungen, für jede Anstrengung wird diese Muskulatur gebraucht, und es ist nicht die Schuld der Natur, wenn unsre Bildung allmählich die Rumpfbewegungen ausgeschaltet hat, wenn sie uns wie Greise stehn und gehn lehrt, wenn sie uns das Bücken verbietet und jede Anstrengung ängstlich zu vermeiden rät.

Auch für die Verringerung des Bauchinhalts tut die Natur ihr Teil. Mit jedem Atemzug preßt sie nämlich durch das Herabtreten des Zwerchfells alles, was in der Bauchhöhle liegt, nach unten gegen den starren Beckengrund; sie preßt dadurch jedesmal mit großer Kraft ein gut Teil Blut und Säfte aus dem Bauch heraus, ähnlich wie der Kolben das Wasser aus einer Spritze herausdrängt, wenn er nach unten gedrückt wird. Solange die Bauchmuskulatur frisch ist, weicht sie dabei dem herabdrängenden Zwerchfell nur wenig aus, so daß tatsächlich der Inhalt der Bauchhöhle zusammengedrückt, die Flüssigkeit ausgepreßt wird.

Nur in einem einzigen Fall bringt das Leben selbst eine Ausdehnung der Bauchhöhle durch Vergrößerung des Inhalts hervor, das ist der Fall der Schwangerschaft; so wie der Mensch einmal gebaut ist, kann das Kind eben nur in dem Bauchraum, dem einzigen Raum mit nachgiebigen Wänden, wachsen. Aber die Natur verwendet schon während der Schwangerschaft und vor allem nach der Entbindung wahrhaft genial erfundne Mittel, um die erschlafften Bauchdecken wieder straff zu spannen. Die Bewegungen des Kindes und die Wehen der letzten Monate regen die Bauchmuskulatur zur Zusammenziehung an, halten sie in Gebrauch. Die Entbindung selbst mitsamt den Nachwehen bedeutet eine beachtenswerte Übung und Stärkung dieser Muskulatur, und schließlich bringt das Anlegen des Kindes an die Brust und das Säugen dauernd und immer von neuem Zusammenziehungen der Gebärmutter hervor, so daß der Körper von selbst wieder schlank, der Bauch straff wird, wenn er nicht in seiner Arbeit durch Maßnahmen der Menschen gestört wird.

Wie gestalten sich nun die Dinge durch das Eingreifen des Menschenverstandes? Die Hälfte der kultivierten Menschheit, die Frauen erledigen die Sache sehr einfach; sie ziehen ein Korsett an, und damit ist die Zwerchfellatmung, dieser automatische Massageapparat zum Schlankbleiben, ausgeschaltet. Daß sie sich dadurch dünn erhalten, ist nichts weiter als eine Illusion; dann müßten sie es zum mindesten auch in der Nacht tragen, sonst wölbt sich der Leib in der schnürleiblosen Zeit wieder vor. Die Frauen sind ebenso dickbäuchig wie die Männer trotz des Korsetts. Der einzige Erfolg ihrer Nachhilfe ist, daß sie ihren Bauch mit Hilfe des Panzers nach unten und oben drücken, das heißt, daß sie einer Narrheit halber ein sogenanntes nervöses Herz haben, was nichts andres ist als ein vom Zwerchfell hochgetriebenes Herz, und daß sie eben dieser Narrheit wegen das wichtigste Organ, das sie besitzen, die Gebärmutter, zwölf Stunden des Tages künstlich nach unten drücken und mit allen überflüssigem Säften des Bauchs überschwemmen.

Und dann beklagen sie sich darüber, daß dieses grausam mißhandelte Organ bei der Periode Schmerzen bereitet und daß sie weißen Fluß haben. Beides ist doch unter solchen Verhältnissen die natürlichste Sache der Welt, kann gar nicht anders sein. Das Korsett muß aber wohl für das weibliche Geschlecht Vorzüge besitzen, die mir als einem Manne, wie so viele andre Vorzüge, unverständlich sind. Wenigstens gebe ich mich nicht der Hoffnung hin, mit meinen Worten auch nur eine einzige der zahlreichen Unverstandnen zum Ablegen des Schnürleibs zu veranlassen. Vielleicht ist, was die Frauen jedem Rat auf diesem Gebiete unzugänglich macht, das Wogen des Busens, dieses sichtbare Zeichen menschlicher Unzulänglichkeit, der Unfähigkeit menschlich zu atmen, das freilich nichtsdestoweniger von Dichtern und Liebenden gepriesen wird.

Bei den Männern steht es nicht besser. Da sie durch keinen Panzer beengt sind, trinken und essen sie doppelt so viel. Solchen Mengen ist das bißchen Atmen, das der moderne Mensch ausübt und das mehr dem Schnappen eines Fischs auf dem Trocknen ähnelt als der Leistung eines breiten Brustkastens, nicht gewachsen. Der Druck des Zwerchfells vermag die überflüssigen Säfte nicht mehr auszupressen, der Inhalt des Bauchraums wächst und nach und nach geben die biegsamen Wände dem Druck nach. Das macht dem braven Mann nichts aus. Ein bißchen Bauch gibt ein respektables Ansehn, und daß das bißchen immer mehr und mehr wird, hat nichts zu sagen. Man wird ein wenig schwerfälliger, schwitzt beim Anziehn der Stiefel und beim Spazierengehn, aber das bringt angenehmen Durst; daß der Schneider eine Elle mehr Zeug für die Hosen braucht, kostet nicht viel, und ein weiterer Kragen für den fetten Hals ist bald besorgt. Irgendein Warnungszeichen, wie bei der Frau das Herzklopfen, tritt nicht auf. Der Bauch hat ja Freiheit, nach vorn zu wachsen. Höchstens tritt aus den Bruchpforten an den Leisten ein Stück Darm heraus, weil er in dem vollgepfropften Bauch keinen Platz mehr hat. Das gibt Gelegenheit, von der schweren Anstrengung zu erzählen, bei der man sich einen Bruchschaden zugezogen habe; aber dafür ist ein Bruchband gut. Und so geht es fort und fort, bis eines schönen Tags ein Schlägelchen allen Freuden des Lebens ein Ende macht. Denn auf die Dauer vertragen es nicht alle Gefäße, daß dem Hirnkreislauf durch das Fett des Halses und die Schwere des Bauchs immer wachsende Hindernisse geschaffen werden.

Es ist doch wohl verständiger, beizeiten ein wenig vorzusorgen. Dazu braucht man der Natur nur ihre Verfahren abzu-

lauschen. Man muß die Zwerchfellatmung und die Bauchmuskulatur üben, den automatischen Massageapparat recht
gebrauchen. Am einfachsten und ohne daß man dabei nachzudenken braucht, erreicht man das durch große körperliche
Bewegung, dadurch daß man jung bleibt, daß man seinen
Körper wie ein Kind braucht. Wer das nicht mehr kann – und
es wird die Mehrzahl sein, die weder Zeit noch Lust dazu
hat –, der muß das Atmen methodisch betreiben, das heißt, er
muß absichtlich tief atmen und dabei die Bauchmuskulatur
anspannen, den Bauch nach Möglichkeit einziehn. Das soll er
aber nicht in der üblichen Faulenzermanier tun: morgens
zwanzig tiefe Atemzüge und damit fertig, sondern er sollte es
zur Lebensgewohnheit machen, alle halbe Stunde ein paarmal
regelrecht zu atmen. Das kostet ihn nicht mehr Anstrengung
und nicht mehr Zeit, als wenn er sich eine Zigarre ansteckt
oder sein Taschentuch braucht. Tut er es jedesmal bei diesen
Gelegenheiten, so kommt er schon auf eine leidliche Zahl.
Freilich, wenn der Bauch erst vorgewölbt ist, reicht der einfache Widerstand der Muskeln nicht aus. Dann soll man die
Knie gegen den Leib drücken, oder den Leib gegen die Knie,
und so atmen. Dadurch werden der Widerstand der Bauchwände und die Druckwirkung des Zwerchfells erheblich gesteigert. Das wirksamste ist, einen andern auf den Bauch
drücken zu lassen, etwa so, daß einem jemand auf den Bauch
kniet. Das verhindert die Bauchwände, dem Andrängen des
Zwerchfells auszuweichen, und die ganze Gewalt der Einatmung preßt die Säfte aus den Eingeweiden des Bauchs; es ist
keine Seltenheit, daß nach den ersten zwanzig Atemzügen
sich die Umfänge des Leibs schon um zwei Zentimeter verrin-
gern. Wiederholt man es methodisch Tag für Tag durch Wochen hindurch, so sinken die Maße erstaunlich. Welche Wirkung das Zusammenfallen des ausgedehnten Bauchs auf alle
Lebensverhältnisse haben muß, brauche ich nicht auseinan-
derzusetzen. Es ergibt sich aus dem, was ich vorhin über die
Folgen der Leibesausdehnung gesagt habe. Ich betone nur,
daß auf diese Weise sich die Umfänge auch ohne Gewichtsabnahme verkleinern lassen, ja sogar bei Zunahme des Körper-
gewichts, was leider so sehr wenige wissen.
Da steht es also schwarz auf weiß, in Lettern deutlich ge-
druckt; ich knie – nicht allen, aber sehr vielen – Kranken auf
den Bauch und lasse sie unter dieser Last atmen. Ich habe es

viele tausendmal getan, und die Erfolge, die ich dabei erzielt habe, berechtigen mich, hier in aller Öffentlichkeit zu erklären, daß ich niemals den geringsten Schaden davon gesehn habe, wohl aber großen Nutzen, der mich dazu zwingt, diese Methode der Atmung für eins der wirksamsten Heilmittel der gesamten ärztlichen Tätigkeit zu halten; ich bedaure nur, die Urheberschaft dieser genialen Idee nicht für mich beanspruchen zu können, sie stammt von Schweninger. Ich erkläre weiter, daß alle, die über diesen wohlberechtigten, wissenschaftlich und praktisch durchaus begründeten ärztlichen Eingriff aburteilen, ohne ihn jemals angewendet zu haben, in trauriger Weise ihre Unwissenheit an den Tag legen.

Die Atemgymnastik, von der ich eben sprach und die sich in mannigfacher Form verändern läßt, bringt mich auf die zweite Ernährungsform des Organismus, die nicht durch den Darmkanal, sondern durch die Lungen vermittelt wird, auf die Aufnahme des Sauerstoffs. Es genügt nicht, daß dem Menschen Eiweiß, Fette, Kohlehydrate, Wasser und so weiter zugeführt werden. Das alles ist ja nur Rohmaterial, das nutzlos daliegen würde, wenn es nicht von irgendeiner Kraft zum Aufbau und zur Feuerung der Menschenmaschine verwendet würde. Wie das Feuer im Ofen nur brennt, wenn ein Luftzug hindurchströmt, so kann der Mensch nicht leben, wenn ihn nicht fortwährend ein Strom von Sauerstoff durchflutet. Jede Arbeit, jedes Denken und Empfinden, jedes Bewegen des Fingers und der Lippen, jede geringste Lebensäußerung ist bedingt durch die Gegenwart dieses eingeatmeten Nahrungsmittels. Rein materialistisch gedacht – so soll man nicht denken, aber mitunter mag man diese Denkmethode wohl nützlich gebrauchen – ist das Leben des Menschen nichts andres als ein chemischer Prozeß, in dem der Sauerstoff die Bestandteile des Körpers zu Kohlensäure, Wasser und Ammoniak zu verbrennen sucht, um dabei Kraft und Wärme zu entwickeln. Infolgedessen ist das Bedürfnis des Organismus nach Sauerstoff groß; es wird durch Einsaugen der uns umgebenden Luft in die Lungen befriedigt.

Naive Menschen glauben immer noch, trotzdem sie es besser wissen, daß die Luft ein Nichts ist. Die Vorstellung, daß die Luft körperlich ist, daß sie ein bestimmtes Gewicht hat, daß sie ein Gemenge verschiedner Gasarten ist, gehört zu denen, die man auswendig lernt, die aber im Grunde dem Gefühl widersprechen, die unbegreiflich sind. Daß der Mensch viele Tausende von Kilogramm Luft auf sich lasten hat, will uns ebensowenig in den Kopf wie die Existenz der Gegenfüßler; dem ursprünglichen Empfinden nach gibt es auch für die Erde wie für jede Kugel ein Oben und Unten; wir existieren auf der obern Hälfte, sonst müßten wir ja mit dem Kopf nach unten hängen: dann ist die andre Hälfte der Kugel nach unten gerichtet, und wer dorthin kommt, sollte eigentlich kopfüber in die Tiefe fallen; man muß sich immer erst wieder gewaltsam die Anziehungskraft der Erde ins Gedächtnis zurückrufen, um die Sache zu begreifen; jeder muß das, nur geht es bei dem einen augenblicklich, bei dem andern dauert es eine Zeitlang. Genauso ist es mit der Tatsache, daß die Luft, die uns umgibt, nichts Einheitliches ist, sondern ein Gemisch aus Stickstoff, Sauerstoff, Kohlensäure, Wasserdampf und einer Menge andrer Bestandteile.

Trotzdem muß sich jeder diese Tatsache recht deutlich klarzumachen suchen, damit er begreift, welch ein Wunder die Atmung ist. Wir kennen alle das Märchen vom Aschenbrödel, das mit Hilfe der Tauben in wenigen Minuten die Linsen aus der Asche sucht. Schön, das ist für uns Märchen. Nun schüttet mir jemand Sand, Zucker, Salz und Mehl zusammen, mischt es durcheinander, so gut es nur gehn mag, und verlangt von mir, ich solle in einer Sekunde den Sand aus der Mischung ausscheiden, ohne die andern Bestandteile irgendwie zu verändern. Ich gestehe offen, daß ich das nicht kann, ja nicht einmal weiß, ob es geht. Ich maße mir kein Urteil darüber an, halte es aber für schwer und glaube, man muß schon recht viel wissen, um eine Maschine zu erfinden, die das leistet. Als ein ähnliches Gemisch kann man sich die Luft vorstellen, und aus diesem Gemisch holen sich nun die Lungen ohne jede Schwierigkeit den Sauerstoff heraus. Wir selbst mit unserm großen Verstand tun jedenfalls recht wenig dazu, wir können gar nicht viel dazu tun. Wenn wir die Luft eingesogen haben, ist unsre Arbeit fertig, alles andre tut der Organismus ohne unsern Willen und ohne daß wir es verhindern können.

Der Mechanismus der Atmung ist leicht mit dem Bilde des Blasebalgs anschaulich zu machen. Der Balg wird auseinandergezogen, die Luft strömt in sein Innres; er wird zusammengedrückt, und die Luft strömt wieder heraus. So ungefähr ist es mit den Lungen. Der Brustkorb, dem die Lungen dicht anliegen, wird bei der Einatmung mitsamt den Lungen ausgedehnt, die Luft strömt herein; bei der Ausatmung sinken Brustkorb und Lungen zusammen und treiben die Luft wieder hinaus. Leider wird nur der Blasebalg gewöhnlich recht schlecht bedient. Wenn man bei leidlich gutgebauten jungen Leuten, etwa bei Soldaten, den Brustumfang mißt, so findet man, daß er nach der Einatmung etwa neun bis elf Zentimeter größer ist als bei der Ausatmung. Mißt man dieselben Leute zwanzig Jahre später, so ist der Unterschied gewöhnlich auf vier bis fünf Zentimeter gesunken, ja vielfach ist er so gering, daß er sich mit dem Bandmaß gar nicht feststellen läßt. Das ist das Resultat zwanzigjähriger Nachlässigkeit und Gedankenlosigkeit. Ich muß es immer wieder sagen: nicht daß die Menschen krank werden, ist wunderbar, sondern daß wir nicht alle krank sind, das ist erstaunlich. Verdient haben wir es alle reichlich.

Untersucht man die eingeatmete und die ausgeatmete Luft, so stellt sich heraus, daß die ausgeatmete Luft weniger Sauerstoff enthält als die eingeatmete, aber mehr Kohlensäure und Wasserdampf. In den Lungen wird also aus der Luft Sauerstoff in den Körper hineingezogen, Wasserdampf und Kohlensäure aber vom Organismus abgegeben. Das Organ ist demnach so eingerichtet, daß es gleichzeitig den wirksamen Verbrennungsstoff aufnimmt und die Asche, Wasser und Kohlensäure, ausstößt. Beides ist gleich wichtig für die Existenz des Körpers.

Nun genügt es aber nicht, daß der Sauerstoff in das Gewebe der Lungen aufgenommen ist. Er muß vielmehr ebenso wie die Nahrungsstoffe des Darmkanals auf irgendeine Weise nach allen Teilen des Körpers gebracht werden, wo immer nur Leben vorhanden ist, Arbeit geleistet wird, und da mehr oder weniger jeder Körperteil fortwährend tätig ist, muß auch fortwährend Sauerstoff zugeführt werden. Das Mittel, dessen sich der Körper bedient, um den Sauerstoff ebenso wie das Ernährungsmaterial überall dorthin zu bringen, wo sie gebraucht werden, ist der Kreislauf der Säfte, zunächst der des Bluts. Um das zu verstehn, ist eine kurze Betrachtung des Bluts notwendig.

Der Blutkreislauf

Wer einmal eine blutende Wunde gesehn hat, sollte denken, daß das Blut eine leicht strömende Flüssigkeit ist, etwa rot gefärbtem Wasser ähnlich. Das ist aber nur bedingt richtig. Wer sich mit der Nadel in den Finger sticht, pflegt die Wunde auszusaugen; dabei bemerkt er, daß Blut salzig schmeckt. Es muß also zum mindesten in der roten Flüssigkeit Salz enthalten sein. Tatsächlich sind diese verschiedenartigen Salze des Bluts für das Leben des Körpers überaus wichtig und ihr Ersatz durch Nahrungszufuhr unumgänglich notwendig. Weiter: rotes Wasser fließt überall, bleibt überall flüssig, das Blut aber gerinnt, sobald es eine Zeitlang aus den Blutgefäßen herausgetreten ist. Das ist der eine ohne weiteres einleuchtende Unterschied zwischen Blut und rotem Wasser, ein bedeutsamer Unterschied. Das Gerinnen verhindert ja, wie jeder weiß, daß der Mensch sich an irgendeiner kleinen Schnittwunde verblutet; das Gerinnsel verstopft die Wunde und die Blutung hört auf.

Die Bluterkrankheit beruht im wesentlichen darauf, daß eine Gerinnung des Bluts nicht eintritt und daß sich infolgedessen der Kranke leicht zu Tode blutet. Das Interesse an dem übrigens seltnen Leiden bezieht sich auf seine eigentümliche Übertragung von den Vorfahren auf die Nachkommen, wobei die überragende Bedeutung der Mutter für die Entwicklung der Kinder deutlich hervortritt. Die Töchter einer Bluterfamilie können scheinbar völlig gesund sein, in ihren Kindern aber wacht die Anlage zum Bluten wieder auf. Man kennt eine Reihe ähnlicher Verhältnisse, bei denen gesunde Frauen den verderblichen Keim vorelterlicher Leiden ohne jeden Schaden für den eignen Körper mit sich tragen, um ihn dann in den Kindern wieder aufleben zu sehn. Es wäre gut, wenn sich die Mädchen, denen ja unsre Kultur unbegreiflicherweise die Entscheidung über Ehe und Nachkommenschaft zugewiesen hat, solcher bemerkenswerten Naturerscheinungen bewußt wären. Die Sicherheit, mit der sie sich auf die himmlische Divinationsgabe ihrer Liebe, die nur leider sehr leicht zu erkennende irdische Quellen hat, verlassen, ist geradezu ein Frevel. Ein Mädchen muß wissen, daß es durch ihr Jawort für die Zukunft verantwortlich wird. Man soll die Töchter besser über ihre entscheidende Stellung im Gang der Welt unterrichten. Von den Söhnen gilt dasselbe, nur ist es nicht so wichtig. Denn die Männer werden ja geheiratet. Es ist eitel Illusion, daß sie sich ihre Lebensgefährtin aussuchen.

Ein dritter Unterschied zwischen Blut und rotem Wasser, der uns im Augenblick am meisten angeht, ist, daß rotes Wasser durchsichtig ist, und wenn man es durch einen Filter gießt, bleibt es, was es war: rotes Wasser. Blut aber ist undurchtig, und durch den Filter gegossen fließt es entfärbt ab und läßt auf dem Filter einen roten Satz zurück. Das Blut ist also keine klare Flüssigkeit, sondern eine, in der feste Bestandteile schwimmen. Bringt man einen Tropfen Blut unter das Mikroskop, so sieht man das ganze mikroskopische Bild angefüllt von kleinen roten runden Scheiben, zwischen deren Massen hie und da ein größres weißes Körperchen gelagert ist. Das sind die roten und weißen Blutkörperchen, ebenfalls Zellen und Zellengebilde, wie so ziemlich alles im menschlichen Körper. Die roten Blutkörperchen nun sind es, die die Fähigkeit haben, den Sauerstoff der eingeatmeten Luft an sich zu ziehn, im Kreislauf des Bluts mit sich zu führen und ihn dann an die Gewebe zum Aufbau und zur Verbrennung des Körpers abzugeben.

Man kann sich den Vorgang etwa vorstellen wie den Güterverkehr der Eisenbahnen. Die Blutkörperchen sind dann die Güterwagen, die in den Lungen mit Sauerstoff beladen werden und auf den Gleisen der Blutbahn zu den einzelnen Organen geführt werden; dort wird ihre Ladung ausgeschüttet, und sie fahren rasch wieder zu ihrer Ausgangsstelle, den Lungen, zurück, um neue Lasten aufzunehmen. Dabei erleiden sie eine bemerkenswerte Änderung der Farbe. Wenn das Blut mit Sauerstoff gefüllt aus den Lungen kommt, sieht es hellrot, scharlachfarben aus, kehrt es von den Abladeplätzen der Gewebe zurück, so zeigt es ein tiefes, dunkles, fast blaues Rot. Diese Farbenveränderung ist der Ausdruck eines Frachtwechsels in den Geweben. Statt des Sauerstoffs, der dort zu Arbeitszwecken zurückgelassen wird, wird das Blut nun mit

Kohlensäure beladen. Ebenso wie im Ofen durch die Verbrennung der Kohle Kohlensäure entsteht, die durch den Schornstein entführt wird, muß auch durch das Körperfeuer sich Kohlensäure bilden. Da sie aber ein gefährliches Körpergift ist, so wird sie so rasch wie möglich nach den Lungen geschafft, um dort aus dem Organismus ausgeschieden zu werden.

Über die Transportmittel des Sauerstoffs und der Kohlensäure und über die Wege, auf denen diese Frachten gefahren werden, sind wir leidlich unterrichtet. Dagegen haben wir so gut wie keine Vorstellung davon, wie das Beladen und Entladen des Bluts in Lungen und Geweben vor sich geht; wir stehn da wieder vor einem der vielen ungelösten Rätsel, das uns recht deutlich macht, wie wenig wir wissen. Denn es ist klar, daß das wichtigste an dem ganzen Vorgang eben das Aufladen und Abladen der Güter ist. Sind sie erst einmal auf dem Transport, so sind sie nicht sonderlich interessant. Und da wir vom Frachtwechsel so wenig wissen, so nimmt es nicht wunder, wenn wir keine andre Kenntnis von dem Schicksal des abgeladnen Sauerstoffs haben, als die, daß er zu irgendwelcher Verbrennung in den Geweben verwendet wird, und von der Kohlensäure, daß sie aus irgendwelchen Verbrennungsprozessen in den Geweben entsteht. Alles Nähere ist uns vorläufig unbekannt.

Es ist nicht angenehm, solche Mängel unsres Wissen einzugestehn, aber viel schlimmer ist es, sie hinter einem Schwall von Worten zu verstecken. Tut man das, so kann man sich nicht wundern, wenn die Welt von uns Dinge erwartet, die wir nicht leisten können, und daß sie über uns spottet, wenn wir sie nicht leisten. Unkenntnis ist nie eine Schande, sie ist höchstens ein Sporn zum Arbeiten. Es ist ein schlechtes Zeichen für die Kultur unsrer Zeit, daß wir Kenntnisse über alles schätzen. Die Geschichte der Jahrtausende, das Leben und Wirken der größten und herrlichsten Menschen haben bewiesen, daß das menschliche Leben sich von ein paar Gedanken nährt und daß sehr wenig Kenntnisse dazu gehören, um richtig zu denken und richtig zu handeln, ja selbst um Erstaunliches zu vollbringen. Und das gilt von der Medizin so gut wie von jeder andern Tätigkeit.

Ich will damit nicht sagen, daß Kenntnisse unnütz sind; im Gegenteil, das Streben, möglichst viel zu wissen, ist lobenswert; aber man soll sich doch ab und zu daran erinnern, daß auch unsre Väter Kultur besaßen und Dinge vollführt haben, die unsrer Arbeit gleichwertig sind. Gerade bei Gelegenheit des Blutkreislaufs ist solch ein Rückblick lehrreich. Es ist noch nicht lange, etwa drei Jahrhunderte her, daß wir von diesem Kreislauf etwas wissen. Aber die ärztliche Tätigkeit reicht zurück in die graue Vorzeit. Sollen wir nun annehmen, daß alle diese vielen Tausende von Ärzten, die nichts vom Kreislauf gewußt haben, Pfuscher gewesen sind? Daß ihre Leistungen tief unter den unsern gestanden haben? Nur der blinde Hochmut kann so denken. Aber Hochmut ist die sittliche Gefahr des Arztes, vor der wir ja auf der Hut sein wollen. Die Herrscherstellung, in die ihn sein Beruf zwingt, bringt leicht Größenwahn mit sich, der zum mindesten lächerlich ist.

So überwältigend groß ist die Kluft nun auch gar nicht, die die Entdeckung des Blutkreislaufs zwischen die früheren und die jüngsten Jahrhunderte gerissen hat. Eine kurze Auseinandersetzung über das Wesen dieses Blutkreislaufs wird das beweisen.

Ich sagte früher, daß der Sauerstoff, vom dem die Lebensarbeit abhängt, in den Lungen vom Blut aufgenommen wird und durch das Blut an seinen Bestimmungsort gebracht wird. Das Bluß muß also in Fluß gehalten werden. Die Maschine, die es zum Strömen bringt, ist in der Hauptsache das Herz. Das ist bekanntlich ein Hohlmuskel, ein in vier Fächer geteilter Raum, dessen Wände sich in regelmäßigen Rhythmen abwechselnd vollständig zusammenziehn und wieder ausdehnen. Bei dem Zusammenziehn wird sein Inhalt, das Blut, mit großer Gewalt herausgespritzt, bei dem Ausdehnen saugt es sich wieder mit Blut voll, und so geht es fort in unaufhörlicher Arbeit, etwa sechzig- bis achtzigmal in der Minute; das ist bei den Menschen sehr verschieden, und man braucht sich nicht gleich für krank zu halten, wenn man ein wenig mehr oder weniger Pulsschläge hat als die berühmten zweiundsiebzig, die der gebildete Mensch für normal hält.

Es ist ein Jammer, wieviel falsche Begriffe in der Welt herumgehn, so der von der Zahl der Pulsschläge; solch ein Irrtum ist nicht wieder auszurotten. Aber auch über die Größe des Herzens gehn allerlei alberne Sagen im Volk umher, und da ein jeder etwas über die Gefahr der Herzvergrößerung gehört hat, muß man oft genug seine Zeit nur dafür opfern, den Menschen die Angst auszureden. Die Herzen sind verschieden groß, im allgemeinen entspricht die Größe etwa der geballten Faust. Aber wenn das Herz einmal größer oder kleiner ist, so soll man sich deshalb nicht grämen. Das muß so sein, ja seine Größe wechselt sogar bei einem jeden, je nach den Lebensbedingungen, denen er unterworfen ist. Und selbst das abnorm vergrößerte Herz bedeutet noch längst nicht, daß man dem Tode geweiht ist oder überhaupt krank ist. Und ähnlich ist es mit dem schwachen Herzen.

Welch eine ermüdende Zugabe ist es für den Arzt, dieser Ausdruck: schwaches Herz. Man soll sich doch nicht unnütz ängstigen. Herzschwäche ist etwas so überaus Seltenes, sie kommt für das tägliche Leben gar nicht in Betracht. Was die Menschen so nennen, ist gewöhnlich nur ein sorgenschweres Herz oder ein aufgeblähter Bauch. Die meisten und schwersten Sorgen werden ja nicht gedacht, kommen nicht zum Bewußtsein, aber da sind sie, und im Traum, zuweilen auch im Wachen, stürmen sie plötzlich hervor; da gibt es dann Herzklopfen, jagende Pulse, Ermattung und Todesangst. Und bei erregbaren Gemütern, die der Sorge überhaupt zugänglich sind, kommt es auch am ehesten zu Gasansammlungen in Magen und Darm, die dann ihrerseits auf Herz und Kreislauf drücken. Das ist der Grund, warum so viele Menschen auf ihren Magen zeigen, wenn sie auf das Herz deuten wollen. Die wenigsten wissen ja, wo das Herz liegt. Sie meinen, es sei der Ort, wo sie die Angst, die Beklemmung, den Stein fühlen. Das Herz aber liegt nicht so tief, wie sie annehmen.

Ja, wer die Angst den Menschen nehmen könnte und das kleinliche Sorgen, dieses stumm wirkende Gift des Alltags, der wäre ein rechter Arzt. Zahllos sind die Menschen, die schon beim Erwachen die Peitsche der Hast hinter sich fühlen, die Sorge, nicht fertigzuwerden, die Pein des Selbstmißtrauens und das Gefühl, gehetzt zu sein. Tue ein jeder das Seine, diesem Elend abzuhelfen, es ist so leicht da zu helfen, mit einem ruhigen Wort, einem geduldigen Anhören, einem einfachen Halten der Hand. Man glaubt nicht, wieviel Kraft aus der ruhigen Hand des Arztes strömt, welch ein Segen seine unerschütterte Haltung im Leben für das Leben ist.

Man habe doch Vertrauen zu diesem Wunderwerk Herz. Man bedenke, wie großartig es gebaut ist, daß es jeder Forderung gewachsen ist. Wenn du liegst, so schlägt dein Herz anders, als wenn du stehst, und wenn du gehst, wieder anders, und du merkst nicht das geringste davon. Ganz von selbst stellt es sich auf jede Leistung ein, auf das Steigen, das Essen, das Schlafen, das Reiten und Fechten, auf allen und jeden wechselnden Anspruch des Lebens. Und du merkst von all dem nichts. Dein Herz bemerkt jede geringste Steigung des Weges, an die du selbst nicht im mindesten denkst, es richtet seine Arbeit im Augenblick darauf ein. Dein Herz weiß es genau, ob du rasch gehst oder langsam, ob du die Feder führst oder untätig dasitzt, ob du mit der Schaufel Erde emporhebst oder ausruhend dich auf die Schaufel lehnst, das alles weiß das Herz genau, auch wenn du mit deinen Gedanken weit in der Ferne schweifst, nach all dem richtet es sich, um seine Kräfte mehr oder weniger anzuspannen. Kannst du denn wirklich glauben, daß dieses Herz, dieses schönste Gebilde des Lebens, schwach ist, weil es einmal klopft oder aussetzt oder hart schlägt? Ist es nicht wahrscheinlicher, daß es dich lediglich vor deiner eignen Seele warnt, vor deiner eignen schwachen Seele, die das Leben ernst nimmt, wo es nicht ernst ist, und leicht, wo es bitter ist?

Mit jedem Schlage wirft das Herz Blut in den Körper, sagte ich. Aber das ist ein schlechter Ausdruck, der noch aus alten Jahrhunderten auf uns vererbt ist. Man sollte solche Ausdrücke nicht brauchen, sie verewigen den Irrtum. In die Gefäßbahn wirft das Herz seinen Inhalt, so muß es heißen.

Mir stockt bei dieser Unterscheidung die Feder, und ich frage mich, ob ich wirklich mißverstanden werden kann, wenn ich sage: das Herz treibt das Blut in den Körper. Aber dann fallen mir hundert Gelegenheiten ein, wo mir gelehrte Männer und gebildete Frauen durch ihre Worte verrieten, daß sie wirklich des Glaubens leben, der ganze Körper sei mit Blut gefüllt, das Blut fließe überall, sei überall. Man kann das als Arzt kaum fassen, man kann es kaum begreifen, daß eine Tatsache, die seit dreihundert Jahren die Grundlage unsrer medizinischen Forschungen ist, die den Menschen so nahe angeht wie das tägliche Brot, der Masse des Volks unbekannt ist, bis man sich erinnert, daß die Mehrzahl der Städter auch das tägliche Brot nicht kennt, wenigstens am Halm Roggen und Weizen nicht zu unterscheiden vermag, bis man sich erinnert, daß man selbst, bevor man in den medizinischen Hörsaal kam, auch nichts vom Blutkreislauf wußte.

Man verstehe mich recht; ich bezweifle nicht, daß der Durchschnittsmensch auf der Schule oder sonstwie gelernt hat: das Blut fließt in Gefäßen, es gibt Blutadern und Schlagadern; ja vielleicht gehn seine Kenntnisse noch viel weiter. Aber diese Kenntnisse sind nicht lebendig, sie sind nicht in das Bewußtsein übergegangen. Für das Bewußtsein, für das Denken des Alltags ist überall Blut; daß es nur in den Blutgefäßen anzutreffen ist, daß es außerhalb der Blutgefäße nicht existiert, und daß diese Blutgefäße immer nur vereinzelt vorhanden sind, das ist trotz der drei Jahrhunderte noch nicht begriffen worden.

Ja, wenn man erst seine Gedanken darauf gerichtet hat, wie hartnäckig der Irrtum in dem Denken der Menschen haftet, wird es einem auf einmal klar, daß dieser Irrtum selbst in unserm medizinischen Denken noch weiterlebt, daß auch wir Ärzte noch unwillkürlich mit der Idee arbeiten, das Blut sei überall. Für uns ist das Blut immer noch die ernährende Flüssigkeit, und doch wissen wir, daß auch nicht ein einziger Tropfen Blut bis zu dem Ort der Ernährungsvorgänge, bis zur Zelle gelangt, wir haben immer noch die Idee, daß das Blut für die Lebensvorgänge unentbehrlich sei, und können doch täglich unter dem Mikroskop sehn, daß das nicht richtig ist, wissen aus der Entwicklungsgeschichte, daß die menschliche Frucht lebt, längst ehe sich auch nur eine Spur von Blut im Körper findet; wir sprechen bei tausend Gelegenheiten von Blutstockungen, Blutleere, Blutüberfüllung, aber fast nie – abgesehn von der Wassersucht – von den Verhältnissen der Körpersäfte, die außerhalb des Gefäßsystems vorhanden sind; wir reden vom Blutkreislauf und richten nach ihm all unser ärztliches Tun ein, genau so, als ob es der einzige Flüssigkeitskreislauf des Körpers wäre, und müßten doch wissen, daß, eben weil das Blut nie aus den Gefäßen austritt, außer dem Blutkreislauf noch ein andres, viel wichtigeres Kanalsystem existieren muß, ein System, das wirklich ernährt, das wirklich bis zum Kern des Lebens gelangt, das wirklich unentbehrlich ist, was bei dem Blutkreislauf nur bedingt wahr ist.

In den letzten Jahren haben wenigstens die Physiologen diesem Kreislauf außerhalb der Blutgefäße Aufmerksamkeit gewidmet; als ich studierte, war davon keine Rede. Als Vermittler der Ernährung galt das Blut, und irgendeine andre Flüssigkeit existierte für den Unterricht nicht. Im Grunde genommen sind es auch jetzt nur die Anatomen und die Chirurgen, die die Harveysche Entdeckung des Blutkreislaufs vollkommen ihrem Denken zu eigen gemacht haben, einfach aus dem Grunde, weil sie mit dem Messer hantieren und infolgedessen tagtäglich sich mit den Augen davon überzeugen müssen, daß außerhalb der Blutgefäße kein Blut existiert, daß also das Blut unmöglich etwas andres als ein Transportmittel sein kann, aber nie und nimmer eine Ernährungsflüssigkeit ist.

Wenn somit nicht einmal die Medizin, in deren Geschäftskreise diese Dinge doch gehören, im Laufe von Jahrhunderten mit der einfachen Tatsache fertig geworden ist, daß das Blut in geschlossnen Röhren fließt, so ist das von andern Menschen gar nicht zu verlangen. In der Tat trifft man auch, sobald man nicht ausdrücklich das bißchen Schulkenntnis heraufbeschwört, bei den meisten den Glauben, der Körper sei durch und durch mit Blut angefüllt, vermutlich weil bei den alltäglichen Verletzungen, dem Schneiden oder Stechen in den Finger stets Blut fließt. Sie ahnen nicht, daß eben nur die Haut oder die Schleimhaut so blutreich sind, daß aber darunter Gewebe sind, die man ruhig ohne die Gefahr der Blutung zerschneiden kann, wenn man die Gefäße vermeidet.

Die Menschen haben eine merkwürdige Angst vor fließendem Blut. Sonst leidlich vernünftige Leute verlieren den Kopf, wenn einmal ein Nasenbluten ein bißchen länger dauert, als sie es gewöhnt sind. Sie sehn im Geiste schon das schreckliche Ende des Verblutens, das sie in Wirklichkeit wohl weder gesehn haben noch je sehn werden, da es recht selten ist; man verblutet sich nicht so leicht. Aber es gibt immer freundliche Nachbarn und dergleichen, die den Mut des Blutenden und seiner Angehörigen mit der Geschichte stärken, daß der und der ein ganzes Waschbecken Blut verloren hat; sie haben es selbst gesehn. Gewiß, wenn man die blutende Nase über ein so volles Wasserbecken hält, wie es denn üblich ist, so mag es für den Schreckensschwelger wohl so aussehn, als ob alles Blut wäre; denn Blut färbt stark. Geht man der Sache auf den Grund, so findet man nicht zwei Liter Blut, sondern zwei Liter Wasser mit einem oder zwei Eßlöffeln Blut.

Es kommt ja vor, daß Nasenbluten gefährlich wird, aber im allgemeinen ist es eine harmlose Sache, die in der Wachstumszeit ganz in der Ordnung ist. Freilich läßt sich nicht leugnen, daß es den Ratschlägen hilfsbereiter Besserwisser oft gelingt, den Stillstand der Blutung recht lange aufzuhalten. Im allgemeinen genügt es aber, den weichen Teil der Nase eine Zeitlang zusammenzudrücken, dann hört es auf zu bluten; nur muß man nicht jede halbe Minute wieder loslassen, um nachzusehn oder gar nachzutupfen, ob es noch blutet. Neugier ist in ärztlichen Dingen nicht am Platze. Blutet es trotz des Zusammendrückens der Nasenflügel weiter, so sitzt die blutende Stelle mehr nach hinten im knöchernen Nasenteil, dann fließt das Blut, da es vorn keinen Ausweg findet, nach der Kehle zu. Ich schwärme nicht sehr für die ständige Rede populärer Werke: man schicke zum Arzt; in einem solchen Falle würde ich es aber doch anraten.

Ähnliche Aufregung herrscht auch bei Hämorrhoidalblutungen, die, das kann man wohl sagen, fast immer wohltätig sind; man lasse die Afterknoten nur ruhig bluten, das erleichtert den Bauchkreislauf. Man regle das Leben der Kranken, gewöhne ihnen ein wenig das Sitzen ab, lasse sie so oft wie möglich auf dem Bauch liegen, so daß das Blut leichter aus den Gesäßpartien abfließen kann, kurz, man beeinflusse den Kreislauf. Damit erreicht man etwas. Und im übrigen tröste man die Kranken über ihr Leid und nehme ihnen die Angst vor dem Blut. Es ist noch nicht so lange her, daß man den Hämorrhoidariern regelmäßig alle zwei Monate Blutegel ansetzte, und das war keine schlechte Maßregel. Jedenfalls war sie harmloser als die moderne Operation, die recht oft nichts nützt, nichts nützen kann, da sie die Ursachen der Blutstauungen überhaupt nicht beeinflußt, die aber nicht selten zum Tode führt, und die immer und unter allen Umständen Narben entstehn läßt; in jenen Gegenden sind aber Narben durchaus nicht ruhmreich.

Auch Lungen- und Magenblutungen sind nicht unter allen Umständen bösartig. Es ist gar nicht selten, daß sie eine günstige Wendung für den Kranken herbeiführen.

Manchmal versteht man die Welt schwer. Nach der üblichen Tagesmeinung sollte man unsre Väter, die ihr Lebelang zur

Ader ließen und zur Ader gelassen wurden, samt und sonders für Narren halten, und es gibt ja auch recht gelehrte Leute, die alles mögliche Unheil aus dieser Gewohnheit unsrer Väter herleiten und die die Ärzte jener Zeit für nicht viel bessres halten als Schlächter. Bei solchen Leuten muß sich freilich der liebe Gott, der die Frauen alle vier Wochen zur Ader läßt, auf eine schlechte Zensur gefaßt machen.

Die Periode der Frau beweist, sollte ich meinen, deutlich, was es mit den Blutverlusten auf sich hat. Wem aber sein eigner gesunder Menschenverstand nicht genügt, dem sei es hiermit in Drucklettern mitgeteilt, daß sich das Blut fortwährend unter Alltagsverhältnissen neu bildet, und daß wenige Stunden nach einer mäßigen Blutung wieder genau dieselbe Menge da ist wie vorher.

Die Menschen haben Angst vor dem Blut, mehr als billig, es sind ihrer nicht wenige, die beim Anblick von Blut in Ohnmacht fallen. Aber es wäre zu wünschen, daß sie mehr Achtung davor hätten. Sie können Blut nicht sehn, aber sie scheuen sich nicht, reines Blut durch Mischehen mit farbigen Rassen zu verderben. Es ist schon schlimm genug, daß unsre Zeit die Ehe mit Ausländern billigt, die farbige Mischehe ist aber ein Frevel, der zum mindesten mit der Entrechtung der Ehegatten und ihrer Kinder gesühnt werden müßte. Wer sein Blut verrät, verdient nicht Bürger zu sein. Man hat, wie ich höre, durch gewisse chemische Reaktionen der Blutflüssigkeit nachgewiesen, daß das Malaienblut dem Affenblut näher steht als dem Menschenblut. Man sollte das noch für die Chinesen, die Neger und Japaner nachweisen, und es an alle Straßenecken anschlagen, damit die Scham erwacht und die Ehrfurcht vor dem Gottesgeschenk reinen Bluts.

Eine ganz besondre Rolle im Leben spielen die Blutstürze der Frauen während der Übergangsjahre. Ich meine damit nicht nur, daß sie lehrreich sind, weil sie beweisen, daß man jahrelang ununterbrochen Blut verlieren kann, ohne daran zu sterben; nein, sie üben einen so großen Einfluß auf das gesamte Familienleben aus, schaffen so unendlich viel Leid, daß ich sie hier nicht übergehn darf. Da möchte ich auf eins hinweisen, was ich schon bei den Hämorrhoidalblutungen andeutete. Man muß sich bei diesen Blutstürzen gegenwärtig halten, daß sie meistens durch Störung im Bauchkreislauf herbeigeführt werden und nur verhältnismäßig selten auf rein örtlichen Erkrankungen der Gebärmutter beruhen. Wer sich den behäbigen Umfang ansieht, den die Frauen dieses Alters zu haben pflegen, hegt einigen Zweifel, ob das übliche Auskratzen der Gebärmutterschleimhaut auch wohl das richtige ist, und diese Zweifel steigern sich, wenn er erst ein paarmal, nach erfolglosen Auskratzungen, rasche Heilungen nach verständiger Behandlung des Bauchkreislaufs gesehn hat. Er überzeugt sich dann auch bald davon, daß ein Bauch nicht zu dick zu sein braucht, um blutüberfüllt zu sein, daß auch bei dünnen Frauen die Behandlung des Bauchs, vielleicht vereint mit innerlicher Massage, häufiger Lagerung auf den Bauch, heißen Bädern und andern Maßnahmen, selten im Stich läßt; er wird vor allem das Korsett nicht vergessen. Aber ein abgesagter, grimmiger Feind, ein Todfeind des Herausschneidens von Gebärmutter und Eierstöcken wird er. Wenigstens ich bin es geworden.

Es mag sein, daß es mitunter nicht anders geht; ich weiß das nicht, kann nur sagen, daß ich bisher noch nicht in die Zwangslage gekommen bin, eine solche Operation anzuraten. Dann ist es eben ein unvermeidliches Unglück, jedenfalls aber ein schweres Unglück. Es nützt nichts, die Augen dagegen zu verschließen: die Entfernung der Zeugungsorgane bei der Frau hat immer schwere Folgen. Nicht nur die Gefahr der Operation, die häufig unterschätzt wird, läßt mich so sprechen, nicht nur die Narbenbildung und Verstümmelung, die ja für unsre Zeit hoher Kultur nicht mehr mitzusprechen scheint, sondern die allgemeinen körperlichen und seelischen Veränderungen, die stets danach auftreten. Namentlich die Schäden, die die Seele nimmt, müßten den Frauen vorgehalten werden, ehe man sie operiert. Es ist im allgemeinen nicht gut, den Kranken die Entscheidung über die Behandlung zu überlassen, bei Operationen ist das jedoch gesetzlich vorgeschrieben, und bei solchen Operationen, die eine Beeinträchtigung des Seelenlebens, der Persönlichkeit bedeuten, ist es notwendig, den Kranken die volle schwere Wahrheit zu sagen. Ob sie dann die Aussicht auf eine relative Gesundheit wählen oder ihre freie unbeschädigte Persönlichkeit, darüber zu richten ist nicht Sache des Arztes.

Seitdem die Betäubungsmittel den Schmerz beseitigt und das langsame Operieren ermöglicht haben, seitdem durch die größere Reinlichkeit ein Teil der Gefahren verringert ist, ist das Öffnen der Bauchhöhle, nicht nur zu den Zwecken der Frauenheilkunde, eine alltägliche Maßnahme geworden. Man führt ja sogar Probebauchschnitte aus. Kranke mit Blinddarmentzündungen, mit Gallensteinen, mit Magengeschwüren, mit Darmkrebs lassen sich unter dem Beifall aller Verwandten und Nachbarn operieren, als ob es gar nichts wäre. Wenn man ihnen aber zumutet, täglich ein heißes Bad zu nehmen, ein paar Wochen zu hungern und zu dursten, dann steckt die ganze Freundschaft die Köpfe zusammen und schilt auf den Arzt, der roh genug ist, Kranke so zu mißhandeln. Aber glaubt man denn wirklich, daß das Bauchaufschneiden solch sanfter Eingriff ist? Im Durchschnitt dauert es zwei Jahre, ehe man sich davon vollkommen erholt, wenn man sich erholt; es ist leider nicht immer der Fall.

Ich gebe zu, Bauchschnitte müssen sein, aber man könnte sie ruhig auf den zehnten Teil dessen beschränken, was jetzt geschieht, ohne daß irgendein Schaden dadurch entstände. Im Gegenteil, es würde von großem Nutzen sein. Man weist auf die Erfolge hin, die diese Operationen haben; mag sein, aber man vergesse auch die Mißerfolge nicht, und man vergesse nicht, daß nach einer Operation, wenn sie nicht Heilung brachte, die Behandlung viel schwerer ist als vorher. Und man ziehe ruhig einen großen Prozentsatz von den Erfolgen ab, da sie nicht der eigentlichen Operation, dem Herausnehmen des Blinddarms, der Gallensteine und so weiter zuzuschreiben sind, sondern dem Öffnen des Bauchfells; es ist längst erwiesen, selbst bei einer so schweren Erkrankung wie der tuberkulösen Bauchfellentzündung erwiesen, daß das einfache Öffnen der Bauchhöhle die Genesung unter Umständen bringt. Bei andern Leiden kann man dasselbe beobachten.

Ich sehe ganz ab von den Fällen, wo auf den Verdacht einer Entzündung hin, eines Gallensteinleidens, einer Krebsgeschwulst der Bauch geöffnet wird und, weil sich nichts Krankhaftes dort findet, sofort wieder zugenäht wird und bei denen dann trotzdem im Anschluß an diesen diagnostischen Eingriff die Heilung eintritt. So beweiskräftig sie sind, fehlt ihnen doch das Gepräge der Alltäglichkeit. Sie sind selten, einfach, weil man fast immer krankhafte Veränderungen im Bauchraum findet. Man kann beispielsweise mit großer Wahrscheinlichkeit annehmen, daß man Gallensteine findet, wenn man Leute mit Bauchschmerzen operiert; man kann fast mit Sicherheit darauf rechnen, daß der Wurmfortsatz irgendwie erkrankt ist, denn es gibt nur wenige Menschen, bei denen das nicht der Fall ist. Die Gallensteine, der Wurmfortsatz werden also entfernt, die Operation ist glücklich verlaufen. Die Wunde schließt sich, und der Patient ist gesund. Natürlich, denkt man sich, die Ursache des Leidens ist ja entfernt. Nur leider kommt der hinkende Bote oft hinterher; nach Verlauf von zwei Jahren wird der glücklich Operierte wieder krank unter genau denselben Erscheinungen.

Das ist nun eine alltägliche Sache. Es fragt sich nur, was sie bedeutet. Sie bedeutet, daß nicht dem Herausschneiden der Steine, des Wurmfortsatzes der zeitweise Erfolg zuzuschreiben war, sondern der Eröffnung der Bauchhöhle. Dieser Eingriff ist so gewaltig – nebenbei auch gefährlich –, er bewirkt eine solche Umwälzung in allen Lebensäußerungen des Organismus, daß es mich gar nicht wundert, wenn danach eine Menge Leiden verschwinden. Genau dasselbe tritt nach Typhus, nach Lungenentzündungen ein. Es wundert mich auch nicht, wenn die Heilung dauernd ist; im Gegenteil ich glaube, daß auch ein großer Teil der dauernden Erfolge nicht auf die Operation der Gallenblase, des Blinddarms zurückzuführen sind, sondern auf die Verletzung der Bauchhöhle. Wer aber daraus die Berechtigung ableiten wollte, allen Menschen den Bauch aufzuschneiden, der hätte doch einigermaßen Ähnlichkeit mit dem berühmten Eisenbart, der den schmerzenden Zahn mit der Pistole ausschießt. Der größte Teil der Heilungen durch den Bauchschnitt an sich, das heißt, der größte Teil aller Operationen der Bauchhöhle, könnten und sollten mit demselben und bessern Erfolg ohne Operation behandelt werden; man gebe dem Arzt nur die Zeit dazu, die zwei Jahre, die man der Operation gönnt; denn sei es wie es sei, ich halte selbst das zeitweilige Hungern für eine sanftre Behandlung als das Schneiden.

Es gibt für das Auskratzen der Gebärmutterschleimhaut bei Blutungen außer der Begründung aus dem Heilerfolg noch eine andre aus diagnostischen Zwecken. Bekanntlich ist das Alter der Übergangsjahre, Anfang der fünfziger Jahre, auch das Alter der Krebsleiden. Da nach weitverbreiteter Annahme starke Blutungen den Verdacht auf Krebs erwecken, verschafft man sich, um diese tödliche Erkrankung möglichst frühzeitig festzustellen und dann mit Hilfe der Operation zu heilen, durch Abschaben der Schleimhaut Material für die mikroskopische Untersuchung; zeigt sich dabei, daß es sich um Krebs handelt, so wird die Gebärmutter entfernt, falls es noch Zeit dazu ist.

Hierzu habe ich folgendes zu bemerken: zunächst ist es unmöglich, nach dem mikroskopischen Bilde der abgeschabten Schleimhaut die Diagnose Krebs zu stellen. Kein Mensch ist dazu imstande. Dort wo die Geschwulst nicht offen zutageliegt und mit Augen gesehn und mit Händen gegriffen werden kann, ist der Krebs in seinen Anfangsstadien überhaupt nicht sicher festzustellen. Der Glaube, daß man das könne, ist eine Illusion. Die Diagnose kann nur aus dem Verlauf der Erkrankung gestellt werden. Ist der Krebs aber erst soweit vorgeschritten, daß er Krankheitserscheinungen hervorruft, so ist es nach der jetzt geltenden Lehre eigentlich zu spät zur Operation. Trotzdem wird, das weiß ja ein jeder, immer wieder die Gebärmutter mitsamt ihrer Umgebung herausgenommen. Warum das geschieht, weiß ich nicht; nicht etwa nur nach meiner Meinung, sondern, wie ich glaube, nach der Überzeugung der meisten Ärzte, verschlimmert eine spät ausgeführte Operation den Verlauf der Erkrankung.

Und damit komme ich auf das zweite Bedenken, das sich mir, und vermutlich sehr vielen andern Ärzten auch, im Lauf der Jahre aufgedrängt hat. Wenn ich die Statistik der Krebserkrankungen und Todesfälle ansehe, so kann ich nicht finden, daß die Krebssterblichkeit infolge der chirurgischen Behandlung abgenommen hat; im Gegenteil, es ist eine Zunahme unwiderleglich festgestellt.

Die Geschichte der Krebsbehandlung ist außerordentlich interessant. In früheren Zeiten rührte man den Krebs chirurgisch nicht an. Man suchte nur seine Folgeerscheinungen nach Möglichkeit zu mildern, die Geschwulst selbst aber ließ man bestehn. Dann kam eine Zeit, wo man ihn herausschnitt; die Resultate dabei waren unbefriedigend. Nun wurde die Lehre aufgestellt, daß man im gesunden Gewebe operieren müsse; man nahm also die nächste Umgebung mit. Da auch so die Erfolge ausblieben, ging man dazu über, die Lymphdrüsen der Nachbarschaft mit auszuschälen. Auch das half nicht, und nun kam es zu der noch jetzt verbreiteten Annahme, daß die Krebsoperation nur Aussicht habe, wenn sie im Beginn der Krankheit ausgeführt wird. Ich vermute, daß man in absehbarer Zeit wieder bei der alten Gepflogenheit, den Krebs nicht zu operieren, anlangen wird; und das wäre vielleicht kein Nachteil. Ich sagte ja schon vorhin, daß die Operation, wenn sie keine Heilung bringt, den Verlauf der Erkrankung oft sehr erschwert.

Nun erwidert man allerdings, daß, wenn auch oft keine Heilungen erreicht würden, doch nicht selten ein zeitweiser Stillstand, eine zeitweise Besserung noch auftritt. Daß der Krebs zeitweise stillsteht, zeitweise sich sogar bessert, wußten schon unsre Vorfahren, obwohl sie das Messer nicht bei der Behandlung benutzten. Jeder Arzt weiß es aus eigner Erfahrung. Es fragt sich nur, ob diese Besserung, dieser Stillstand bei der Operation häufiger eintritt als bei einer andern Behandlung. Und diese Frage beantworte ich für meine Person mit einem überzeugten Nein. Es ist heutigen Tags bei der überall verbreiteten Ansicht, daß Krebs herausgeschnitten werden müsse, sehr schwer, einen Kranken von der Operation zurückzuhalten; wo es mir gelungen ist, habe ich es nicht zu bereuen gehabt. Eins allerdings ist nötig, wenn man helfen will, man muß die tödliche Diagnose für sich behalten, man darf sie weder den Angehörigen noch gar dem Kranken selbst mit Wort oder Gebärde verraten. Will man sich vor übler Nachrede schützen – nach meinen Erfahrungen ist das ein vergebliches Bemühn, da jedem tüchtigen Menschen Übles nachgeredet wird –, so gibt es immer den Weg, dritten, unbeteiligten Personen die Diagnose mitzuteilen; das hat den Vorteil, daß man nicht, wenigstens nicht mit dem Schein des Rechts der Unwissenheit geziehn wird. Gerade daß durch die Operation das Geheimnis der Diagnose verraten wird, daß der Kranke sein Todesurteil frühzeitig erfährt, ist ein großes Bedenken gegen die Operation. Es würde aber natürlich nicht zur Stellungnahme gegen den chirurgischen Eingriff genügen, wenn tatsächlich ein Erfolg von der Messerbehandlung nachweisbar wäre. Nach den Sterblichkeitsziffern zu urteilen, ist dieser Nachweis nicht geliefert.

Zum bessern Verständnis des Teils meiner Leser, die keine medizinische Ausbildung haben, muß ich hier noch eine Bemerkung einschieben. Man hat sich in den letzten Jahrzehnten daran gewöhnt, die beiden Namen Krebs und Karzinom so zu gebrauchen, als ob sie ein und dasselbe bezeichneten. Damit hat sich der Begriff Krebs wesentlich verändert; denn früher betrachtete man als Kennzeichen dessen, was man Krebs nannte, den bösartigen Charakter der Geschwulst; das Wort Karzinom ist aber ein anatomischer Name, der bestimmten Geschwulstbildungen beigelegt wird. Allen Ärzten ist nun eine Tatsache bekannt, die fast allen Nichtärzten unbekannt ist, daß es nämlich gutartige und bösartige Karzinome gibt und daß die anatomische Struktur allein keinen Aufschluß darüber gibt, ob eine Geschwulst gutartig oder bösartig ist. Das, was wir Ärzte augenblicklich als Krebs bezeichnen, ist nicht dasselbe wie das, was das Volk darunter versteht, da das Volk an dem Begriff absoluter Bösartigkeit immer noch festhält. Es sollte sich von selbst verstehn, daß alle gutartigen Karzinome bei der Beurteilung des Werts oder Unwerts einer blutigen Krebsbehandlung von vornherein ausgeschieden werden. Leider ist das nicht immer der Fall, kann auch nicht der Fall sein, da wie gesagt der Anatom nicht in der Lage ist, mit Hilfe seiner wissenschaftlichen Methoden stets zwischen gutartigem und bösartigem Krebs zu unterscheiden.

In bin mir bewußt, daß meine eben entwickelten Ansichten in Widerspruch zu der heute allgemein angenommenen Lehre stehn, und ich mache meine Leser ausdrücklich darauf aufmerksam, daß dies alles nur meine, aus meinen Erfahrungen gewonnene, persönliche Überzeugung ist. Da es weiterhin denkbar ist, daß meine Meinungen in einer oder der andern Absicht als die eines Anhängers des Naturheilverfahrens gedeutet werden könnten, verweise ich hier auf das, was ich früher über das Dogma der operationslosen Behandlung gesagt habe. Die Frage ist für mich nicht, ob das Messer gebraucht werden soll, daran können nur Menschen zweifeln, die für dieses Buch nicht in Betracht kommen, sondern wann und wie es gebraucht werden soll. Darüber aber darf und soll jeder Arzt sich eine Meinung bilden; denn diese Frage ist für ihn eine praktische Frage, die er von Fall zu Fall aus eigner Verantwortlichkeit heraus beantworten muß.

Gefäßsystem

Ich habe einen langen Umweg gemacht, um endlich zu der Beschreibung des Blutkreislaufs zu kommen; es lag mir aber daran, ehe ich dieses allbekannte Thema behandelte, den beschränkten Wirkungskreis der Blutbahn recht deutlich zu machen, und dazu dient nicht zum wenigsten die Erwähnung des Krebses. Wer je damit zu tun gehabt hat, weiß, daß diese für das Leben des Menschen ausschlaggebende Geschwulst kaum Blutgefäße enthält; man kann den Beweis der Überschätzung des Bluts nicht leichter führen als durch die Besprechung der Geschwülste.

Das Herz ist in zwei Hälften geteilt, eine linke und eine rechte, die voneinander durch eine Scheidewand getrennt sind. Beide Kammern ziehn sich gleichzeitig zusammen. Für das Verständnis ist es notwendig, zunächst nur die Arbeit der linken Herzhälfte zu betrachten. An diese linke Herzkammer setzt sich ein Rohr an, die Hauptkörperschlagader. Von der Hauptkörperschlagader zweigen sich wiederum Rohre ab, Schlagadern, die nach dem Kopf, den Armen, dem Rumpf mit seinen Organen und den Beinen gehn. Jede einzelne dieser Schlagadern, in denen bei jeder Herzzusammenziehung der Puls schlägt und die davon ihren Namen tragen, teilt sich wieder in kleinere Äste für die einzelnen Teile des Kopfs, Rumpfs und der Gliedmaßen. Die kleinen Röhren teilen sich weiter und weiter, bis sie ganz dünn werden, so daß diese Schlagadern oder Arterien etwa die Dicke einer Stricknadel haben, während die Hauptkörperschlagader über daumendick ist.

Mit jeder Zusammenziehung, also sechzig- bis achtzigmal in der Minute, wirft das linke Herz mit großer Kraft seinen Inhalt, hellrotes, sauerstoffhaltiges Blut, bis in die entferntesten Ästchen dieser Schlagadern. An der Handwurzel, an der wir den Puls zu zählen pflegen, erscheint die Blutwelle, die durch den Schlag des Herzens entsteht, fast unmittelbar nach der Zusammenziehung der linken Kammer. So wird also in jeder

Sekunde in sämtliche Teile des Körpers frisches Blut und mit ihm Sauerstoff gebracht. In den Gefäßen ist der Sauerstoff jedoch nutzlos. Er muß, um seine Arbeit zu verrichten, in die Gewebe des Körpers, der Muskeln, Knochen, Haut, des Gehirns, Magens, Darms und so weiter eintreten. Die Wände der Schlagadern, selbst der kleinsten, sind nun zu dick, außerdem strömt das Blut allzu schnell hindurch, als daß hier schon das Lebensgas aus dem Gefäßsystem austreten könnte. Der Körper hat dazu eine besondre Einrichtung getroffen. Jede kleinste Schlagader spaltet sich nämlich wiederum in eine ganze Menge mikroskopisch kleiner Röhrchen, Haargefäße genannt. Sie sind sehr dünnwandig, und das Blut fließt in ihnen langsam genug, um den Sauerstoff an die Umgebung abzugeben. Zur selben Zeit aber und am selben Ort, eben in den Haargefäßen, saugt das Blut die Kohlensäure auf, die aus den eben abgelaufnen Verbrennungsprozessen des Körpers entstanden ist; dabei verändert es seine Farbe, wird aus hellrot blaurot.

Hier in diesen dünnwandigen Gefäßen findet also der Frachtwechsel statt, von dem ich früher bei Gelegenheit des Vergleichs mit der Eisenbahn sprach. Dieses mit Kohlensäure beladne, in diesem Zustand unbrauchbare Blut wird nun wieder zum Herzen, und zwar zur rechten Herzhälfte zurückgebracht, um von dort aus den Lungen zugeführt zu werden, die Kohlensäure abzugeben und neuen Sauerstoff aufzunehmen. Zu diesem Zweck sammeln sich die Haargefäße eines kleinen Körperabschnitts in einem etwas dickern Rohr, einer sogenannten Blutader oder Vene, diese vereinigt sich mit einer zweiten, in der das Blut aus den Haargefäßen einer benachbarten Körpergegend zusammengeflossen ist; das Rohr, das daraus entstanden ist, mündet wiederum in ein noch dickeres, und so geht es fort, bis schließlich sämtliche Blutadern zu zwei weiten Röhren vereinigt in das rechte Herz münden. So fließt in den Blutadern sämtliches blaurote, kohlensäurehaltige, unbrauchbare Blut zum rechten Herzen zurück, das sich weit geöffnet hat.

Hier ist jedoch nicht das Endziel des Bluts, vielmehr muß es weiter nach den Lungen geschafft werden. Sobald daher die rechte Herzkammer mit blaurotem Blut gefüllt ist, zieht sie sich zusammen und wirft ihren Inhalt, das kohlensäurehaltige Venenblut, in eine Schlagader, die vom rechten Herzen zu den beiden Lungen führt. Hier in dem Lungenkreislauf wiederholt sich nun, was ich eben vom Körperkreislauf dargelegt habe: die Lungenschlagader teilt sich in kleine Äste, diese wiederum in Haargefäße, die Haargefäße sammeln sich in kleine Lungenblutadern, die sich zur Hauptlungenvene vereinigen, letztere mündet in die linke Herzkammer.

Nur mit dem Inhalt der Gefäße verhält es sich gerade umgekehrt, im Lungenkreislauf führen die Schlagadern dunkelrotes Blut, in den Haargefäßen wird Kohlensäure abgegeben und Sauerstoff aufgenommen, und die Lungenvenen führen das wieder brauchbar gemachte sauerstoffhaltige Blut zum linken Herzen. Damit ist der Kreislauf vollendet und beginnt sofort von neuem, so daß das Blut während der ganzen Lebensdauer ununterbrochen vom linken Herzen durch den Körper zu den Geweben gejagt wird, dort seine Fracht abgibt und neue aufnimmt, zum rechten Herzen zurückkehrt, von dort in die Lungen fließt, im Lungengewebe wieder die Fracht wechselt und schließlich zu neuem Kreislauf in das linke Herz mündet.

Beide Herzhälften arbeiten gleichzeitig, sie dehnen sich gleichzeitig aus und ziehen sich gleichzeitig zusammen, im gleichen Moment füllt sich die rechte Herzhälfte mit dunkelrotem, die linke mit hellrotem Blut, im gleichen Moment treibt das rechte Herz dunkelrotes Blut zu den Lungen, das linke hellrotes zu den Körperteilen.

Das ist in großen Zügen der Kreislauf des Bluts, den man mit Recht ein geniales Werk der Natur nennen kann, einen Wunderbau der Technik, den annähernd zu erreichen menschliche Geschicklichkeit nicht vermag. Der Vergleich mit einer Wasserleitung und Kanalisation einer Stadt liegt nahe; aber was ist solch eine Einrichtung doch für ein plumpes Ding verglichen mit den Verhältnissen des menschlichen Körpers. Es besteht lediglich eine äußerliche Ähnlichkeit. Man kann sagen, das Herz sei die Pumpstation, die Schlagadern die Zuleitungsröhren in den Straßen und Häusern, die Haargefäße würden dann mit den Ausflußöffnungen in den Wohnungen zu vergleichen sein, die Zellen und Gewebe mit den Einwohnern, die Venen mit den Abflußkanälen, die Lungen mit der Kläranstalt und den Filtern.

Das hört sich ganz nett an. Aber von vornherein besteht schon ein grundlegender Unterschied. Die Gemeinde regelt auf diese Weise nur die Wasserversorgung, in dem Gefäßsystem aber fließt gleichzeitig alles Nahrungs- und Heizmaterial den Zellen zu, ihr Salz und Brot, ihr Fleisch, ihre Kohlen, ihre Steine und ihr Holz zum Hausbau. Und während bei der Wasserleitung das ausfließende Wasser den Bewohnern in demselben Zeitraum nur zu einem Zweck dient, entweder zum Trinken oder zum Reinigen oder zum Treiben irgendeines Motors, verrichtet der Kreislauf, das Haargefäß alle diese Dinge gleichzeitig, die Gewebe entnehmen ihm auf einmal und in dem Quantum, das sie brauchen, gleichsam automatisch, Nahrung, Getränk, Wein, Wärme und Arbeitskraft. Auf den Kunstgriff, daß die Ausflußöffnungen der Leitung in die Haargefäße auch als Ausgüsse für das Schmutzwasser dienen, ohne daß dadurch die geringste Gefahr entsteht, brauche ich gar nicht erst hinzuweisen; eine Wasserleitung würde dabei sofort unbrauchbar werden. Vergrößert sich die Gemeinde, so muß mühsam das Röhren- und Kanalsystem erweitert, vielleicht auch die Pumpstation und die Kläranstalt vergrößert werden; das dauert Jahre. Das Röhrensystem des Körpers bildet sich beim Neubau weitrer Zellhäuser von selbst, es bessert auch ganz allein, ohne alle Kosten und ohne obrigkeitliche Widerstände oder Förderungen, alles wieder aus, was schadhaft wird. Ja, und dabei bedenke man, was diesem System alles an Mißhandlung und Anstrengung geboten wird, schon allein dadurch, daß es fortwährend hin- und herbewegt und von einem Ort zum andern getragen wird, daß seine Röhren gezerrt, verdreht, gestoßen, zerrissen werden. Ihre Leistungsfähigkeit leidet darunter nicht im mindesten, ja selbst während der Ausbesserungsarbeiten steht der Betrieb nicht einen Augenblick still.

Und nicht genug mit alledem: in dieser merkwürdigen Leitung schwimmen auch noch eine Menge tüchtiger Arbeiter umher, mikroskopisch kleine, vielseitig begabte Kügelchen, die weißen Blutkörperchen, die fortwährend umherspähen, wo es etwas zu tun gibt, die die mannigfaltigste Arbeit sofort übernehmen und mit großer Geschicklichkeit ausführen. Ich sprach von diesen seltsamen Wesen schon früher. Soweit unsre Kenntnisse reichen, müssen wir gestehn, daß sie ein ziemlich selbständiges Leben führen. Nicht nur, daß sie vom Körper getrennt weiterleben können und, wenn man sie unter geeigneten Bedingungen durch das Mikroskop beobachtet, gemächlich hin- und herkriechen und allerlei Dinge, die ihnen begegnen, in sich aufnehmen, nein, sie scheinen auch im Körper selbst ihr eignes Wesen zu treiben und darin herumzuwandern, wie es ihnen beliebt, wenn auch ihr eigentlicher Wohnort das Blut- und Lymphgefäßsystem ist. Allerdings verfolgen sie damit, soweit wir es beurteilen können, Zwecke, die dem Leben und der Tätigkeit des Organismus nützlich sind.

Sie sind, wie ich schon andeutete, beweglich und haben sogar den großen Vorzug, daß sie nicht wie wir Menschenkinder auf Beine zur Fortbewegung angewiesen sind, sondern daß sie sich, je nachdem es ihnen gutdünkt, bald oben, bald unten, bald links, bald rechts, bald vorn, bald hinten selber ein Bein schaffen können. Nehmen wir an, solch ein weißes Blutkörperchen hat Lust, aus dem Gefäß, in dem es sich befindet, auszuwandern. Die Gefäßwand wird wie bekannt durch aneinander gereihte Zellen gebildet. Irgendwo sind nun zwei Zellen nicht vollkommen aneinandergefügt. Auf diese Stelle steuert die weiße Kugel hin, streckt einen Fortsatz aus ihrem runden Körper heraus und bohrt den in den Zwischenraum ein. Sie zieht diesen Fortsatz immer mehr in die Länge und schiebt ihn in dem Zwischenraum vorwärts, bis er an der andern Seite der Gefäßwand hervorkommt. Sofort wird dann das durchgetrennte Stückchen breit, so daß es nicht wieder zurückschlüpfen kann, und an diesem knopfähnlichen Gebilde zieht sie dann ihren ganzen Körper durch die enge Spalte hindurch, etwa wie wir einen Klimmzug machen. In gleicher Weise geht dann die Wanderung zwischen andern Zellen weiter, immer so, daß ein Fortsatz gebildet wird, der sich festklammert und den Kugelkörper nachzieht.

Alle diese Wanderungen scheinen aber Geschäftsgänge zu sein, zum Suchen oder zum Verrichten von Arbeit. So findet sich zum Beispiel bei der Verdauung, wenn die verschiednen Fermente des Magens und Darms ihr Werk mit Flüssigmachen und Umwandeln von Eiweiß und so weiter getan haben, ein ganzes Heer solcher weißer Arbeiterkugeln in der Darmwand ein, ein Teil zwängt sich sogar in den Darmraum selbst ein, da stopfen sie sich voll mit allerlei Dingen, die ihnen gefallen, vor allem mit Eiweißstoffen, dann kehren sie mit Beute für den Aufbau des Körpers wieder zurück, meist auf der bequemen Bahn der Lymphgefäße, die direkt vom Darm nach dem Herzen führen. Unterwegs scheinen sie noch die letzte Hand an die Zubereitung der Speise zu legen, dadurch, daß sie das Hühnereiweiß oder das Schweinefett in Menscheneiweiß und Menschenfett umwandeln. Schließlich sterben sie, wenn sie irgendeine Stelle des Körpers gefunden haben, wo Nahrung gebraucht wird, den Opfertod, indem sie zugunsten des Zellenlebens zerfallen. Sie sind recht eigentlich die Sinnbilder der Treue, die wir Menschen uns sonst wohl durch ein Märchen veranschaulichen, wie der Pelikan die Brust sich aufreißt, um seine Jungen mit dem eignen Blut zu füttern.

Wir wissen bisher noch nicht allzuviel von diesen wandernden Zellen, aber ein Vorgang, bei dem ihre Art zu arbeiten deutlich hervortritt und den wohl jeder aus eigner Erfahrung kennt, verdient hervorgehoben zu werden, das ist die Entzündung und Eiterung.

Die Entzündung ist, wie ich schon früher erwähnte, neben dem Fieber recht eigentlich das Musterbeispiel für die Art, wie der lebendige Organismus sich bei irgendeiner Gefahr zu helfen sucht. Die Naturbehandlung liegt hier offen zu Tage; man sieht dabei, daß die Natur genauso verfährt wie der Mensch, oder vielmehr der Mensch genauso wie die Natur; er ist eben ein Stück Natur. Zunächst muß die Gefahr bemerkt werden; diesen Dienst erweisen dem Menschen seine Sinneswerkzeuge, die Augen, Ohren und so weiter; im Organismus dient dazu der Schmerz. Er benachrichtigt den Körper davon, daß etwas nicht in Ordnung ist. Sofort macht sich das Bestreben geltend, Ordnung zu schaffen; das einfachste Mittel dazu ist Reinlichkeit, Wasser. Die Säfte der umliegenden Gewebe strömen an der gefährdeten Stelle zusammen, es entsteht eine teigige Anschwellung. Gleichzeitig aber wird der Versuch gemacht, die Störung durch Feuer zu vernichten. Die Schlagadern und Haargefäße der Umgebung dehnen sich aus, um mehr Sauerstoff auf den Kampfplatz zu bringen und ihn dort länger einwirken zu lassen; die Stelle rötet sich. Und kurze Zeit darauf macht sich auch schon die raschre Verbrennung bemerkbar: die erkrankte Körperpartie fühlt sich heiß an. Damit sind die sogenannten Kardinalsymptome der Entzündung gegeben, die vier Anzeichen, die von Alters her als Bedingungen der Entzündung gelten: Schmerz, Schwellung, Röte und Hitze. Wo aber der Organismus mit all diesen physikalischen und chemischen Mitteln nicht aufzukommen glaubt, da läßt er seine lebendigen Kämpfer eingreifen, eben die weißen Blutkörperchen.

Scharenweise, in Massen brechen sie aus den Blutgefäßen hervor, sammeln sich an dem bedrohten Punkt und vertilgen, was sie vertilgen können; in gewissem Sinne handelt es sich dabei um eine wirkliche Schlacht. Irgendwo haben sich in einer Wunde Mikroben angesiedelt, die nun in unheimlicher Fruchtbarkeit sich vermehren und ihre Gifte absondern. Wir wissen alle aus eigner Erfahrung, von dem Fingergeschwür her, daß sich an solcher vergifteten Wunde Eiter bildet, anscheinend ein gelbweißer dicker Saft, in Wahrheit, wie sich unter dem Mikroskop zeigt, eine dicht aneinandergedrängte Masse weißer Blutkörperchen, die mit ihren Leibern die Bresche im Körper ausfüllen und verteidigen. Sie gehn dabei barbarisch genug vor: sie fressen die Gegner; in ihrem Innern kann man mit Leichtigkeit die verschlungnen Bakterien nachweisen. Währenddessen ist der Körper geschäftig, hinter der Linie der weißen Kugeln Dämme, lebendige Zellen, aufzuwerfen und Gräben zu graben, um an Stelle der verletzten Haut einen neuen Wall für das Körperinnre zu schaffen. Ob das gelingt, ist freilich eine andre Frage. Kommt der innre Abschluß zustande, so wühlen sich die weißen Soldaten immer näher zur Oberfläche der Haut empor, die sie schließlich durchbrechen; dann strömt der Eiter hervor und schwemmt mit sich, was störend war. Wird der Organismus mit seinen Bauwerken nicht rechtzeitig fertig, so dringen die Feinde weiter vor, beständig von neuen Eitermassen umschwärmt; dann kommt es allmählich bei dem vergeblichen Kampf zu dem, was man Blutvergiftung nennt.

Man sieht, das Leben dieser Blutbewohner ist interessant genug, und nützliche Arbeit gibt es für sie vollauf zu tun. Aber auch abgesehn von der Eiterschlacht sind die Entzündungsvorgänge lehrreich. Sie zeigen uns, wie wir das Heilverfahren der Natur nachahmen sollen, damit wir in Wahrheit Ärzte, Diener der Natur sind. Treten wir an die Aufgabe der Behandlung heran, so ersetzt unsre Untersuchung den Nachrichtendienst des Wehs, und unsre Kunst versucht zu leisten, was der Körper tut, den Kreislauf zu ändern, Wasser und Sauerstoff dorthin zu bringen, wo sie gebraucht werden. Das kann dann wohl, ähnlich der Entzündung, in örtlich begrenzter Weise geschehn, dadurch, daß durch physikalische, che-

mische oder elektrische Maßnahmen wasser- und sauerstoff-
reiches Blut mit all den tausend andern lebendigen Kräften,
die in den Säften enthalten sind, zu der erkrankten Stelle hin-
gezogen werden. Kälte und Hitze, Sonnenlicht und unsicht-
bare Strahlen, faradische und galvanische Ströme, feuchte
Wärme, äußerliche und innerliche Medikamente, soweit sie
örtlich wirken, ein Pflaster, Pinselungen, Einreibungen, aber
auch Darreichen von Atropin oder Abführmitteln, Einspritzungen von Fibrolysin und dergleichen mehr kommen in
Frage. An Stelle der Arbeit des Eiters tritt die Hand des Arztes oder das Messer.
Es ist kein Zweifel: alle ärztlichen Maßnahmen werden erst
wirksam durch eine Veränderung des Kreislaufs, oder zum
mindesten jeder ärztliche Eingriff ist irgendwie bedingt durch
die Zirkulationsverhältnisse, entweder so, daß er ohne weitres diese Verhältnisse als Heilmittel benutzt, oder daß er sie
als fördernde oder hemmende Einflüsse in Rechnung zieht. Ja
man kann darin noch viel weiter gehn und sagen, daß überhaupt kein Ereignis im Leben ohne Wirkung auf den Kreislauf bleibt, daß jede Bewegung, jede Tätigkeit, das geringste
Zucken des Augenlides so gut wie die Arbeit der Lungen oder
das Erblicken einer Fliege, das Lauschen auf einen fernen
Klang oder der flüchtig durch das Gehirn huschende Gedanke eine Schwankung im Kreislauf herbeiführt. Und an
diesem Punkte offenbart sich erst die erstaunliche Größe der
Menschennatur.

Sympathische Nerven

Ich hob vorhin als bemerkenswert hervor, daß das Kanalsystem des menschlichen Körpers fortwährend hin- und hergetragen wird, daß seine Röhren jeden Augenblick gebogen, gedrückt, gezerrt werden, ohne daß seine Arbeit dadurch gestört wird. Viel seltsamer noch, ja entscheidend für alle Lebensvorgänge ist es jedoch, daß diese Röhren imstande sind, sich zu erweitern und zu verengern, je nachdem es die Verhältnisse erfordern. Jetzt lassen sie in bestimmten Gebieten das Blut langsamer fließen, so daß alle seine wirksamen Bestandteile gemächlich und gründlich auf die umgebenden Gewebe einwirken können, und im Moment darauf machen sie denselben Bezirk fast blutleer. Hier in diesem Zellgebiet verdoppeln und vervierfachen sie den Druck, die mechanische Kraft des Wassers, und einen Finger breit daneben sinkt dieser Druck auf ihr Gebot bis zur äußersten Grenze; und das alles geschieht im höchsten Grade zweckmäßig, in kaum faßbarer Geschwindigkeit, mit einer Sicherheit der Ausführung, die den peinlichsten Anforderungen gewachsen ist. Das ist die Technik der Natur, des Lebens. Man sieht, wie stümperhaft unser Werk dagegen ist, man erkennt aber auch, daß es nicht einmal möglich ist, die Leistungen des Kreislaufs zu berechnen, und daß das auch nie möglich sein wird. Ja, vorläufig stehn wir der Ergründung dieser Dinge noch so fern, daß wir wohl allenfalls der Natur diesen oder jenen Kunstgriff ablauschen und für unsre ärztlichen Zwecke verwerten können, aber ohne die Vorgänge zu übersehn, die wir mit diesen Kunstgriffen auslösen.

Um die Wahrheit dieses Satzes begreiflich zu machen, muß ich einen Gegenstand besprechen, den ich bisher vermieden habe, der flüchtig betrachtet manches Rätsel zu lösen scheint, in Wahrheit aber erst zeigt, wie tief das Geheimnis des Lebens ist.

Bei der Besprechung des Muskelsystems erwähnte ich außer den quergestreiften, willkürlichen Muskeln die glatte Muskulatur, die nicht dem Willen unterworfen ist, sondern eignen Gesetzen folgt. Diese glatte Muskulatur, wie sie sich in den Eingeweiden, den Gefäßen, kurz überall dort findet, wo Bewegung statthat, ohne dem Gedanken und Willen zu gehorchen, hat auch ihr eignes Nervensystem, das seinerseits vollkommen der Herrschaft unsres bewußten Willens entzogen ist, aber nichtsdestoweniger recht eigentlich in alles Leben und alles Tun eingreift, es bedingt, das uns überhaupt erst Denken, Empfinden, Wahrnehmen, Wollen und Handeln ermöglicht. Man nennt dieses Nervensystem das sympathische Nervensystem, das mitleidende Nervensystem, ein Name, der schicklich seine Grundeigenschaften bezeichnet. Denn diese Nerven sind es hauptsächlich, die das Leben des Organismus einheitlich gestalten, die es ermöglichen, daß das Ganze des Menschen an jeder Tätigkeit und jedem Eindruck der einzelnen Körpergebiete teilnimmt, die es unmöglich machen, daß auch nur der kleinste Vorgang im entferntesten Winkel des Menschen geschieht, ohne daß der ganze Mensch diese Vorgänge miterlebt.

Diese sympathischen Nerven sind nun nicht etwa, wie die motorischen und sensiblen Nerven, zu einzelnen Strängen, zu Nervenstämmen zusammengefaßt, vielmehr verläuft das einzelne Nervenfädchen für sich, so daß man beim Zergliedern des menschlichen Körpers, bald hier, bald da auf dergleichen Fasern stößt. Dem Auge bietet sich auf diese Weise ein kaum zu lösendes Gewirr solcher Nerven. In Wahrheit ist aber jedem kleinen Nerv sein regelrechter Platz gegeben, ebenso wie ein jeder seine eigne festbestimmte Funktion hat. All diese Fäden, die überall, wo ihre Herrschaft gilt, sich in Menge finden, stehn miteinander in Zusammenhang, zum Teil erst in dem Gebiet des Zentralnervensystems, in dem Innern des Gehirns und Rückenmarks, zum Teil aber, und das ist ihr besondres Merkmal, auch untereinander dadurch, daß sie sich miteinander verflechten. Man spricht deshalb auch gern von sympathischen Nervengeflechten. An Stellen, wo sie dicht zusammengehäuft sind – etwa in der Darmwand oder an besonders lebenswichtigen Plätzen wie in dem Bereich der Zeugungsorgane im Becken oder in der Nachbarschaft des Herzens, des Magens und der großen Verdauungsdrüsen, Leber, Bauchspeicheldrüse –, an solchen Stellen machen sie geradezu den Eindruck eines feinen Netzes, wie es etwa Frauen über ihren Haaren tragen. Die Nerven vereinigen sich dann in Knoten, ähnlich wie sich die Netzfäden kreuzen. Ein bedeutender Unterschied besteht allerdings: während beim Netz die Fäden im Knoten nur verschlungen sind, auf der andern Seite des Knotens aber unverändert weiterlaufen, verlieren sich die Nerven in ihren Knoten, wenigstens für unser Auge. Diese Knoten, Ganglien genannt, sind in gewissem Sinne Zentralorgane, kleine Hilfsgehirne, die massenhaft im Körper verstreut sind, die fähig sind, aus eigner Machtvollkommenheit bestimmte Funktionen der Organe in Betrieb zu setzen und so Tätigkeiten zu regeln, ohne das Bewußtsein damit zu belasten, wie etwa die Verdauung oder die Veränderungen der Blutgefäße und des Herzens; denn auch das Herz ist, trotzdem es eine Art quergestreifter Muskeln besitzt, dem sympathischen Nervensystem unterworfen, auch in ihm finden sich Ganglien, Hilfsgehirne.

Ich muß auch noch andre Nervenfasern erwähnen, die gewöhnlich getrennt von dem sympathischen Nervensystem behandelt werden, teils weil ihre Funktionen andre sind, teils weil sie vielfach in den Bahnen des willkürlichen Nervensystems verlaufen, das sind die trophischen, die Ernährungsnerven und die Sekretions-, die Absonderungsnerven. Ich füge sie lieber hier an die Besprechung des sympathischen Nervengeflechts an; das entspricht besser dem Zweck, den ich gerade im Auge habe. Ihre Funktionen ergeben sich aus ihrer Benennung; die einen beherrschen gewisse Teile der innern Ernährungsvorgänge in den Geweben, die andern Ausscheidungsprozesse der Drüsen. Über den Einfluß der Ernährungsfasern sind wir nur sehr oberflächlich unterrichtet. Die Rolle der Absonderungsnerven ist noch nicht annähernd geklärt, man kann sich bei ihnen aber wenigstens eine Vorstellung davon machen, welche umfassende Bedeutung sie für den Körper und sein gesundes oder krankes Leben haben. Es handelt sich ja dabei nicht nur darum, daß sie die Ausscheidung aller im Körper gebildeten oder irgendwie in den Körper hineingeratnen Gifte mit regeln, die Urinausscheidung durch die Nieren, die Schweißabsonderung der Haut, vielleicht auch die Kohlensäureabgabe der Lungen; auch die gesamte Verdauung steht unter ihrem Einfluß, da sie die verschiednen Säfte und Fermente, die zur Zersetzung der Speisen notwendig sind, in geeigneten Mengen aus den Drüsen fließen lassen.

Und nicht genug damit: ich erwähnte schon früher, daß eine Reihe innrer Organe Stoffe absondern, die für Wachstum, Ernährung, Gedeihen des Organismus ausschlaggebend sind, ja die in gewissem Sinne auch das Gedanken- und Gefühlsleben des Menschen bestimmen. Auch sie stehn unter dem Einfluß dieser Nerven. Dahin gehören zum Beispiel die männlichen und weiblichen Zeugungsorgane, Hoden und Eierstöcke, dahin auch die Schilddrüse, die Zirbeldrüse, die Nebennieren und so weiter. Unsre Kenntnisse all dieser überaus wichtigen Vorgänge sind noch unbestimmt, fast nebelhaft, da man sich erst seit wenigen Jahren damit befaßt. Gewisse Krankheitsformen, wie die bekannte Glotzaugenkrankheit, der sogenannte Basedow, oder das Myxödem mit seiner seltsamen Entartung der Gewebe und der Verblödung, die es mit sich bringt, der Kretinismus, all das sind Beweise für die Bedeutung der Schilddrüsensekretion. Ebenso lassen sich Wachstumsstörungen, besondre Arten der Fettsucht, seltsame Hauterkrankungen auf fehlerhafte Absonderung innrer Organe zurückführen; ja eine Reihe dieser Absonderungsstoffe haben eine weitgehende, gar nicht abzuschätzende Wirkung auf das Leben des Alltags, das sind die Einflüsse, die Eierstock- und Hodensekretion ausüben. Man ist geneigt, diese Organe nur als Werkzeuge der Fortpflanzung zu betrachten; sie sondern aber nicht nur Eier und Samentierchen ab, sondern merkwürdige Stoffe, die das Leben des einzelnen im tiefsten günstig oder ungünstig bedingen.

Die Beschäftigung damit, ja schon das bloße Nachdenken darüber lehrt uns, welch eine Bedeutung das unbewußte Leben für den Menschen hat, wie wenig er mit seinem Verstande auszurichten vermag, wie vielmehr dieser Verstand in hohem Maße von seltsam verwickelten Lebensprozessen unbekannter Art abhängig ist. Der Glaube, daß wir den Menschen kannten, ist eben ein Irrtum, und das Aburteilen über Fehler in seinem Bau, wie es einem hie und da in der Praxis bei überklugen Patienten begegnet, ist eine Anmaßung, die man zurückweisen soll.

Vergegenwärtigt man sich die Leistungen all dieser Nerven, die ich der Kürze halber unter der Benennung: sympathisches Nervensystem zusammenfasse, so steht man plötzlich vor einer überwältigenden Masse verschlungner Eindrücke, daß man kaum einen Ausweg aus dem verwirrenden Ansturm findet. Man sieht gleichsam das Leben am Werk, sieht das Hin- und Herschießen der Ereignisse, glaubt dort etwas zu verstehn, hier eine Ursache zu fassen, Zusammenhänge zu begreifen, aber überall drängt sich neues Geschehn zwischen die Beobachtungen, neue Verbindungen, so daß dem Geist bald schwindelt und er mutlos von dem Unterfangen absteht, wirklich zu erkennen, und sich mit ein paar Bruchstücken begnügt, die allenfalls Staunen erregen, aber nie und nimmer uns dem Lebensrätsel näherbringen.

Man greife irgendeinen Lebensvorgang heraus, etwa das kraftvolle Ballen der Faust: man sieht sofort, daß bestimmte Stellen der Finger blaß, andre hellrot werden; der Blutkreislauf hat sich verändert, andre Ernährungsbedingungen sind eingetreten. Drückt man die Fingerkuppen gegen den Tisch, so treten ähnliche Erscheinungen, aber an andern Stellen ein. Drückt man den Nagel gegen den Tisch, so sieht man wieder andre Kreislaufgebiete verändert; und wenn man die ganze Hand mit gestreckten Fingern nach dem Handrücken zu umbiegt, noch andre; ja, wenn man eine empfindliche Haut beobachtet, sieht man schon bei leisen Fingerbewegungen einen lebhaften Wechsel zwischen hellrot und blaß auftreten. Das bedeutet, daß jede Bewegung des Fingers den sympathischen Nerv, den Blutgefäßnerv erregt, daß sie eine Schwankung in dem Kreislauf herbeiführt und damit eine Änderung in den Verbrennungsprozessen, ja in den gesamten Lebensvorgängen des betreffenden Zellgebiets. Versucht man es, die Faust längere Zeit, etwa zwei Minuten lang, stark geballt zu halten, so werden die roten Stellen dunkelrot, das heißt, eine örtliche Kohlensäurestauung entsteht, es tritt sehr bald ein unbehagliches Gefühl, eine Schwere, nach und nach sogar Schmerz ein; die Kreislaufstörung hat zur merkbaren Ernährungsstörung geführt.

Noch deutlicher tritt das bei jeder größern Kraftleistung hervor. Die Adern schwellen dann an, das Gesicht wird blaurot, die Augen blutunterlaufen, der Schweiß bricht aus, das Herz arbeitet mühsam. Das Gebiet des Sympathikus ist erheblich in Anspruch genommen. Sobald die Muskelarbeit eine gewisse Grenze überschreitet, treten weitgehende Störungen auf.

Ein andres Beispiel: man verletzt durch irgendeine Bemerkung ein junges Mädchen; das Blut schießt ihr in die Wangen, sie wird abwechselnd rot und blaß. Dauert die Kränkung an, so brechen Tränen hervor, und schließlich kommt es zu heftigen Kopfschmerzen. Das bedeutet, daß die Gemütserregung die sympathischen Gefäßnerven'erregt und eine Kreislauferkrankung hervorruft, die mit der Zeit zur Ernährungsstörung, ja selbst zur Erkrankung führt.

Ein Kind lügt; sofort verändert sich der Blick, er wird flakkernd, unsicher; das Herz klopft hörbar und das Gesicht ist blaß und zuckt. Ein großer Teil des sympathischen Nervensystems ist in Mitleidenschaft gezogen, nicht nur die Gefäßnerven, sondern ebenso die des Auges und des Herzens.

Nun, Erwachsene pflegen weder rot zu werden, noch Herzklopfen beim Lügen zu bekommen; ihr Sympathikus ist für diese Reize abgestumpft. Aber Erwachsne haben Angst; und siehe da, die Angst macht das Herz klopfen, treibt den Schweiß hervor, läßt die Gänsehaut über den Körper gehn, sie lastet sich auf die Magengrube, die obern Darmpartien schwellen an, ja es kommt nicht selten zu Durchfällen. Ähnlich ist es mit dem Zorn, mit dem Gewissensbiß, mit der Sorge, mit der Trauer und Freude. Sobald die Gemütsbewegung ein gewisses Maß überschreitet, führt sie zu erheblichen Störungen im Kreislauf, ja in allen Gebieten des Sympathikus.

Oder wieder etwas andres, du streckst den Arm aus und hältst ihn waagrecht in die Luft. Nach einer halben, nach einer Minute wird er dir schwer, ein Kribbeln, eine Taubheit tritt ein, die Blutadern schwellen auf zu Stricken, die Hand, der Arm wird blau, und schließlich sinkt er kraftlos nieder. Eine Störung im Kreislauf war eingetreten, der Sympathikus in seiner Tätigkeit beeinträchtigt. Oder du bückst dich, dein Gesicht wird rot, vielleicht wird dir schwindlig. Du legst dich nieder, und dein Herz arbeitet anders. Du schläfst, und wilde, böse Träume ängstigen dich, denn dein Kreislauf ward verändert, dein nimmer schlafendes Nervensystem ist irgendwie erregt, vielleicht durch den Druck von Gasen auf das Sonnengeflecht, vielleicht nur durch die Änderung der Lage.

Weiter: Man sieht, daß irgendwer einen Schlag in das Gesicht bekommt; die Stelle, die getroffen ist, wird blaß, gleich darauf feuerrot, sie schwillt an, sie brennt. Vielleicht brechen auch wieder Tränen hervor, möglicherweise kommt es zur Ohnmacht oder zu Kopfschmerzen und Erbrechen. Der Reiz der einen Stelle pflanzt sich durch Vermittelung des sympathischen Nervs auf andre Lebensäußerungen fort.

Eine Freundeshand, vielleicht die des Weibes oder der Mutter berührt unser Haar. Ein wunderbares Gefühl der Ruhe geht durch den Körper, ein Gefühl der Weichheit, des Losseins von allen Sorgen. Hat man nicht recht, dieses machtvolle Geflecht der Nerven sympathisch zu nennen? Es empfindet in Wahrheit jedes Geschehnis des Lebens; Liebe und Lust, Freundschaft, Leid, Trauer und Arbeit, Essen und Trinken, Liegen und Gehn, an allem nimmt dieses Netz feiner Fäden, das unsern Körper durchzieht, teil. Man sieht, und was man sieht, haftet nicht nur im Auge, nicht nur im Gehirn, es durchströmt den Körper und die Seele, sie sehn mit. Man hört, und das Ohr fängt den Schall, das Gehirn vernimmt ihn, aber zugleich hört der ganze Mensch, der Laut klingt in ihm bis zu den äußersten Fingerspitzen. Man sagt, daß sich zwei Hände berühren, aber in Wahrheit rinnt dieser Händedruck durch zwei Menschenkörper hindurch, nicht die Hände, die Menschen berühren sich.

Ich bin mir bewußt, daß ich da etwas niederschreibe, was vielen erdichtet, phantastisch vorkommen wird. Aber ich erdichte nichts. Wahrheiten klingen phantastisch, solange sie nicht in klare Worte gefaßt sind, solange der Gedanke sie nicht klar erfassen kann. Aber weder mein noch irgendeines Menschen Denken reicht aus, um diese Phänomene zu begreifen, und noch weniger vermag irgendein Wort sie auszudrücken. Die kleine Welt des Menschen ist unsrer Erkenntnis ebenso verschlossen wie das Weltall selbst. Wir tasten daran herum, fassen hier zu oder da, aber je öfter wir zugreifen, umso tiefer empfinden wir unsre Machtlosigkeit, irgendein Problem wirklich zu lösen. Der Deutungsversuch bleibt immer ein grobes Zupacken, bei dem die Fäden reißen, statt sich zu entwirren. Wenn ich es trotzdem unternehme, nicht etwa einen Beweis für meine Behauptungen aufzustellen – sie beweisen sich selbst für jeden, der sich nicht absichtlich den Lebenserscheinungen des Alltags verschließt –, nein nur den Weg zu zeigen, auf dem ich persönlich auf diese Ideen gekommen bin, so geschieht es, weil dieser Weg auf dem einzig sichern Boden der Menschenkunde sich gründet, auf der Anatomie.

Die Muskulatur der Blutgefäße nämlich wird von Fasern des sympathischen Nervs beherrscht. Diese in das Innre ihrer Muskulatur eintretenden Fäden führen die Erweiterung oder

Verengung der Gefäße herbei. Außerdem sind die Adern in ihrem Verlauf von einem dichten Gespinst solcher Nerven umgeben, in das hie und da Ganglien eingestreut sind, das aber mit sämtlichen andern Gefäßnerven in ununterbrochnem Zusammenhang steht, ja mit sämtlichen sympathischen Nerven überhaupt. Was geschieht nun mit diesen Gefäßen und den in sie eintretenden und sie umspinnenden Nerven in dem Moment, wo eine Bewegung im Bereich des Körpers eintritt, sei es der Gliedmaßen beim Gehn oder Greifen, sei es im Darm beim Fortbewegen des Speisebreis, sei es in den Lungen bei der Atmung oder im Herzen beim Schlag?

Diese Blutgefäße und mit ihnen ihre Nerven müssen bei jeder Bewegung irgendwie ihre Lage verändern, und wäre es nur um eines Millimeters Breite oder noch weniger. Das genügt aber vollständig, um von dem Nerv wahrgenommen und mit einer Veränderung der Gefäßweite beantwortet zu werden. Meist, wenn nicht immer, wird die einfache Lageveränderung des Gefäßes nicht einmal ausreichen, sondern es wird selbst bei kleinen Bewegungen gedehnt oder zusammengepreßt werden, bei ausgiebigen Bewegungen läßt sich das mit dem bloßen Auge verfolgen. Die Möglichkeit für das Gefäß ist gegeben, weil es eine große Elastizität besitzt und, sobald der Zug oder Druck nachläßt, in seine alte Form zurückschnellt. Beidemal aber, bei der Dehnung sowohl wie bei dem Zusammenziehn zur alten Gestalt, werden die sympathischen Nerven gereizt, sie antworten mit Zusammenziehung oder Ausdehnung der Gefäßwände, mit einer schnelleren oder langsameren Blutströmung, mit höherem oder niedrigerem Blutdruck, mit größrer oder geringrer Wasser- und Sauerstofffülle im Gebiet des Reizes. Das muß so sein und das ist so, wenn auch unsre Untersuchungsmethoden nur bei groben Vorfällen es festzustellen vermögen.

Damit ist es aber nicht abgetan. Die eben ausgelöste Zusammenziehung oder Ausdehnung der Gefäßwand gibt einen neuen Reiz der Gefäßnerven, der den ersten der Dehnung entweder verstärkt oder vermindert. Es entsteht dadurch eine unendliche Menge von Abstufungen, die im einzelnen zu übersehn niemand imstande ist, die uns aber begreiflich macht, wie der Organismus sich genau und augenblicklich jedem Ereignis des Lebens anpaßt.

Es bleibt auch nicht bei der örtlichen Schwankung des Kreislaufs. Je nach der Größe des Nervenreizes, je nach der Lage des Gefäßes, ob es in der Nachbarschaft zahlreicher und bedeutender Ganglienhaufen liegt oder nicht, je nach der Dauer der Gefäßveränderung pflanzt sich die Kreislaufschwankung über engere oder weitere Gebiete des Organismus fort, so daß unter Umständen umfassende Folgen daraus entstehn.

Ich kann es mir nicht versagen, hier nochmals auf einige Eigentümlichkeiten des Lebens hinzuweisen, die ich teilweise schon erwähnt habe, die aber jetzt erst eine ausreichende Beleuchtung erfahren haben. Da ist die seltsame Tatsache, daß die Verdauungssäfte immer genau in den Mengen abgesondert werden, die der Art und Masse der eingeführten Nahrungsstoffe entspricht; es handelt sich dabei um Tätigkeiten des sympathischen Nervensystems. Ebenso ist die sorgfältige Arbeit des Herzens, das sich sofort auf jede Veränderung der Aufgaben einrichtet, im wesentlichen auf die Ganglien seiner Wand zurückzuführen. Ich erwähnte weiter den Kunstgriff der Natur, durch das Saugen des Kindes an der Mutterbrust Zusammenziehungen der Gebärmutter zustandezubringen und diese so auf ihre frühern Größenmaße zurückzubringen.

Jedes Organ des Menschen wird vom Leben vielseitig benutzt, es besitzt Funktionen nach verschiednen Richtungen hin, ist zum mindesten stets auch Werkzeug des Kreislaufs und des Nervensystems. So beschränkt sich die Leistung der weiblichen Brust durchaus nicht auf die Milchbildung. Auf geheimnisvolle Weise beeinflußt sie das gesamte Geschlechtsleben des Menschen, und das Stillen dient nicht etwa nur zur Ernährung des Kindes, sondern weckt in seltsamem Zwang, wenn wenige Wochen nach der Entbindung die Gebärmutter, nicht zum wenigsten durch die Sympathie mit dem Saugakt, zur Aufnahme eines neuen Kindes bereit ist, im Weibe den Trieb nach Vereinigung mit dem Manne. Die weibliche Brust steht in inniger Verbindung mit der geschlechtlichen Erregung. Das Leben schaut weit voraus und, so gleichgültig es anscheinend mit dem einzelnen Menschen verfährt, so sorgfältig ist es, die Art zu erhalten. Wir Menschen sind geneigt, alles auf unsern freien Entschluß, auf unsre persönlichen Empfindungen zurückzuführen, wir stehn aber unter den Naturgesetzen.

Eine eigentümliche Beleuchtung erhalten die Wachstums-

und Altersvorgänge von diesem Standpunkt aus. Die Neubildung der Gefäße und Nerven, noch mehr ihr Untergang gehn mit einer mehr oder weniger großen Erregung des Gefäßsystems einher. Eine Menge der Kinderkrankheiten, besonders auch der häufigen Hautausschläge, der Infektionskrankheiten, der Krämpfe und Zuckungen stehn damit im Zusammenhang. Am deutlichsten tritt das in der Pubertät und dem Klimakterium hervor, nicht nur in Hinsicht auf die Psyche, die ja dann ihre besondern Eigentümlichkeiten aufweist, sondern gerade in dem Entstehn der gefürchteten Pickel und Furunkel, die Knaben und Mädchen die Freuden ihres Alters verbittern. Am meisten hat das weibliche Geschlecht unter diesen Kreislaufstörungen durch Wachstum und Untergang von Gefäßen zu leiden, da beides bei ihnen in regelmäßigen Perioden ihr ganzes Frauenleben hindurch wiederkehrt; die Menstruation ist ja rein äußerlich betrachtet Zerstörung von Blutgefäßen in einer Gegend, in der Sympathikusfasern massenhaft angehäuft sind.

Daß schließlich mit zunehmendem Alter bei jedem Menschen, Mann oder Frau, sich die Empfindlichkeit der Gefäßnerven abstumpft, ist ein natürlicher Vorgang. Die Arterienverkalkung, von der jetzt wieder ein kaum erträglicher Lärm gemacht wird, ist ein völlig normaler Vorgang, der auch in sich keine Gefahren birgt, sondern nur das Leben des Alters schwerfälliger und stumpfer macht. Gefährlich wird er nur dann, wenn die Verkalkung sehr ungleichmäßig vor sich geht, das heißt, wenn in ein und demselben Blutgefäß alt und starr gewordne Stellen mit jung gebliebnen abwechseln; dann bilden sich dort, wo beide Parteien zusammenstoßen, Zirkulationshindernisse, die nicht in der Absicht des Lebens liegen, es kommt zu Ausbuchtungen, zum Zerreißen der Ader. Und das kann, wenn es im Gehirn stattfindet, böse Folgen haben. Daß Herzbeschwerden durch Verkalkung der Herzgefäße herbeigeführt werden, ist selten. Meist handelt es sich bei diesen sogenannten Verkalkungen um eine fehlerhafte Atmung und um einen stark vernachlässigten Bauch; beides ist durch das beliebte Jodkaligeben gewiß nicht zu beseitigen, vielmehr wird das Leiden dadurch nur verschlimmert. Den Organen sind gleichzeitig eine Reihe von Funktionen zuerteilt. Deutlich tritt das bei der Atmung hervor. Schon seit einem halben Jahrhundert ist es bekannt, daß die Lungen bei ihrer Tätig-

keit, die den Körper mit Sauerstoff versorgt, als Zirkulations-
organ dienen, gewissermaßen als ein zweites, ein Blutader-
herz. Sie saugen bei ihrer Ausdehnung nicht nur die Luft ein,
sondern auch das langsam fließende Kohlensäureblut der Venen. Sie beeinflussen aber außerdem die Herztätigkeit selbst,
wie sich leicht durch die Aufzeichnung der Herzschläge nachweisen läßt. Ebenso jedoch, und das ist weniger bekannt, üben
sie mit jedem Atemzug eine Wirkung auf die sympathischen
Nerven aus, besonders die Gefäßnerven; die werden bei jeder
Dehnung und Zusammenziehung des Brustkastens gedehnt,
und die Veränderung der Gefäßweiten, die dadurch herbeigeführt wird, ist für die Druckwirkungen und die Ernährungstä-
tigkeit des Kreislaufs um so wichtiger, weil sie in regelmäßigen
Zwischenräumen das ganze Leben hindurch stattfindet.
Ganz ähnlich wirkt der Pulsschlag selbst. Die Welle, die in
jeder Sekunde durch sämtliche Schlagadern des Körpers
hindurch schlägt, übt einen stetig wiederkehrenden, taktmä-
ßigen Reiz auf die Nerven der Gefäßwände aus, der nicht
unterschätzt werden darf. Man sieht, daß die Zirkulationsverhältnisse und damit die Möglichkeiten der mechanischen
und chemischen Arbeit der Körpergewebe mit einer erstaunlichen Sorgfalt geregelt sind, die ihrer Leistungsfähigkeit entspricht. Denn was ich eben von Atmung und Pulsschlag
sagte, das gilt ganz ebenso von den Gewohnheiten des Tages,
die sich das Leben für den Betrieb seiner Blut- und Flüssig-
keitsverteilung dienstbar macht. Die Regelmäßigkeit der
Nahrungsaufnahme und der Entleerungen mit ihrer Belastung und Entlastung des sympathischen Nervensystems, der
Wechsel zwischen senkrechter Stellung am Tage und waage-
rechter der Nacht, die Tätigkeit und der Schlaf, alles wird zu
bestimmten Zwecken der Kreislaufregelung mit benutzt.
Allerdings darf man bei alledem nicht vergessen, daß unter
Umständen die Lebensgewohnheiten auch nach der falschen
Richtung hin Kreislauf und Organismus beeinflussen. Alles,
was ich früher über die schlechte Atmung, die Überfüllung
des Bauchs mit Speise und Trank, den mangelhaften Gebrauch der Gließmaßen und des Rumpfs, die andauernd auf-
rechte Stellung, den Druck der Kleider und Schuhe und so
weiter gesagt habe, gewinnt durch die Erwägung der Rückwirkung auf Kreislauf und Ernährung erst tiefe Bedeutung.
Es ist jetzt nicht mehr schwierig herauszufinden, warum ein

Zusammenhang zwischen Korsetttragen und Migräne besteht, warum der hohe Stehkragen für Leute mit Augen- oder Gehirnleiden solche Wichtigkeit hat, warum die Gefahr des Schlaganfalls durch Vorsicht immer größer wird, warum der schlechtgebaute Schuh, mit seinem beständigen Druck auf die Gefäße der Zehen, Ernährungsstörungen und Gicht herbeiführt. Es werden da Reize des sympathischen Nervensystems in den Alltag eingefügt, die in entgegengesetzter Richtung zu den ursprünglichen Absichten des Lebens stehn, die gerade durch ihre gewohnheitsmäßige Wiederholung nach und nach schädlich wirken, deren Beseitigung aber oft genug ausreicht, um alle bedrohlichen Erscheinungen wie durch Zauber verschwinden zu lassen.

Je deutlicher man sich all diese Verhältnisse vorzustellen vermag, umso eher wird man ein Verständnis dafür gewinnen, was eigentlich der Kreislauf für das Gedeihen des Menschen bedeutet, und daß in ihm wahrhafte Heilkräfte verborgen sind, die in jedem Augenblick von der Natur verwendet werden. Man begreift jetzt auch, worauf es ankommt, wenn man Diener der Natur sein will. Freilich irgendwie den feinen Mechanismus so geradezu wieder ordnen, wenn er gestört ist, das vermögen wir nicht. Es ist auch nicht nötig, denn das ist ja das Großartige des Lebens, daß seine Mechanismen sich selbst regulieren und Störungen überwinden, reparieren, falls man sie gewähren läßt, sie nicht stillstellt und ihnen Zeit zu ihren Reparaturarbeiten gibt. Hier wie überall entscheidet über die Tauglichkeit des Arztes seine Geduld, seine Fähigkeit, selbst warten zu können und den Kranken auf dem einmal eingeschlagenen Wege festzuhalten. Alle Wege führen nach Rom, aber einen muß man von Anfang an bis zu Ende gehn, sonst läuft man in die Irre.

Der aufmerksame Diener der Natur ist aber auch imstande, dem Leben wenigstens das Gröbste abzulauschen und mit diesen Mitteln, selbst wenn er ihre Wirkung nur teilweise versteht, zum Heil der Kranken zu arbeiten. Wenn die Natur die Atmung benutzt, um Zirkulation und Gewebsernährung zu regeln, wer hindert uns, es ihr durch Atemgymnastik nachzutun? Wenn sie den Wechsel des Stromgefälles bei aufrechter und liegender Stellung verwendet, warum sollen wir Ärzte es nicht tun, durch Tieflagern des Kopfs, durch Lagern auf den Bauch, durch Hochlegen der Füße, durch einen häufigen

Wechsel der Position? Wenn das Leben die Gewohnheiten von Essen und Trinken, von Füllungsschwankungen im Bauch für die Zirkulation, für die Erregung der Bauch- und Darmganglien, des ganzen sympathischen Systems gebraucht, niemand verbietet uns, ihr das nachzuahmen, durch Veränderung der Trink- und Eßmengen und Zeiten, durch Auspressen der Bauchflüssigkeit mit Hilfe unsrer Hände. Wie der Körper selbst aus jeder Muskelbewegung, aus jeder Gemütswallung, aus jedem Sinneseindruck Mittel zu seinen Zwecken macht, so können wir es tun. Wir können genau wie der Alltag die Flüssigkeiten irgendwo stauen oder sie lebhafter fließen lassen, wir können Kälte und Hitze verwenden, wir können die Gefäße dehnen, wie ich es früher bei der Nervendehnung beschrieb, und wir werden reiche Frucht davon ernten, wenn wir es nur lange genug fortsetzen, es immer und immer wiederholen. Ja, wir können aus dem unermeßlichen Schatz der ärztlichen Erfahrung, Kunst und Wissenschaft immer neue Hilfsmittel herbeischaffen.

Man begreift nicht, wie jemals ein Arzt auf den kleinmütigen Gedanken kommen kann, daß alle Mittel erschöpft seien; das ist ja nicht möglich, das kann nicht sein. Man kann, um das Bild des Kampfs zu brauchen, von den Gewalten des Lebens und Sterbens besiegt werden, aber daß man keine Waffen mehr zu haben glaubt, daß man verzweifelt und den Kampf aufgibt, ist eine Verirrung des Verstandes. Wo Leben ist, da ist auch Hoffnung, und wo keine Hoffnung mehr ist, da ist noch Pflicht. Man glaube es doch, die heilige, edle, große Arbeit des Arztes fängt bei der Hoffnungslosigkeit erst an, bei den Unheilbaren, bei den Sterbenden. Wir lassen die Toren spotten, die uns unsre Toten vorhalten; wir wissen, daß dem Tode zu dienen das schwerste und höchste ist, was ein Mensch leisten kann, und niemals stehn wir so hoch über dem Wahn der Menschen, als wenn wir den Tod linde und sanft leiten.

Es gibt Menschen, die des Glaubens sind, der Arzt gewöhne sich an den Tod, stehe ihm ziemlich gefühllos gegenüber. Wer das denkt, kennt weder den Tod noch den Arzt. Die Größe des Todes kennt niemand besser als eben der Arzt, bei jedem neuen Sterben wächst seine Ehrfurcht, seine wahrhaft heilige Scheu vor diesem Freunde des Menschen. Der Arzt fürchtet den Tod nicht; was wäre das wohl für ein Arzt, der Furcht hätte. Wie sollte er den Menschen von ihrem schwersten Leiden, eben der Furcht helfen, wenn er nicht ein Herr der Angst wäre? Aber wir achten den Tod und wir bewundern im Sterben die lindernde Kraft des Lebens. Man spricht viel von den Schrecken des Todes, vom Todeskampf, und gewiß, es kommt vor, daß der Mensch im Sterben mehr leidet als je zuvor. Aber das ist selten, und es gibt Mittel, Todesschmerzen zu lindern. Das, was die Menschen mit Entsetzen erfüllt, der Todeskampf, ist meist kein Leiden.

Leise und langsam umnebelt das Leben die Empfindlichkeit und Aufnahmefähigkeit des Sterbenden schon durch Wochen und Monde hindurch, es reift ihn zum Tode. Das ist das Seltsame, daß das Leben selbst dem Todkranken die Fähigkeit nimmt, die Welt und das Leben richtig zu schätzen. Nur selten reißt der Tod den Gesunden hin. Meist stirbt schon längst vor allem andern die gesunde Urteilskraft, so daß für die letzten Zeiten nur noch der Wunsch zu leben und die Hoffnung auf Leben da ist. Schließlich breitet die Natur für ihre letzte Tat tiefe Bewußtlosigkeit über den Menschen. Das weiß der Arzt, denn er hat es vielmals gesehn, er weiß auch, was Bewußtlosigkeit ist, da er oft genug dem Freunde Tod seine milde Kunst in der Narkose nachgeahmt hat. Das aber, daß der Arzt ruhig bleibt in dem Moment, wo alles um ihn her verzweifelt, daß er nicht erschrickt, sondern nur staunt, das mag ihm wohl den Ruf der Fühllosigkeit und Kälte eingetragen haben. Was aber geht das ihn an? Er zählt nicht auf den Dank der Menschen und rechnet nicht mit ihrer Bewunderung. Er steht auf eignen Füßen und läßt sich am Danke seiner Kunst genügen.

Ein rechter Arzt kommt nie ans Ende seiner Kunst, denn der Möglichkeiten der Behandlung sind gar viele. Das will nicht sagen, daß er blindlings jeden Kranken auch wirklich behandelt. Zwischen Arzt und Kranken besteht ein seltsames Geheimnis, ein Sichverstehn ohne Worte, eine Sympathie, die nicht zu greifen und zu fassen ist. Wo dieses Sichverstehn fehlt, tut er wohl besser, dem Kranken offen zu sagen, daß er, er persönlich, nicht helfen kann. Das ist nicht grausam, sondern Pflicht. Es gibt genug Ärzte in der Welt, und ein jeder findet den Arzt, den er braucht. Deshalb ist es auch ein seltsames Ding mit dem Ruf, daß man ein guter Arzt sei. Man ist es immer nur für eine beschränkte Zahl von Kranken. Herauszufinden, wem man helfen kann, wem nicht, ist mit das schwerste der ärztlichen Kunst. Und man darf nicht vergessen, daß auch der Arzt den Gewalten des Lebens verfallen ist, daß bei ihm so gut wie bei andern Zeiten der Leistungsfähigkeit mit Zeiten der Dürre und Kraftlosigkeit wechseln, und daß die Zeit der unfruchtbaren Jahre lang anhalten kann, um dann wieder neuer Blüte zu weichen. Jeder Mann hat ja sein kritisches Alter, genau wie die Frau, nur daß bei ihm die Krise im tiefsten Innern vor sich geht, während sie beim Weibe sich nach außen austoben kann. Auch der Arzt ist Mann, auch er versteckt, was seine Seele zerreißt. Unser Beruf bringt der Konflikte gar viele mit sich, und mit der schwerste ist es wohl, den Mut in solchen Zeiten des wankenden Selbstvertrauens nicht zu verlieren, sondern in Geduld auszuharren, bis uns das Göttergeschenk der Selbstbeschränkung und des Kraftbewußtseins in selbstgewählten Grenzen beschert wird.

Man macht sich falsche Vorstellungen von dem, was unsern Beruf so schwer macht. Das Gefühl der Machtlosigkeit ist es nicht, denn wir sind niemals machtlos; auch nicht der Anblick des Elends, wir sehen zu oft mitten im Elend die Größe des Menschen. Es ist durchaus unwahr, daß wir Menschenverächter werden, im Gegenteil, wir lernen die Kleinmütigkeit des Menschen verstehn und wir bewundern seinen Heroismus, wo er uns entgegentritt. Das schwerste sind zwei Dinge: einmal die Frage, die wir uns fort und fort selbst stellen und auch nur selbst beantworten können, da alle andern vom Erfolg oder Mißerfolg irregeführt werden: Tatest du alles, was du tun konntest? Und diese Frage müssen wir uns oft genug, selbst bei den größten Erfolgen, verneinen. Ein solches Nein ist schwer zu verhindern, denn wir wissen das Arztsein zu schätzen, diese Ehre, die nur in uns selbst ruht, nur von uns selbst uns gegeben und genommen werden kann, dieses Amt, das uns weit außerhalb aller menschlichen Schranken stellt und uns in der Einsamkeit unsres Innenlebens und der Verantwortung vor uns selbst ein Gefühl fast übermenschlicher Kraft gibt.

Die zweite Last ist jener ersten gleich. All unser Leben hindurch begleitet uns eine schwere Sorge, die uns fragt: Warum halfst du diesem hier oder jenem dort, von dem du doch weißt, daß er das Unheil der Seinen ist, vielleicht ein Teufel, unter dessen Schlechtigkeit tausend bessre Leben zusammenbrechen? Deine Pflicht ist zu helfen, so hilf denn den Tausenden und laß den einen verkommen. Wer es nicht kennt, der weiß nicht, was es bedeutet, in solchen Augenblicken – und sie sind häufig – nur Arzt zu bleiben und nicht Richter zu werden, da man Gewalt dazu hat.

Und doch, trotz allem Schweren, wo sind die Ärzte, die nicht am Ende ihres Lebens aus wahrem Herzen wiederholen: Wohlan, noch einmal! Es ist ein süßes Ding, bewundern zu können, das Leben anzubeten und zu heiligen. Uns aber zwingt das Arztsein in diese Heiligung des Menschen und des Alls hinein, wir können nicht anders als bewundern, und an die Stelle des Verachtens tritt bei uns das Verstehn. Wir stehn in uns selbst und brauchen nichts andres als Menschen, denen wir Arzt sein können, und selbst dann, wenn das Leben uns zerbrochen hat, uns unsern Beruf des Helfens so oder so abringt, die Anbetung bleibt uns, solange wir denken. Uns genügt ja zur Not das Erinnern an die Menschenhand mit all ihren Wundern, an den Bau des Haares, des Knochens, des Auges.

Das Auge

Was alles weiß uns ein Auge zu sagen! Wir Ärzte leben immer in mitten von Wundern. Ich sprach vorhin vom Blutkreislauf, und ich hoffe, niemand hat aus meiner Schilderung entnommen, daß ich seine Bedeutung geringschätze. Vielleicht hat gar dieser oder jener den Eindruck, als wolle ich alles Lebensgeschehn aus ihm ableiten. Aber da ist ja das Auge, dieses lebendigste Leben, und wo ist denn in ihm kreisendes Blut? Doch eben nur dort, wo man nicht sieht, an blinden Stellen des Auges. Und deutlich tritt uns da die Wahrheit entgegen, von der ich früher so lebhaft sprach, daß das Blut nicht das letzte ist, daß der Blutkreislauf nicht die Triebkraft des Lebens sein kann. Das Blut gelangt nicht bis zum Sitz des Lebens, bis zur Zelle. Aus ihm löst sich der Lebenssaft, der ernährt und erhält, los und strömt auf andern Bahnen dahin, die nicht im Ringe des Gefäßsystems gebunden sind. Der Bau des Auges beweist das.

Ein jeder weiß, daß das Auge ungefähr wie eine Kugel gestaltet ist, und daß wir nicht etwa mit der vordern Fläche dieser Kugel sehn, die der Außenwelt zugekehrt ist, sondern mit der hintern Wand, die tief in der knöchernen Augenhöhle liegt. Damit die Eindrücke der Außenwelt bis an diese Sehfläche, die Netzhaut des Auges, gelangen, muß die Kugel selbst, die sich vor der Netzhaut wölbt, durchsichtig sein.

Man sollte denken, die Grundbegriffe vom Sehn seien allgemein bekannt. Leider hat mich die Erfahrung gelehrt, daß das nicht der Fall ist. Ich besinne mich noch recht gut, daß ich beim Verlassen einer der besten Schulen Deutschlands sehr seltsame Begriffe oder lieber gar keine davon hatte. Bei der Gleichgültigkeit, die uns damals gegen alle naturwissenschaftlichen Kenntnisse anerzogen wurde, störte uns das nicht einmal; wir hatten dann den großen Vorteil, daß uns auf der Universität plötzlich die Augen aufgingen. So ähnlich muß dem Blinden zumute sein, wenn er wieder sieht, ja ich glaube, unsre Freude war noch größer, denn sie hielt an und steigerte sich von Jahr zu Jahr. Man sagt mir, daß die heutige Jugend naturwissenschaftlich besser vorgebildet wird. Es mag sein. Jedenfalls aber beweist mir der Hunger, mit dem sich jedermann auf populäre Schriften naturwissenschaftlichen Inhalts stürzt, daß das Gefühl der Unkenntnis noch groß sein muß. Selbst auf die Gefahr hin, meinen jüngern Lesern längst Bekanntes zu wiederholen, muß ich hier einige dieser Grundbegriffe zum besten geben.

Zunächst etwas, was sich von selbst versteht: in völliger Dunkelheit kann man nicht sehn, zum Sehn ist Licht erforderlich, Tageslicht, Lampenlicht oder sonst irgendwelches Licht. Man sieht aber nicht etwa bei Licht, wie unsre Sprache denken läßt, sondern man sieht überhaupt nichts andres als Licht. Jeder Gegenstand, den wir sehn, strahlt Licht aus, und wir nehmen den Gegenstand nur durch die Strahlen wahr, die er in unser Auge sendet. Allerdings muß man sich diese Strahlen nicht so vorstellen wie die, die wir in Bilderbüchern vom Weihnachtsstern ausgehn sehn. Der Ausdruck Strahl bedeutet hier nur, daß von einem Punkte eine Lichtlinie zu dem Auge hingeht, diese Linie selbst wird nicht gesehn, sie zieht unsichtbar durch die Luft und durch das Auge bis zu einem bestimmten Punkt der Netzhaut; der Punkt, wo sie die Netzhaut trifft, wird wahrgenommen. Nun gehn von jedem einzelnen Punkte eines Gegenstands, sei es ein Tisch oder eine Uhr oder ein Mensch oder ein Pfeil solche Strahlen bis zur Netzhaut, auf ihr setzen sich die Endpunkte der Linien zu einem genauen, wenn auch verkleinerten Abbild des Pfeiles zusammen. In der Netzhaut findet sich ein eigentümlicher lichtempfindlicher Stoff, das Sehrot. Jeder in das Auge fallende Lichtstrahl des Pfeils verändert dieses Sehrot mehr oder weniger je nach seiner größern oder geringern Kraft, genauso wie es bei der lichtempfindlichen Platte des Fotografen geschieht. Es entsteht also auf der Netzhaut eine Fotografie des Pfeils, und diese Fotografie ist es, die durch das Sehn wahrgenommen wird.

Dabei ist nur eins zu bedenken, das Bild auf der Netzhaut ist genau wie auf der fotografischen Platte umgekehrt; die ganze Welt, alles was wir sehn, steht in der Fotografie des Augenhintergrundes auf dem Kopf. Warum wir die Welt trotzdem aufrecht wahrnehmen, ist eines der unergründeten Rätsel, deren es so viele gibt.

Daß das Bild auf der Netzhaut wirklich umgekehrt erscheinen muß, ist leicht zu begreifen. Von einer Uhr, einem Tisch, einem Pfeil gehn natürlich nach allen Seiten hin Strahlen aus, für das Sehn kommen aber nur die in Betracht, die nach dem Menschen hingehn, die müssen vom Auge eingefangen, gesammelt werden, damit sie sich auf der Netzhaut vereinigen, sonst wird das Bild nicht deutlich. Das Auge ist deswegen mit einem Apparat, einer Sammellinse versehn, die ein wenig vor der Netzhaut liegt. Sämtliche Strahlen, die in das Auge eindringen, müssen durch den Brennpunkt dieser Linse hindurchtreten, sich in diesem Brennpunkt vereinigen und kreuzen. Sie nehmen dann weiter ihren Weg zur Netzhaut; jedoch so, daß alle, die von unten in das Auge treten, den obern Teil der Netzhaut treffen, alle, die von links kamen, den rechten – und umgekehrt.

Betrachten wir ein wenig den Bau des Auges. Ich sagte schon, es muß bis zu der Netzhaut hin durchsichtig sein, so daß die Lichtstrahlen hindurchgleiten können. Ein einfaches durchsichtiges Material, das dem Körper zur Verfügung steht, ist Wasser. In der Tat sind die Bestandteile des Auges vor der Netzhaut entweder klares Wasser oder wenigstens sehr wasserreich. Soll das Auge, sein wässriges Material, nicht auslaufen, so muß es in einer Hülle eingeschlossen sein. Das ist auch so, die Augenkugel ist durch eine straffe weiße Haut, deren vordrer Teil das Weiß des Auges bildet, vollständig abgeschlossen. Diese weiße Haut ist undurchsichtig; an ihrer vordern Fläche jedoch, die der Welt zugekehrt ist, auf die die Strahlen der Gegenstände treffen, ist eine runde durchsichtige Scheibe eingefügt, die Hornhaut des Auges. Nur durch sie hindurch fällt Licht auf die Netzhaut.

Dieses Einfangen der Strahlen zum Bilde mittels der Hornhaut genügt aber dem Leben nicht. Da oft genug sehr scharfes Licht in unser Auge fällt, unter dessen eindringenden Massen die empfindliche Netzhaut leiden würde, muß dieses blendende Licht abgestumpft, abgeblendet werden. Zu diesem Zweck ist ein wenig hinter der Hornhaut eine zweite Scheibe, die Regenbogenhaut, eingeführt. Diese Scheibe, die wie bekannt verschiedenartig gefärbt ist und nach deren Färbung die Augen blau, grün, braun, grau und so weiter genannt werden, hat in der Mitte ein Loch, das sich automatisch verengt und erweitert, je nachdem es den Lebensbedürfnissen entspricht. Man nennt dieses Loch die Pupille.

Fällt nun zu viel, zu helles Licht in das Auge ein, wie es etwa der Fall ist, wenn man gerade in eine Flamme hineinblickt, so zieht sich die Pupille sofort zusammen, oft genug bis zur Größe eines Stecknadelkopfs. Die Blendung des Augenhintergrundes durch zu starke Beleuchtung ist dann verhindert, da nur eine kleine Menge Strahlen eindringen kann. Umgekehrt erweitert sich das schwarze Sehloch, je dürftiger die Beleuchtung ist, um möglichst viel Strahlen zu sammeln. Diese Anpassung an die Lichtstärke ist aber nicht die einzige Arbeit der Pupille. Sie verengt sich nicht nur beim Lichteinfall, sondern auch beim Blick auf Gegenstände, die dem Auge nahe sind. Der Zweck ist ohne weiteres verständlich. Je weiter entfernt ein Gegenstand ist, umso schwächer ist das Licht, das von ihm aus in das Auge einfällt, das Sehloch vergrößert sich, um möglichst viel Strahlen zu fangen, und umgekehrt, je näher das Objekt des Sehns ist, um so mehr verengt sich die Pupille, um das Bild auf der Netzhaut deutlich zu machen, nicht zu viel Nebeneindrücke entstehen zu lassen.

Das Bild auf der Netzhaut muß deutlich werden, darauf kommt es an; es fragt sich nur, wie das Auge das fertigbringt. Das versteht sich ja nicht von selbst, wenn wir auch durch die volkommnen Leistungen unsres Sehns zu verwöhnt sind, um viel über die Schwierigkeit des Problems nachzudenken. Man sieht beispielsweise nach der Uhr und hält sie dabei in einem Abstand von einem Meter vor die Augen. Die Strahlen, die von jedem Punkt der Uhr ausgehn, sind bei einem solchen Abstand ziemlich gerade, fast parallel gerichtet. Zifferblatt, Zeiger, Zahlen sind deutlich erkennbar, ein Beweis, daß sich die Uhr klar auf der Netzhaut abbildet, daß also die parallelen Lichtstrahlen jedes einzelnen Teilchens sich genau auf der Netzhaut zum Bilde vereinigen. Nun bringe ich die Uhr aber näher ans Auge, auf einen Abstand von etwa zehn Zentimetern. Die Strahlen jedes Punkts fallen jetzt nicht mehr gerade in das Auge, sondern sehr schräg, sie können sich also, wenn sie nicht irgendwie aus ihrer Bahn abgelenkt werden, auch nicht an derselben Stelle, wie die parallelen Strahlen bei dem vorhergehenden Abstand von einem Meter, auf der Netzhaut zum Bilde gestalten; das Bild müßte ganz woanders entstehn. In Wahrheit sehn wir aber die Uhr in zehn Zentimeter Abstand ebenso deutlich wie in einem Abstand von hundert Zentimetern; das bedeutet: die schrägen Strahlen werden in genau derselben Weise auf der Netzhaut vereinigt wie die geraden, sie werden aus ihrer Bahn durch einen Apparat des Auges, den ich vorhin schon erwähnte, durch die Linse abgelenkt.

Mitten im Auge, zwischen Hornhaut und Netzhaut, hängt diese durchsichtige, beiderseits nach außen gewölbte Scheibe, in ihrer Form wirklich einer Linse gleichend, nur größer und vollkommen klar wie Glas. Sie lenkt die Strahlen der Gegenstände, mögen sie aus der Ferne oder Nähe, parallel oder schräg kommen, immer so ab, daß das Bild gerade auf der Netzhaut entsteht. Ein jeder hat einmal ein Vergrößerungsglas, eine einfache Lupe in der Hand gehabt und besinnt sich, daß die Flächen eines solches Glases gewölbt sind, nach außen gewölbt. Genauso ist es mit der Linse, sie ist ein Vergrößerungsglas, nur daß sie nicht aus Glas hergestellt, sondern ein lebendiges Zellgebilde ist. Und weil sie lebendig ist, kann sie ihre Vergrößerungskraft verändern, sie kann sich bald stärker wölben, bald schwächer, je nachdem ein naher oder ferner Gegenstand gesehn werden soll. Diese einzige Linse leistet, da sie ihre Wölbung verändert, dasselbe wie ein ganzer Kasten Vergrößerungsgläser beim Optiker. Wer sich jemals mit Fotografieren abgegeben hat, erkennt, daß das Auge in seinem Bau dem fotografischen Apparat fast bis zu den kleinsten Einzelheiten entspricht. Allerdings ein gewaltiger Unterschied ist vorhanden: das Auge arbeitet ohne jede Hilfe des Verstands, mit seinen eignen Verstandeskräften, während der fotografische Apparat nichts leistet, wenn er nicht vom Menschen regiert wird.

Das Auge ist lebendig. In ihm arbeiten fortwährend sympathische Nervenkräfte, verengen die Pupille oder erweitern sie, wölben die Linse oder lassen sie erschlaffen, augenblicklich, mit der größten Genauigkeit, so wie es der Moment des Sehens erfordert. In ihm sind beständig Energien tätig, die das Bild auf der Netzhaut, der fotografischen Platte, auslöschen und sie wieder empfindlich für ein neues Bild machen. Und weiter, all diese Bilder bleiben nicht nutzlos liegen, sie werden sofort dem Gehirn übermittelt, gestalten unser Gedächtnis, unser Wissen, Denken, Empfinden, Handeln, sie machen uns zum Menschen. Man kann seine Phantasie anstrengen, wie man will, man wird immer selbst bei den kühnsten Sprüngen hinter dem zurückbleiben, was das Leben wirklich leistet.

Die Voraussetzung für die dauernde Leistungsfähigkeit des Auges ist freilich, daß wir es nicht wie ein wirkliches Stück Glas malträtieren, und diese Voraussetzung trifft leider nicht zu. Unsre Kultur ist von unsrer frühsten Kindheit an bestrebt, das Auge zu ruinieren, und wie der Vergleich unsrer Augen mit denen der kulturlosen Menschen beweist, gelingt ihr das auch. Je gebildeter wir werden, umso größer wird die Zahl der Kurzsichtigen. Der Augapfel verliert durch die frevelhafte Art, mit der wir ihn gewohnheitsmäßig und tagtäglich behandeln, seine runde Form, er wird in die Länge gezogen, so daß die Entfernung zwischen Hornhaut und Netzhaut zu groß wird. Dann kann man nahe Gegenstände noch ebensogut sehn wie früher, aber in etwas größrer Entfernung erkennt man nichts mehr.

Nun, für die Kurzsichtigen gibt es Brillen. Gewiß, die gibt es, und für den, der nicht anders existieren kann, sind sie eine ausgezeichnete Hilfe. Aber man hat vergessen, daß die Brille nur ein Übel ist, vielfach ein notwendiges, aber trotzdem ein Übel, noch dazu ein häßliches. Ich weiß wohl, auf das Aussehn gibt man heutzutage nicht viel. Aber mit den Augen ist es doch eine eigne Sache; sie sind drei Viertel des Menschen. Ein Gesicht mit ausdruckslosen Augen ist durchaus unangenehm. Wer eine Brille trägt, beraubt sich selbst des besten Mittels, Freude zu bereiten, wohltuend zu wirken. Das ließe sich noch ertragen, man hat sich daran gewöhnt, die Menschen mit Scheuklappen herumlaufen zu sehn, wie man sich an jede Mode gewöhnt. Wie steht es aber mit den Augen selbst? Was wird aus ihnen, wenn sie tagaus tagein durch Gläser sehn?

Die Antwort ist nicht schwer. Allerdings muß man nicht erst zum Augenarzt laufen und den fragen; da gibt es eine gelehrte Auseinandersetzung und der Schluß ist: Tragen Sie eine Brille, sonst wird Ihre Kurzsichtigkeit immer ärger. Es genügt vollkommen, irgend so einer Brillenschlange die Gläser hochzuschieben, dann sieht man, daß sie trübe, blöde Augen hat. Und da wagt man zu behaupten, das Brillentragen schade nichts. Gewiß schadet es. Wem der Anblick solch eines toten Augenpaars noch nicht genügt, um diesen Schaden zu erkennen, der drücke einem Brillenträger auf die Nerven, die aus der Augenhöhle austreten, sie sind schmerzhaft; er lasse ihn die Augen ein wenig gegen den Druck des Fingers bewegen, der Schmerz steigert sich zu einer beachtenswerten Stärke. Und wer immer noch nicht überzeugt ist, der nehme dem Manne die Brille für einige Wochen fort; er wird sehn, es geht auch ohne Brille, die Augen werden wieder klar, die Druckempfindlichkeit des Augapfels und seiner Umgebung verschwindet, und vor allem die Kurzsichtigkeit wird nicht schlimmer, sondern weitaus in den meisten Fällen besser. Nur wenn der Mensch etwas genau sehn will, was er ohne Glas nicht sieht, dann soll er zur Brille greifen, sonst niemals. Und er soll sie sofort wieder absetzen, sobald er gesehn hat, was er sehn wollte.

Im Grunde genommen ist die Brille gerade für den Kurzsichtigen unbrauchbar. In der Nähe sieht er ohne Glas besser als der Mensch mit gesunden Augen. Es ist also überflüssig, sie für das Lesen und Schreiben aufzusetzen, und sie bei der Unterhaltung zu tragen, ist geradezu ein Unfug, der sich allerdings selbst bestraft. Auf der Straße aber, zum Fernsehn, tun Kneifer oder Lorgnette weit bessre Dienste, weil sie jederzeit sofort benutzt und auch wieder abgenommen werden können; freilich, wenn der Klemmer fortwährend auf der Nase sitzt, ist er nicht besser als die Brille.

Wenn nun durchaus eine Brille getragen werden muß – das kommt ja vor, obwohl drei Viertel aller Brillenträger gut ohne Gläser auskommen könnten –, dann soll sie wenigstens sorgfältig hergestellt und angepaßt werden. Die Menschen lassen sich ihre Brillen nicht von Sachverständigen aussuchen, sondern setzen auf die Nase, was ihnen der Optiker in die Hand drückt. Ich nehme an, die Nummer der Gläser sei richtig bestimmt; eine kühne Annahme, denn vielfach ist das nicht der Fall. Aber wie ist es mit dem Gestell? Das wird nur selten angepaßt; was kommt darauf an, wenn die Gläser nur stimmen? Aber es kommt sehr viel darauf an. Eine Brille, die auf der Nase hin und her rutscht, schadet unbedingt. Das Brillenglas ist nur für eine ganz bestimmte Entfernung vom Auge brauchbar. Verschiebt sich die Brille, so ändert sich die Entfernung des Glases vom Auge, mit andern Worten, die Lichtstrahlen fallen ganz anders in das Auge ein, es bestehn nicht mehr günstige Bedingungen für das Sehn, sondern falsche.

Das Auge sieht durch ein Glas, das nicht mehr paßt. Und was es für das Auge bedeutet, durch ein falsches Glas zu sehn, brauche ich nicht erst zu sagen.

Weiter: unsre Brillengläser sind oval gebaut, das heißt, sie decken das Auge, den Blick des Auges nur halb. Über und unter der Brille fallen Lichtstrahlen ein, die nicht durch ein Glas gebrochen werden. Die Netzhaut wird also gleichzeitig durch korrigierte und unkorrigierte Strahlen getroffen. Es müßte ein sehr merkwürdiges Auge sein, dem das auf die Dauer nicht schadete. Schlimmer ist es noch, daß jeder Versuch, anders als geradeaus zu blicken, sich rächen muß. Der gewöhnliche Sterbliche beherrscht ein Gutteil seiner Umgebung durch die Bewegung der Augäpfel; er dreht sie nach oben, nach unten, nach den Seiten, und diese Bewegung hat eine tiefe Bedeutung, da der Augapfel dabei jedesmal durch die Wände seiner Höhle, durch die Augenlider und so weiter massiert wird; eine Menge sympathischer Tätigkeiten wird dadurch ausgelöst, die bei einem so fein gebauten, so wasserreichen Organ Folgen haben. All diese Bewegungen des Augapfels fallen für den Mann mit den ovalen Brillengläsern fort; er muß stets den Kopf statt der Augen bewegen. Tut er es nicht, versucht er bloß mit den Augen nach rechts oder links, oben oder unten zu blicken, so sieht er mit der Hälfte des Auges durch das Brillenglas, mit der andern nicht; kein Auge erträgt das gutwillig. Wenn die Brille überhaupt einen Sinn haben soll, so müssen ihre Gläser rund und groß sein wie bei einer Schutzbrille, so daß sie das Gesichtsfeld vollständig decken. Vor allem muß sie fest sitzen.

Eine ganz grobe Unsitte hat sich neuerdings eingeschlichen, hauptsächlich bei den Brillen für Weitsichtige. Ein jeder weiß, daß ein großer Teil der Menschen, durchaus nicht alle, im Alter fernsichtig werden; die Linse des Auges verliert ihre Fähigkeit zur stärkern Wölbung, und das Auge ist dann nicht mehr imstande, die Strahlen von nahen kleinen Gegenständen, etwa von kleiner Druckschrift, so zu brechen, daß sie sich auf der Netzhaut abbilden. Man verwendet, um diesen Fehler zu korrigieren, gewölbt geschliffne Gläser, während der Kurzsichtige bekanntlich hohl geschliffne braucht. Nun kann der Fernsichtige mit solch einem Vergrößerungsglas – etwas andres ist es nicht – wohl lesen, aber schon in einer Entfernung von zwei bis drei Metern sieht er mit der Brille gar nichts. Er muß sie absetzen, sobald er vom Buch aufblickt, um etwa aus dem Fenster zu sehn oder zu erkennen, wer ins Zimmer tritt, und wenn er in der Ferne auch nicht gut sieht, wie es vorkommt, dann muß er erst die Nahbrille abnehmen und eine Fernbrille aufsetzen. Das ist gewiß nicht angenehm, und um die Unbequemlichkeit des Wechselns zu beseitigen, hat man Doppelgläser gebaut, deren obre Hälfte für die Fernsicht, die untre für das Nahsehn eingerichtet ist; in demselben Rahmen findet sich also ein stark gewölbtes und ein schwach gewölbtes Glas, beide scharf voneinander abgesetzt. Bei einem solchen Mordinstrument werden nun die Strahlen in dreifach verschiedner Weise gebrochen, die untern stark, die mittlern schwach, die obern und seitlichen gar nicht.

Es scheint Augen zu geben, die selbst diese Mißhandlung aushalten; aber die Menschen halten es nicht aus. Die fortwährende Anstrengung, aus diesen dreifach verschiednen Netzhauteindrücken ein einheitliches Bild herzustellen, was doch niemals gelingen kann, reibt allmählich ihre Kräfte auf. Die Leute sterben natürlich nicht daran, werden auch nicht erwerbsunfähig, aber ihre Leistungsfähigkeit und ihre Lebensfreude gehn nach und nach zurück, sie werden das, was man als gebildeter Mensch neurasthenisch nennt, und dann lassen sie ihr ganzes Leben an sich herumflicken, bald an den Nerven, bald am Kopf, bald am Herzen, sicher aber am Darm.

Daß eine Brille, und nicht nur eine schlechte, sondern der Mißbrauch jeder Brille so schwere Folgen haben kann, setzt nur den in Erstaunen, dem das Auge nichts weiter ist als ein Instrument zum Sehn. Organe sind aber überhaupt nicht Instrumente, sondern lebendige Teile eines Organismus. Das Auge liegt nicht außerhalb des Körpers, sondern gehört dazu und ist nicht weniger lebenswichtig als etwa eine Niere. Die berühmte Arbeitsteilung, auf die unsre Zeit so stolz ist, weil sie angeblich der Gipfel der Kultur ist, das Spezialistentum, wie es überall und nicht zum wenigsten in der Medizin sich entwickelt hat, bringt es leider so mit sich, daß die Menschen sich heute ihre Augen behandeln lassen und morgen ihren Magen und übermorgen ihren Kehlkopf, genau so, als ob das eine ein Hut, das andre eine Weste, das dritte ein Hemdkragen wäre. Die legt man ab, schickt sie zum Hutmacher, zum Schneider, zur Wäscherin und bekommt sie in mehr oder minder gutem Zustand wieder. Aber Augen lassen sich nicht abknöpfen; dessen sollte man sich wieder bewußt werden. Wenn der Sachverständige, hier also der Arzt, einen Kranken zum Spezialisten schickt, so hat das einen Sinn, wenn auch etwas Zurückhaltung in diesem Mißtrauen gegen das eigne Können und im Vertraun zu spezialistischer Überlegenheit nichts schaden könnte; daß aber die Kranken selbst entscheiden, ob ihr Magen, ihr Darm, ihre Gebärmutter reparaturbedürftig sind und je nachdem den Magen-, Augen- oder Frauendoktor aufsuchen, hat gewiß keinen Sinn. Sie dürfen sich dann wenigstens nicht wundern, wenn sie jahrelang vergeblich mit Elektrizität, Magenausspülungen, kalten Abreibungen und so weiter behandelt werden. Wie sollte ein Arzt, der von Berufs wegen nie sich mit etwas andrem beschäftigt hat als mit Mägen und Därmen, darauf kommen, daß die Brille an allem schuld ist?

Ja, wird man fragen, ist denn das möglich? Besteht ein solch enger Zusammenhang zwischen Augen und Magen und Herz und Lungen und Hirn? Wer jemals seekrank gewesen ist oder auch nur Seekranke gesehn hat, weiß, daß es möglich ist; wer schwindlig wird, wenn er über ein schmales Brett gehn soll, wenn er vom Turm oder der Felswand herabblickt, der weiß, daß es möglich ist. Und wer für die Seekrankheit, den Schwindel, die Platzangst, die auch hierher gehört, andre Ursachen kennt – und solcher Ursachen gibt es genug –, der versuche einmal einen Tag lang ohne Schutzbrille durch eine Schneewüste zu gehn, dann wird er nicht wieder vergessen, daß das Auge noch etwas andres ist als ein Instrument zum Sehn.

Es ist darüber gar nicht viel zu reden. Ein jeder kennt ja die Tatsache, daß vom Auge aus Schwindel, Erbrechen, Herzklopfen, Todesangst, Schweißausbruch, kurz alles und jedes hervorgerufen werden kann. Wenn dem aber so ist, wenn ein Augenleiden Wirkungen auf alle Körperteile und auf den Gesamtorganismus haben kann, liegt der Schluß nahe, daß das Auge sich noch anders als rein örtlich und spezialistisch behandeln läßt. Der Augenarzt weiß das auch und macht, so weit ihm das seine auf ein bestimmtes Gebiet beschränkte Erfahrung gestattet, Gebrauch von dieser Erkenntnis. Aber es ist doch ein seltsamer Umweg, daß man spezialistischen Rat sucht, um vielleicht einer Allgemeinbehandlung unterworfen zu werden.

Um Mißverständnissen vorzubeugen, bemerke ich hierzu folgendes: Der Spezialarzt hat ohne jeden Zweifel auf seinem Gebiet ein größres Wissen und Können als unsereins, und es wäre albern, seine Überlegenheit abzuleugnen, da sie sich ja tausendfach im Leben zeigt. Es fragt sich nur, wo seine Tätigkeit beginnen und wo sie aufhören soll. Darüber den Kranken entscheiden zu lassen, ist falsch. Auch der Spezialist wird sich über diese Grenzen oft irren. Ich halte es nicht für richtig, daß wir Ärzte freiwillig auf ein Recht verzichten, das uns allein zusteht.

Ich habe absichtlich das Kapitel über das Auge gewählt, um meine Meinung über die Grenzen spezialistischer Tätigkeit zu äußern, weil beim ersten Zuschaun kein lebenswichtiges Organ so selbständig und unabhängig vom Körper zu sein scheint wie das Auge. Eine dünne Schleimhaut, ein paar Muskeln, ein großer Nerv und einige dünnre, ein paar Blutgefäße, das ist so ziemlich alles, was den Zusammenhang herstellt. Hat eine andre Behandlung als die örtlich-spezialistische, hat eine Behandlung des Menschen in seiner Gesamtheit Wirkungen auf ein solches Organ wie das Auge, so ist das eine wichtige Bestätigung meiner Annahme, daß man nicht Organe, sondern Menschen, nicht Krankheiten, sondern Kranke behandeln soll. Es ist vielleicht angebracht, hier an einem Beispiel klarzumachen, was ich unter einer Behandlung verstehe. Ich will damit nicht etwa behaupten, so und nicht anders müsse man verfahren, man kann es vielleicht auch anders machen. Ich will nur zeigen, was Menschenbehandlung und was Krankheitsbehandlung ist.

Ein Mensch kommt zum Arzt, nehmen wir an, ein dreiundsechzigjähriger gebrechlicher Herr, mager, mit verfallnem Gesicht und Körper. Er ist bisher spezialistisch von einem Augenarzt behandelt worden. Da sich nach Ansicht des Spezialisten eine Ausbuchtung der Hauptkörperschlagader auf Grund von Arterienverkalkung ausgebildet hat, die im Verlauf von einigen Monaten zum Tode führen muß, ist er, mit bestimmten Vorschriften für das spezielle Augenleiden ausgerüstet, jenem Arzte überwiesen worden. Die Mitteilungen des Spezialisten sind folgende: Der Kranke hat in der Kindheit durch einen unglücklichen Fall sich sein rechtes Auge so schwer verletzt, daß der ganze Augapfel entfernt werden mußte; er trägt in der leeren Augenhöhle ein Glasauge. Das linke Auge, das etwas aus der Höhle hervorragt, hat seit einigen Jahren, vermutlich durch Überanstrengung und infolge hochgradiger Gefäßverkalkung, ebenfalls schwer gelitten. Das Sehvermögen ist so gering, daß nur noch Licht und Schatten erkannt werden. Der Patient klagt über quälende Nebel vor dem Auge, die ab und zu mit Erscheinungen von Flammen abwechseln. Die Untersuchung ergibt, daß im Glaskörper – das ist ein wasserklares Gebilde zwischen der Netzhaut und der Linse – zwei ziemlich große, völlig undurchsichtige Trübungen vorhanden sind. Die Gefäße der Netzhaut sind geschlängelt, die Netzhaut selbst an der Stelle des Sehpunkts – das ist der eigentlich sehende Teil der Netzhaut – abgelöst. Um den kaum nennenswerten Rest von Sehvermögen zu retten, sind nach einer Reihe erfolgloser Versuche mit den verschiedensten Mitteln, Einspritzungen von Strychnin in die Augenbindehaut gemacht worden; gleichzeitig wurde Jodkali gegeben. Beides soll, wenn irgend möglich, weiter gegeben werden. Bei der großen Gefahr einer neuen Netzhautblutung, vielleicht auch einer Gehirnblutung, ist große Vorsicht bei allen Bewegungen anzuraten, namentlich jedes Bücken zu vermeiden. Eine von Zeit zu Zeit auftretende Bindehautentzündung des Auges mit Rötung der Gefäße im Weißen des Auges hat nicht viel zu bedeuten. Der Patient weiß, was er zu tun hat, um sie sofort wieder zu beseitigen.

Was wird der Arzt tun? An dem Augenbefund zu zweifeln, hat er keine Ursache, ja er hält es sogar für zwecklos, das Auge zu untersuchen. Der Spezialist hat das sicher gründlich besorgt und weit besser, als der Arzt es kann. Aber das, was der Augenarzt gefunden hat, gewinnt nun eine andre Bedeutung.

Es bestehn in dem Auge Zirkulations- und Ernährungsstörungen, das ist sicher; die Glaskörpertrübungen und die Netzhautablösung beweisen es. Die Ursache dieser Störungen glaubt der Augenarzt, von seinem Standpunkt aus mit vollem Recht, in dem Bilde des Augenhintergrundes gefunden zu haben; die Gefäße der Netzhaut sind geschlängelt, das bedeutet, sie sind verkalkt. Verkalkung der Gefäße verbunden mit der jahrzehntelangen Überanstrengung des einen Auges ist eine ausreichende Erklärung für die Erscheinungen am Auge. Daß er diese Arterienverkalkung auch an andern Schlagadern feststellen kann, daß eine Erweiterung der

Hauptkörperschlagader zu bestehn scheint, gibt dieser Erklärung Gewißheit. Es kommt also für die Behandlung nur in Betracht, die Fortschritte der Verkalkung aufzuhalten und die schweren Folgen dieser Verkalkung für das Auge nach Möglichkeit hintanzuhalten. Auf diese beiden Punkte richtet er seine Behandlung ein.

An den Arzt tritt sofort eine andre Frage heran: sind außer den Zirkulationsstörungen im Auge noch andre Störungen vorhanden und lassen sie sich, wenn sie da sind, ebenfalls aus der Arterienverkalkung und nur aus ihr erklären? Wäre das der Fall, könnte das der Fall sein, so bliebe ihm nichts andres übrig, als die aussichtslose Sache zu einem sanften Ende zu leiten. Schon der erste Händedruck des Kranken hat ihn belehrt, daß Zirkulationsstörungen bestehn, die sich nicht aus der Arterienverkalkung erklären lassen; der Patient hat eiskalte bläuliche Hände. Der Arzt hat jedoch in seiner Praxis so oft alten Leuten, deren Gefäße im höchsten Grade verkalkt waren, die Hand geschüttelt, daß er bestimmt weiß, Arterienverkalkung ist kein Grund für kalte Hände. Dafür muß eine andre Erklärung gesucht werden; gleichzeitig ist es ein Anhaltspunkt für die Behandlung. Kalte, blaue Hände sind der Beweis einer Blutaderstauung, damit läßt sich schon eher arbeiten als mit der Arterienverkalkung. Sofort reihen sich eine ganze Anzahl andrer Erscheinungen an. Nase und Ohren sind kalt und blau, die Füße sind kalt, die Blutadern am Halse und an den Schläfen geschwollen. Der Bauch ist eingesunken, sehr straff gespannt, die Brust dehnt sich bei der Atmung nicht mehr so, daß man es mit dem Zentimetermaß messen kann; das Zwerchfell steht hoch. An den Finger- und Zehengelenken finden sich Gichtablagerungen, Beine, Arme und Rücken sind auffallend steif. Eine ganze Reihe schmerzhafter Punkte lassen sich an den Händen, Armen, Hüften und Füßen nachweisen.

All das kann nicht durch Verkalkungen bedingt sein. Ob tatsächlich eine Ausdehnung der Hauptkörperschlagader besteht, läßt sich im Augenblick nicht entscheiden. Allerdings ist ein mit dem Herzschlag gleichzeitig pulsierender Widerstand in der Magengrube zu fühlen, aber das ist noch kein Beweis für ein so schweres Leiden, wie es die Pulsadergeschwulst ist. Es kann ganz gut durch die straffe Spannung der eingesunknen Bauchwandungen hervorgerufen sein. Jedenfalls liegt kein Grund zur Hoffnungslosigkeit vor, im Gegenteil, der Weg der Behandlung ist schon jetzt gegeben. Es wird darauf ankommen, Atmung und Kreislauf wieder zu beleben. Man wird dann sehn, wie sich die Dinge weiter gestalten.

Bei alledem hat der Arzt aber auch eine andre Ansicht über den Zustand des kranken Auges gewonnen. Von vornherein sind ihm drei Dinge aufgefallen: Das Vortreten des Auges aus der Höhle, die Nebel- und Flammenbilder vor dem Auge und die häufig wiederkehrenden Bindehautentzündungen. Alle drei ließen sich gut aus der Überanstrengung des fast blinden Auges erklären. Das hat der Spezialist getan, und es ist nichts dagegen einzuwenden. Aber es läßt sich mit demselben Recht aus den Kreislaufstörungen außerhalb des Auges herleiten, ja möglicherweise sind selbst die Ursachen der Glaskörpertrübungen und der Netzhautablösung nicht in der Gefäßverkalkung innerhalb des Auges zu suchen, sondern beides beruht auf einem Allgemeinleiden des Körpers.

Auch dafür finden sich Anhaltspunkte. Zunächst sind sämtliche Austrittsstellen der Nerven aus der Augenhöhle so schmerzhaft, wie es bei örtlich bedingten Augenerkrankungen nicht vorzukommen pflegt. Diese Schmerzhaftigkeit läßt sich aber auch an andern Nerven des Gesichts und Kopfs nachweisen, am Kiefer-, Schläfen- und Hinterhauptnerv. Ja, bei letzterem zeigt sich das beachtenswerte Phänomen, daß seine Dehnung einen Schmerz auslöst, der bis in das Auge geht. Das ist eine bekannte Erscheinung, die bei Störungen im sympathischen Nervengeflecht des Halses auftritt. Sie ist fast ein Beweis dafür, daß die Ansicht des Spezialisten, die Augenerkrankung beruhe auf Überanstrengung und Arterienverkalkung, falsch ist, und daß auch seine Behandlung eine falsche Richtung genommen hat. Die Bestätigung findet sich schon bei dem nächsten Griff. Der Druck auf den untern Rand des Kehlkopfs ruft die Nebelerscheinung vor dem Auge hervor, die Berührung des Sympathikus an den großen Schlagadern des Halses ist von Flammenbildern gefolgt.

Damit sind bestimmte Richtlinien für die Behandlung gegeben. Jodkali und Strychnin werden fortgelassen, sie sind für die Beseitigung der Zirkulationshindernisse nutzlos, belasten aber den ohnehin schwergeschädigten Körper durch unnötige und unter Umständen schädliche chemische Prozesse. Anstelle der ängstlichen Vorsicht, die jede Anstrengung und jedes Bücken verbietet, tritt der Gedanke, den Körper allmählich wieder an Lageveränderungen und Arbeit zu gewöhnen, da beides den freien Lauf der Flüssigkeiten erheblich fördert. Der Arzt lagert den Kranken für einen Augenblick so, daß der Kopf tiefer zu liegen kommt als der Rumpf und die Beine; beim Aufrichten, das sich sofort an das Niederlegen anschließt, tritt Schwindel auf. Nach einigen Minuten wird der Versuch wiederholt, und diesmal bleibt der Schwindel fort.

Das ist, so kann man sagen, der entscheidende Moment der Behandlung. Seit Jahren hat der Kranke in der Angst gelebt, daß er bei einer zufälligen Bewegung des Bückens völlig erblinden werde. Er fügt sich halb verzweifelt dem seltsamen Befehl des Arztes, den er nach allem, was er bisher gehört hat, für das Ende seines bißchen Sehns halten muß, und es geschieht ihm nichts. Den Schwindel kennt er, den hat er schon oft gehabt, trotz aller Vorsicht. Zweifelnd und mißtrauisch nimmt er die gefahrdrohende Lage zum zweitenmal ein, und wenn er sich nun erhebt, ist er innerlich umgewandelt. Also ist es nicht wahr, denkt er, daß ich ein verlorner Mann bin, ein Mensch, der nur noch in Angst vor der ersten raschen Bewegung leben muß, der das Gespenst völliger Umnachtung auf Schritt und Tritt neben sich hergehn hat? Dann ist vielleicht auch alles andre, was mich einengt und martert, nur leeres Hirngespinst. Wohlan, ich will versuchen, was dieser Doktor ausrichten kann. Damit ist das Vertrauen des Kranken erobert, er wird gehorchen, eigentliche Schwierigkeiten für die Behandlung bestehn nicht mehr.

Wie wird sich die nun gestalten? Jedenfalls, das läßt sich denken, wird sie die ganze Zeit und Kraft des Kranken in Anspruch nehmen. Ich lasse hier folgen, was ich persönlich verordnen würde, betone aber nochmals, daß man es auch anders machen kann.

1. Das Körpergewicht, der Umfang der Brust und des Bauchs sollen regelmäßig zweimal wöchentlich festgestellt werden. – Das ist zur Kontrolle des Erfolgs oder Mißerfolgs wünschenswert. Waage und Bandmaß sind mit die wichtigsten Instrumente des Arztes.

2. Der Kranke soll nicht länger als eine halbe Stunde in aufrechter Stellung zubringen; mindestens jede Stunde soll er sich so hinlegen, daß der Kopf tiefer liegt als die Füße. Diese Situation soll er, je nachdem es ihm angenehm oder unangenehm ist, längere oder kürzere Zeit beibehalten. – Hierdurch

werden Gehirn und Auge an die unvermeidlichen Schwankungen des Kreislaufs, wie sie durch das Leben hervorgebracht werden, gewöhnt. Die Arbeit des Herzens wird erleichtert, da das Bergauftreiben des Bluts zeitweise ausgeschaltet wird. Die Körpersäfte außerhalb des Gefäßrings, die bei langdauernder aufrechter Haltung nach unten sinken, dort versumpfen und für das Leben nutzlos verderben, werden dem Körperbetrieb erhalten; die künstlich herbeigeführten Inhaltsschwankungen des Schädels haben eine Rückwirkung auf alle Lebensvorgänge, besonders auf die vom sympathischen Nervensystem abhängigen Kreislaufverhältnisse.

3. Der Kranke soll jeden Gegenstand, der zur Erde fällt, selbst aufheben; kann er ihn, vom Gehör geleitet, nicht finden, so soll ihm von seinem Pfleger die Hand geführt werden; es soll ihm möglichst wenig geholfen werden, ihm eine möglichst große Selbständigkeit anerzogen werden. – Außer dem eben erwähnten Zweck, einem Wechsel im Kreislaufgefäll, liegt hier eine erzieherische Absicht vor, die dem Kranken, selbst wenn das Auge erblinden sollte, eine gewisse Lebensbreite sichert.

4. Mit dem Kranken sollen öfters am Tage Sehübungen angestellt werden, jedoch nur für kurze Zeit; es darf dabei niemals Ermüdung eintreten. – Jedes Organ braucht Übung, um lebendig zu bleiben.

5. Genau dasselbe gilt von allen Bewegungen und Anstrengungen: sie sollen nicht vermieden, aber nie bis zur Ermüdung ausgedehnt werden; dabei muß das Bestreben vorherrschen, sie allmählich zu steigern. – Alle Bewegungen fördern den Kreislauf; die Ermüdung schädigt den geschwächten Körper; die allmähliche Steigerung hat auch seelische Zwecke.

6. Der Kranke soll öfter am Tage Atemübungen machen, in der Weise, daß er die Knie gegen den Leib drückt oder den Rumpf gegen die Beine und dann tief atmet. – Die Atmung soll geübt werden, die Wirkung habe ich früher auseinandergesetzt.

7. Täglich sollen heiße Teilbäder von 45° Celsius bis zu einer halben Stunde Dauer genommen werden, abwechselnd Armbäder und Beinbäder, die Temperatur muß durch Zugießen von heißem Wasser hochgehalten werden. – Auch dafür sind Gründe maßgebend, die sich aus meinen frühern Angaben

erklären; die auffallende Kälte der Extremitäten ist bestimmend für die Wahl der Arm- und Beinbäder.

8. Außerdem sollen täglich heiße Hinterkopfbäder von 48,7° bis 50° Celsius gegeben werden; die Zeitdauer des Bades ist anfangs kurz zu bemessen, soll jedoch nach und nach gesteigert werden. Ebenso sollen je einmal am Tage fünf Minuten lang heiße Schwämme auf die Stirn- und Schläfengegend des kranken Auges und auf den Kehlkopf und Halssympathikus gelegt werden. – Der Kreislauf im Schädel und Auge wird dadurch direkt beeinflußt. Die Technik des Kopfbades ist sehr einfach. Jedes Waschbecken genügt dazu, wenn auch eine Wanne mit Nackenausschnitt bequemer ist. Der Kranke liegt auf dem Rücken und läßt den Kopf in das etwas niedriger stehende Gefäß hineinhängen.

9. Der Kranke soll, während der Arzt auf ihm kniet, tief atmen, bis zu vierzig Atemzügen; unter Umständen ist das mehrmals am Tage zu wiederholen. Man ängstige sich nicht, es passiert nichts dabei, weder bei Schlagflüssigen noch bei Leuten mit Pulsadergeschwülsten. Diese Maßnahme halte ich gerade in dem Fall, wie ich ihn angenommen habe, für unbedingt notwendig, weil sich kaum anders die Spannung des Bauchs beseitigen läßt; solange die jedoch besteht, ist auf Besserung nicht zu rechnen.

10. Die Arme und Beine müssen vom Arzt überstreckt werden. – Anregung des Kreislaufs durch Dehnung der Gefäße ist beabsichtigt.

11. Der Augapfel ist verständig zu massieren; es sollen mit ihm Bewegungen nach allen Seiten gegen den Druck des ärztlichen Fingers ausgeführt werden; alle Nerven, die aus der Augenhöhle austreten, ebenso die Schläfen, Kinnbacken- und Hinterhauptsnerven müssen vom Arzt stark geknetet und gedehnt werden. – Es sind Eingriffe, die direkt auf den Kreislauf, die Ernährung und den Füllungszustand des Augapfels einwirken.

12. Die Mahlzeiten sollen in kleinen Mengen genommen werden. Fleisch, Fleischbrühe und Fleischsaucen sind fortzulassen, ebenso jeder Alkohol, Tee und Kaffee. An Flüssigkeit soll in vierundzwanzig Stunden nicht mehr als ein halber Liter verbraucht werden. Für regelmäßige Entleerungen ist zu sorgen, bleiben sie fort, so soll Rhabarber gegeben werden. – Die Spannung des eingesunknen Bauchs macht es wün-

schenswert, dem Darmkanal leichte Arbeit zu verschaffen; die vegetarische Diät sowie das Verbot bestimmter Genußmittel bezwecken, den hochgradigen Erregungszustand des Nervensystems, der teils durch den Charakter des Kranken, teils durch die Störungen im sympathischen System, vor allem durch die Angst bedingt ist, zu beseitigen: die Einschränkung der Flüssigkeit ist dringend geboten, bei den schlechten Kreislaufverhältnissen muß die Körperflüssigkeit auf das Mindestmaß herabgesetzt werden; falls auch nur die geringste Aussicht ist, daß die Trübungen im Glaskörper aufgesogen werden können, ist der Durst dafür das beste Mittel; außerdem steigert das Trinken die Spannung im Bauch.

So ungefähr würden die Vorschläge des Arztes für die erste Zeit lauten; daß sie im weitern Verlauf nach dieser und jener Richtung hin abgeändert werden müssen, daß sie schließlich immer mehr dem Alltagsleben anzupassen sind, versteht sich von selbst. Denn nicht das Leben in den Grenzen einer strengen Vorschrift ist das Ziel der Behandlung, sondern das breite Durchschnittsleben, soweit das sich für einen fast Blinden erreichen läßt.

Ich füge diesen Phantasieverordnungen, die wie gesagt kein Muster, sondern ein Beispiel sind, noch einige Erläuterungen hinzu, um gewisse allgemein wichtige Punkte mehr hervorzuheben. Zunächst wird es vielleicht wundernehmen, daß mein Arzt in seinen Vorschriften keine Notiz von der Pulsadergeschwulst nimmt. Das ist nicht richtig; alle Maßnahmen, die er trifft, sind gleichzeitig darauf berechnet, eine Verschlimmerung der Geschwulst zu verhüten. Der Illusion, daß es gelingen könne, durch Jodkali die Ausbuchtung einer Schlagader wieder zum Verschwinden zu bringen oder auch nur ihre Vergrößerung aufzuhalten, gibt sich ein praktischer Arzt nicht hin. Daß ich die Geschichte des Augenkranken mit der Annahme einer solchen Geschwulst belastet habe, geschah nur in der Absicht, zu erläutern, daß man selbst bei so schweren Erkrankungen sich nicht zu scheuen braucht, altbewährte Mittel wie heiße Bäder und Atemübungen unter Druck zu verwenden. Ja sie sind da erst recht am Platze, da eine solche Schlagadererkrankung am besten durch Beseitigung aller Blutstromhindernisse behandelt wird. Steigert man das Gefälle eines Stroms, so wird die Gefahr, daß er seine Ufer durchbricht, geringer. Da es aber für die weitere Entwicklung meiner Geschichte ganz gleichgültig ist, ob bei dem Kranken eine solche Geschwulst besteht oder nicht, so lasse ich sie jetzt, nachdem sie ihre Schuldigkeit getan hat, in der Versenkung verschwinden. Es stelle sich heraus, daß der pulsierende Widerstand, der gefühlt wurde, lediglich durch das Anschlagen der Pulswelle gegen die straffe Bauchwand verursacht war.

Weiter muß ich noch etwas über das Verbot des Trinkens sagen. Man nennt den Wein den Sorgenbrecher, und wo es der Wein nicht tut, pflegt man das Sprüchlein zu zitieren: wer Sorgen hat, hat auch Likör. Gewiß ist es richtig, daß der innerlich gehetzte und gequälte Mensch oft sein Gehirn mit Alkohol umnebelt. Aber man achte doch einmal darauf, wie unendlich viele in der Erregung nicht zum Weinglas, sondern zum Wasserglas greifen. In jedem halbwegs spannenden Roman kommt irgendeine Stelle vor, wo der Held oder die Heldin hastig ein Glas Wasser hinunterstürzt, so bekannt ist diese Gewohnheit. Hat man es also mit aufgeregten, eingeängstigten Kranken oder mit den oft genannten Nervösen zu tun, so kann man fast mit Bestimmtheit annehmen, daß sie viel und hastig Wasser trinken. Es ist eine sehr schlechte Gewohnheit, der man beizeiten entgegentreten muß. Eine Flüssigkeitsaufnahme von zwei bis drei Litern täglich kann ich meinem Augenkranken ruhig andichten, ohne die Geschichte damit unwahrscheinlich zu machen.

Und in diesem Zusammenhang gleich noch eins: Leuten, die einen Schwindelanfall haben, blaß oder ohnmächtig werden oder sich sonst irgendwie unwohl fühlen, bietet das gebildete Mitleid der Freunde und Verwandten ein Glas Wein oder einen Kognak an; wem solche Zustände öfter zustoßen, der gewöhnt sich mit Hilfe gütiger Seelen nach und nach einen netten stillen Suff an. Dazu möchte ich doch bemerken, daß bei solchen Gelegenheiten Schnaps oder Wein nicht die mindesten Vorzüge vor irgendeinem andern Getränk haben. Wenn schon etwas in den Bauch hineingebracht werden soll, was meist nicht nötig ist, so begnüge man sich mit heißem Wasser. Man vergesse aber dabei nicht, daß es enge Halskragen und noch enge Schnürleiber gibt, und daß ein Mensch, der erblaßt, mit dem Kopf flach und mit den Beinen hoch liegen muß.

Und nun zurück zu meiner Geschichte. Was wird aus dem

Kranken? Selbstverständlich wird er nicht wieder gesund, eine abgelöste Netzhaut wird nicht wieder funktionsfähig. Aber ich lasse ihn, ohne die Grenzen der Wahrscheinlichkeit zu überschreiten, nach einem halben Jahr der Behandlung wieder bei dem Augenarzt erscheinen, und der stellt fest, sachlich und sicher, wie nur er es kann, daß der Kranke jetzt fähig ist, in einer Entfernung von ein bis zwei Metern Gegenstände zu unterscheiden, daß er die Straßenschilder zu lesen vermag und daß er angeben kann, was auf irgendeiner Ansichtspostkarte zu sehn ist. Diese Zunahme der Sehkraft ist dadurch entstanden, daß die Trübungen des Glaskörpers erheblich kleiner geworden sind. Der Kranke erzählt dann noch, daß er keine Bindehautentzündungen mehr gehabt hat, daß die Flammenbilder ganz verschwunden sind und die Nebel vor dem Auge nur noch selten auftreten. Spezialist und Kranker freuen sich des unerwarteten Erfolgs und beide sind der Ansicht, daß es rätlich ist, die Behandlung weiter fortzusetzen.

Damit bin ich bei dem angelangt, was mich bewogen hat, meine Leser mit der ziemlich langen Geschichte eines Augenkranken zu behelligen: die Trübungen des Glaskörpers haben sich aufgehellt. An sich klingt das nicht erstaunlich, es ist auch gewiß nicht wunderbarer als irgendein andrer Vorgang im menschlichen Körper, aber eins geht daraus klar hervor, daß außer dem Blut noch andre Ströme im Körper kreisen, die nicht in dem Adernetz fließen, die nicht vom Herzen getrieben werden, die keine rote Farbe haben, die aber in Wahrheit alle Lebensprozesse vermitteln. Das Blut kann das nicht tun, das hob ich schon einmal mit aller Schärfe hervor; denn kein Tropfen Blut gelangt jemals in die Zellen. Hier, bei der Besserung der Glaskörpertrübungen, sehn wir diese blutlosen Säfte am Werk. Denn im Glaskörper gibt es keine Blutgefäße. Wenn in ihm Veränderungen auftreten, so kann es nur durch Vermittlung von Körpersäften geschehn, die außerhalb des Blutkreislaufs bestehn. Und diese Tatsache ist allerdings seltsam, seltsam deshalb, weil sie von uns Ärzten jahrzehntelang vergessen war.

Die Sinne

Ich erwähnte früher, daß der Blutkreislauf, trotzdem er schon einige Jahrhunderte entdeckt ist, und trotzdem alle unsre medizinischen Kenntnisse und unsre gesamte Wissenschaft darauf fußt, der Masse aller Gebildeten so gut wie unbekannt ist. Dafür aber hat diese Masse eine Kenntnis vor uns Ärzten voraus, sie hat durch die Jahrhunderte hindurch den Begriff der Säfte gerettet.

Das Wort: schlechte und gute Säfte enthält eine verborgne Wahrheit; der Hohn, mit dem man diese Wahrheit ihres altertümlichen Klanges wegen lange Jahre hindurch behandelte und noch behandelt, ist ein Beweis, daß, was einmal einen großen Fortschritt bedeutete, ein Hemmnis der Entwicklung wird, sobald es dogmatisch erstarrt. Mühsam und langsam auf dem Umwege der Bakterienforschung und der Behandlung mit Blutserum und Organsäften gelangen wir wieder auf das Gebiet, von dem uns die Blut- und Zellenlehre weggeführt hatten, und auf dem das Studium der Körpersäfte, ihres Kreislaufs und ihrer Bedeutung für alle Lebensprozesse eine große Umwälzung aller medizinischen Anschauungen hervorbringen wird. Wir sind für dieses Studium weit besser ausgerüstet als unsre Vorfahren, von deren Arbeit fast nur das Wort Säfte übriggeblieben ist, gerade weil wir Blut und Zelle kennengelernt haben. Aber leugnen läßt es sich nicht, daß die Ärzte vor Hunderten von Jahren das Ziel deutlicher sahen als wir, wenn auch ihre Mittel zur Erreichung des Ziels nicht ausreichten. Dem kommenden Geschlecht ist es beschieden, diese Frage der Lebenssäfte zu lösen.

Bisher ist man der Frage, wie ich schon sagte, kaum nahegetreten. In den medizinischen Lehrbüchern und im Unterricht existiert für die Körpersäfte nur ein einziges Kapitel, das ist das von der Lymphe. Nun ist ja gegen das Wort Lymphe an sich nichts einzuwenden, wenn sich damit nicht auch schon wieder der Begriff einer geschlossnen Kreislaufbahn verbunden hätte, wenn man nicht auch schon vom Lymphgefäß spräche, während es gerade das charakteristische der Körpersäfte ist, daß sie nicht in Gefäßen, nicht in geschlossnen Röhren fließen. Sie finden sich zwischen den Geweben und zwischen den Zellen, und der Ausdruck Lymphwurzeln, den man für diese mit Flüssigkeit gefüllten Zwischenräume erdacht hat, ist deshalb schon unzulänglich, weil er die Vorstellung erweckt, als ob diese Flüssigkeit aus den sogenannten Lymphwurzeln in die Lymphgefäße fließen müsse; das ist aber gewiß falsch. Weiter aber, der wichtigste Teil aller Körpersäfte, der innerhalb des Zelleibs selbst, wird bei dem Ausdruck Lymphe vollständig ausgeschaltet, mit andern Worten, so wie wir die Dinge bisher zu betrachten pflegten, ist jede Möglichkeit zum Verständnis der innern Lebensvorgänge, der Vorgänge in der Zelle, ausgeschlossen. Solange wir nicht zu der Erkenntnis gekommen sind, daß nicht das Blut, sondern die viel verspotteten Säfte das Leben der Zelle beherrschen, solange gehn wir einfach in die Irre.

Ich habe schon eben darauf hingewiesen, daß im Glaskörper des Auges keine einzige Ader vorhanden ist, daß aber trotzdem in diesem wichtigen Gebilde Veränderungen vor sich gehn, die sich nur durch Vermittlung von Flüssigkeit erklären lassen. Das Auge bietet uns für diese Tätigkeit der Körpersäfte so viele Beispiele, daß seine Betrachtung schon genügen sollte, um die Wahrheit davon einzusehn, daß der Blutkreislauf nur einen scharf begrenzten Teil des Lebens beherrscht. Die Linse des Auges hat ebensowenig Gefäße wie der Glaskörper, und die Hornhaut hat auch keine, ja selbst die Netzhaut ist in allen Teilen, die wirklich zum Sehn gebraucht werden, völlig blutleer. Und dann ist im Auge weiter ein Organ, dessen Tätigkeit uns ganz deutlich zeigt, wie die Verhältnisse liegen, das sind die Tränendrüsen. Wir weinen nicht Blut, sondern Tränen, und die Träne ist nicht etwa Blutwasser, das nur so geradezu farblos unter Zurückbleiben der roten Körperchen aus den Adern austritt, etwa wie eine Aufschwemmung von Mennige in Wasser farblos aus dem Filter abfließt. Vielmehr hat das Blutwasser, ehe es zur Träne wird, einen langen Weg zwischen den Zellen und in den Zellen der Tränendrüsen zurückzulegen, auf dem es seine Beschaffenheit völlig verändert, auf Bahnen, die mit dem Blutadernetz nichts zu tun haben.

Über dieses merkwürdige Wasser der Tränen, diese wunderbare Verwandlung von Blut in Wasser, haben die Menschen seltsame Vorstellungen. Sie nehmen an, die Mutter Natur habe ihnen die Tränen gegeben, um ihren Schmerz zu zeigen, auszuweinen. Aber sie sollten nur besser zuschaun, dann würden sie sehn, daß die Tränen immer fließen. Stets bis zum Tode ist das Auge mit einer dünnen Schicht des Tränenwassers überzogen; das fängt den Staub und Wust des Lebens auf, damit sie nicht das klare Auge trüben, ohne Aufhören waschen Tränen jede Trübung von dem hellen Augenspiegel fort. Und wer ein einziges Mal sein Augenlid betrachtet hat, der hat die kleinen Öffnungen gesehn, durch die dieses reinigende und schützende Wasser zur Nase abfließt. Nur wenn das Auge die Tränen nicht mehr bergen kann, fließen sie die Wangen herab. Das sind die kurzen Zeiten höchster Erregung. Doch unablässig das ganze Leben hindurch rinnt Tropfen für Tropfen durch die Tränenkanäle vom Auge nieder zur Nasenhöhle, um dort die Schleimhaut feucht zu halten. Das muß so sein; wem einmal Nase und Mund vom Winde ausgetrocknet worden sind, der weiß, daß die Atemwege feucht sein sollen.

Diese Tränen sind aber auch das einzige, was von oben herab zur Nase fließt. Ach ja, man muß auch das erst sagen, so fest hängt der Mensch am längst verlachten Irrtum. Es gibt ja immer noch genug, die, wie die alten Griechen, an eine geheimnisvolle Öffnung zwischen Nase und Hirn glauben, durch die beim Schnupfen oder sonst der Inhalt des Schädels ausläuft. Und das läuft dann in der Welt herum, redet mit und schämt sich nicht zu Tode. Wann endlich wird der Tag kommen, wo der Mensch sich selbst betrachtet statt seiner Kleider?

Auch für den Geruchssinn ist es nötig, daß die Tränen das Naseninnre benetzen. Allerdings wenn man sieht, mit welcher Brutalität die Welt und ihre Gewohnheiten diesen feinen Sinn behandeln, was sie ihm alles zumuten und wie sie ihn schändlich abzustumpfen versuchen, so könnte man wünschen, ein ledernes Schnupfenfutteral zu haben statt einer lebendigen Nase. Und doch, wie vermöchte die Narrheit des Menschen die Größe des Lebens gänzlich zu töten? Ich gebe zu, es gibt Leute, die den Küchengeruch der Erbsensuppe nicht von dem Duft eines Veilchens unterscheiden können, oder vielmehr, die beides nicht wahrnehmen. Aber selbst der stumpfste Mensch bleibt für einen Geruch empfindlich, für den seines Mitmenschen.

Der Geruchssinn ist, das sollte man wissen, der hauptsächliche Vermittler von Sympathie und Antipathie, er führt Menschen zusammen und trennt sie für immer, ja für das, was man Wohlgefallen nennt, ist er in viel höherm Grade entscheidend als das Auge oder selbst das Ohr oder das Gefühl. Über ein häßlich Gesicht kann man hinwegsehn in eine schöne Seele hinein, eine widrige Stimme erträgt die Zuneigung schon schwerer, aber sie erträgt sie, und der Widerwille gegen die Berührung wird in tausend Ehen überwunden. Aber eine Liebe wider den Willen des Geruchssinns ist unmöglich. Freilich eins muß man dabei bedenken; ein jeder Mensch hat seine eigne Nase, und was dem einen angenehm ist, schreckt den andern zurück. Es gibt Menschen, gesunde, ästhetisch hoch entwickelte, durchaus nicht hysterische Menschen, denen der Geruch der Rose unerträglich ist und die den stinkenden Asant lieben, und wenn du einen Menschen fliehst wie die Pest, weil deine Nase sich vor ihm ekelt, sei gewiß, der dritte Mensch neben dir fühlt sich gerade durch das angezogen, was dich abschreckt.

Man kennt die Geschichte von dem Reisenden, der in China zu einem Gastmahl des Mandarins eingeladen war. Mitten zwischen all den Höflichkeiten, die ihm erwiesen werden und die er erwidert, sagt er zum Dolmetscher, der zwischen ihm und den fremden Herrn vermittelt: Reizende Leute, diese Chinesen, wahrhaftig, sie geben das Muster der Gastfreundschaft. Wenn sie nur nicht so stänken. Da lacht der Dolmetscher und erwidert: Wissen Sie, was eben der Mandarin zu seinem Nachbar sagte? Angenehme Menschen, diese Europäer, aber sie stinken. – Und da gibt es noch Leute, die uns erzählen, die Chinesen seien unsre Brüder. Nun, wie gesagt, ich hoffe auf eine neue Serumreaktion. Sonst muß man sich mit dem Geruch begnügen, um nicht allzu menschheitsliebend zu werden. Aber schließlich genügt das auch. Wie heißt es doch: Dich stinkt's? Mich riecht's wunderschön.

Man glaubt es vielleicht nicht, daß der Geruchssinn so entscheidend ist; man glaubt ja vieles nicht, wenn es nicht allstündlich wiederholt wird. Aber man achte einmal darauf, was am lebhaftesten Erinnerungen wachruft, das ist der Geruch. Du sitzt im Theater, im Konzert, in der Eisenbahn, oder du gehst auf der Straße, und plötzlich überrieselt dich ein Grauen, ein unerträglicher Widerwille, und du siehst Bilder aus deiner Kindheit oder deiner Jugend aufsteigen, an die du nie gedacht hast. Neben dir sitzt ein Mensch oder er ging an dir vorbei, der denselben Geruch hatte wie einer, den du gehaßt hast, der deine kindliche Seele verletzte, und unwillkürlich überträgst du diesen Haß auf deinen Nachbar. Und mit der Freundschaft ist es nicht anders. Das Leben hat tausend Wege, Menschen unlösbar zusammenzuketten oder ewig zu trennen, nicht bloß den einen Weg innrer Seelenharmonie, wie uns schöne Geister weismachen wollen.

Der Mensch ist ein Wunder, man sollte es nicht vergessen. Denn ist es nicht Zauber, daß ein Stückchen Drüsensubstanz, nicht größer als der Schwamm einer Puppenschiefertafel, Blut in salziges Wasser zu verwandeln vermag? Und was in der Tränendrüse geschieht, das geschieht in andrer Weise und mit andern Kräften in den Nieren, in jedem Stückchen der Mundschleimhaut, der Magenwand, in den Hoden und Eierstöcken, in dem innern Ohr und in den Hirnkanälen, das geschieht fortwährend in der Haut; eine wunderbare Wandlung geht da neben der andern vor sich, ohne Unterbrechung immer und immer, und so, daß der Mensch nicht einmal ahnt, was vor sich geht. Es muß schon arg kommen, ehe er merkt, daß er schwitzt. Aber die Schweißdrüsen sondern fortwährend Flüssigkeit ab, in Schweiß verwandeltes Blut, und wenn diese Tätigkeit einmal stillsteht oder nicht ausreicht, so ist Gefahr im Anzug. Im Grunde genommen geht das Leben ja unterhalb unsres Bewußtseins vor sich, wir nehmen es gar nicht wahr, und für uns gilt das Wort, daß wir geschoben werden, wenn wir zu schieben glauben.

Da gibt es Gebilde in der menschlichen Haut, die sind ununterbrochen tätig, lebendige Zellen zu zerstören, um daraus Fett zu bilden, mit dem die Haut sich selbst schmeidigt und glättet, die Talgdrüsen; wir merken nicht das geringste von ihrer Arbeit. Still wie diese kleinen verachteten Drüsen sind die Diener des Lebens in uns geschäftig, tun ihre Arbeit und leben den Menschen. So kann man es nennen, so kann man sagen: nicht wir leben, sondern wir werden gelebt.

Es ist auch solch ein ewig mißhandeltes Wesen, unsre Haut. Wenn sie an Gesicht und Händen glatt ist, ist's genug. Alles andre decken die Kleider, und wenn sich hie und da einer wirklich wäscht, so glaubt er schon wunder was für seine Haut getan zu haben. Ihr Luft und Sonne bieten? Die Wilden laufen nackt, denn sie sind schamlos. Wir aber, wir Europäer stehn so hoch in der Kultur, daß die Atmosphäre unsrer Ausdünstungen weit besser ist als die freie Himmelsluft und Gottes Sonne. Man sei ehrlich gegen sich selbst und überlege! Die meisten meiner Leser werden nur für die Sekunden des Hemdwechsels unbekleidet sein, ein großer Teil – so nehme ich an, vielleicht denke ich da zu gut – wird während des Waschens, also etwa eine Viertelstunde täglich nackt sein, sehr wenige wird aber dabei die Sonne bescheinen und die sonnige Luft umwehn, denn Fenster und Vorhänge pflegen geschlossen zu sein. Städtische und private Sonnenbäder tun es nicht, und für die Masse der Bevölkerung wird es lange Zeit ein frommer Wunsch bleiben, im eignen Heim in Licht und Luft zu baden. Wohlhabende Leute aber haben wohl ein Zimmer, in dem sie unbelästigt von den Blicken andrer der Haut das geben, was sie braucht, Reinlichkeit. Wer immer in den Kleidern steckt, ist nicht reinlich. Er lebt ununterbrochen in einer Dampfwolke seines eignen Schweißes.

Hier, bei Gelegenheit der Haut, möchte ich eine Bemerkung über den Wert der Krankheitsuntersuchung und Krankheitsdiagnose machen. Die Erscheinungen auf der Haut lassen sich leicht mit den Augen und mit dem Gefühl feststellen. Man sollte denken, daß eine Krankheit, die man sieht, viel leichter zu erkennen und deshalb auch mit besserm Erfolg zu behandeln sei. Das erste ist nur zum Teil richtig, das zweite ist ganz und gar falsch. Im allgemeinen läßt sich die Diagnose der Hautkrankheit mit leidlicher Sicherheit stellen, einfach ist das aber nicht, es gehört schon viel Erfahrung, ein gutes Auge und eine Menge gesunder Menschenverstand dazu. Und selbst wenn das alles zur Verfügung steht, bleiben noch genug Fälle übrig, in denen drei Sachverständige dem Leiden vier verschiedne Namen geben.

Nun gar die Behandlung. Die Behandlung der Hautkrankheiten ist fast die schwierigste, die es für den Arzt gibt. Sie könnte auch lehrreich sein; denn sie beweist mit zwingender Deutlichkeit, daß ein und dieselbe Krankheit an zwei verschiednen Menschen oft nicht in derselben Weise behandelt werden kann, und daß zwei ganz verschiedne Krankheiten unter ein und derselben Behandlung heilen. An gewissen Erscheinungen der Haut, etwa am Ekzem oder der Furunkelbildung oder der Schuppenflechte, läßt es sich selbst dem eingeschwornen Anhänger der Krankheitsbehandlung zeigen, daß der Gegenstand der ärztlichen Tätigkeit nicht die Krankheit, sondern der kranke Mensch ist, daß wir nicht Krankheiten zu heilen, sondern kranke Menschen zu behandeln haben. Wer das nicht glaubt, der probiere seine Geschicklichkeit einmal an einem chronischen Ekzem. Diagnostizieren wird er es wohl können, aber darauf kommt es nicht an, sondern auf das Behandeln. In Büchern kann er viel über die Behandlung dieser Krankheit lesen, ganze Bände, ganze Bibliotheken; aber es wird ihm nichts nützen. Wenn er sich dagegen entschlösse, statt der Bücher den Menschen, der vor ihm steht, in all seinen Beziehungen zu studieren, so wäre es leicht möglich, daß er das Rechte fände.

Ich erwähnte früher, daß die Haut mit das blutreichste Organ des menschlichen Körpers ist. Das gilt aber nur von ihren tiefern Teilen, die obersten Schichten enthalten überhaupt keine Adern. Trotzdem sind sie saftreich, und das Abschuppen der Haut, wie es nicht nur nach Krankheiten, sondern fortdauernd das ganze Leben hindurch stattfindet, beweist, daß gerade in diesen blutleeren Schichten ein reger Stoffwechsel stattfindet. Die Zellen dieser Hautpartien liegen nicht dicht nebeneinander, sondern zwischen ihnen sind saftgefüllte Lücken, die durch Fortsätze der Zellen in regelmäßigen Zwischenräumen überbrückt sind. Das mikroskopische Bild der Haut gibt eine deutliche Vorstellung von den Wegen, in denen die Körpersäfte fließen. Auch ihre Bedeutung tritt klar hervor. Gerade diese blutlosen Teile der Haut gestalten unser Gefühlsleben; jeder, der sich einmal die Oberhaut abgeschürft hat, weiß, daß eine solche entblößte Stelle wohl noch Schmerz empfinden kann, daß sie aber nicht imstande ist, irgendein angenehmes, wohltuendes Gefühl auszulösen. Der Volksmund, der gerade bei den Hautkrankheiten von schlechten Säften spricht, hat eben ganz recht. Weitaus der größte Teil aller Hautkrankheiten hat direkt nichts mit dem Blut zu tun, sie verlaufen in Schichten, die gar kein Blut enthalten.

Es ist nicht anders, alle Organe, durch die uns Sinneseindrücke vermittelt werden – und die Sinneseindrücke machen ja erst das Leben inhaltsreich und lebenswert –, stehn nur in lockrem Zusammenhang mit dem Blutkreislauf, ja in ihren wesentlichen Teilen sind sie ganz unabhängig davon. Auch das Ohr arbeitet mit einer Flüssigkeit, die weder Blut noch Blutwasser noch Lymphe ist, sondern ihren eignen Charakter hat. Das innre Ohr, in dem erst der Ton wahrgenommen wird, ist mit dieser Flüssigkeit angefüllt.

Wie alles im Körper, ist auch das Ohr mit größter Genauigkeit für seinen Zweck eingerichtet. Jedes Geräusch und jeder Ton lassen die Luft erzittern; das weiß ein jeder vom Kanonenschuß her, bei dem man nicht nur die Erde deutlich beben fühlt, sondern auch die Luft. Aber auch jeder andre Ton bringt eine Bewegung in der Luft hervor, selbst das leiseste Flüstern, und jedesmal ist diese Bewegung eine andre, je nachdem der Ton laut oder leise, tief oder hoch war. Diese verschiedenartige Luftbewegung ist es nun, die wir wahrnehmen, die wir hören.

Das Ohr funktioniert ähnlich wie ein Telefon. Da spricht der eine gegen eine Metallplatte und erschüttert sie durch den Klang seiner Worte. Diese Erschütterungen der Sprechplatte werden durch elektrische Drähte der Hörplatte mitgeteilt, so sicher, daß in ihr genau dieselben Bewegungen entstehn wie in der Sprechplatte, und diese Bewegungen der Empfangsplatte bringen den gleichen Laut, das gleiche Wort hervor, das in den Sprechtrichter hineingerufen wurde. So ungefähr ist das Ohr auch eingerichtet; ein Geräusch, ein Klang, ein Ton, ein Wort treffen das Trommelfell, das zwischen den Wänden des äußern Gehörgangs ausgespannt ist. Wie die Platte des Telefons wird es in Schwingungen versetzt, die dann von den Gehörknöchelchen in das innre Ohr und auf die dort befindliche Flüssigkeit übergeleitet werden. Durch die Erschütterung entstehn Wellen in dem Ohrwasser, und die Wellen schlagen gegen kleine Falten und Härchen der innern Ohrwand an, gleichsam gegen Hörplatten, deren Bewegung der Hörnerv dann wahrnimmt. Es spricht jemand mit dir, und bei jedem Wort, jeder Silbe, jedem Buchstaben wird die Luft in Bewegung gebracht; genau in derselben Zeitfolge und Stärke wie jener spricht, schwingen in deinem Ohr beim Hören kleine Platten, so daß dir nichts entgeht. Man sieht, an der Gehörsempfindung ist ebenso wie beim Sehn und Fühlen der Blutkreislauf nicht unmittelbar beteiligt, und ebensowenig ist er es bei der eigentlichen Gehirntätigkeit. Auch dorthin bringt das Blut die Lebensstoffe; damit sie aber wirksam werden, das Denken, Wahrnehmen, Wollen ermöglichen, müssen sie aus der Blutbahn austreten, sich den Säften des Gehirngewebes beimischen, und erst von diesen Säften aus werden sie wirksam. Wir erkennen deutlich aus diesen Erwägungen, wie beschränkt die Rolle des Bluts im Organismus ist. Das Blut transportiert die Stoffe, die das Leben braucht; damit sie aber lebendig werden, in den Lauf der lebendigen Vorgänge eingreifen können, müssen sie erst aus dem Blut in die Säfte übergehn. Den Säftekreislauf zu kennen ist für das Verständnis des Menschen ebenso wichtig wie der Überblick über den Blutkreislauf. Nur leider, uns fehlt diese Kenntnis, man kann fast sagen, vollständig. Wir wissen im Grunde genommen nicht mehr von ihm, als daß er existiert, ja daß er schon seiner Ausdehnung nach eine größre Rolle spielen muß als der des Bluts; denn die Gesamtmenge des Bluts beträgt nur etwa den siebenten Teil der Flüssigkeit, die jeder Körper in sich birgt.

Aber selbst die Kenntnis dieses Säftekreislaufs in den Geweben würde uns noch nicht viel weiterbringen. Nahrung, Bau- und Heizmaterial, wie es dem Körper durch Essen, Trinken und Atmen zugeführt wird, alles ist für die Lebensprozesse nutzlos, solange es in den Gefäßen ist, es ist auch in den Säften der Gewebe nicht brauchbar; erst dann wird es das geheimnisvolle Geschehn beeinflussen können, wenn es in die Lebenseinheit der Zelle eingedrungen ist und von deren Kräften zum Leben verwendet wird. Und auch in der Zelle muß dieses flüssige Lebensmaterial strömen und kreisen, um jedem einzelnen Teilchen des Zelleibs Erfrischung zu bringen. Denn die Zelle ist ein wunderbar verwickelter Bau, in deren seltsamen Gänge, Räumen und Wänden sich noch kein menschliches Auge auskennt. Als man die Zellen entdeckte, hielt man sie für ein leicht zu überschauendes Gebilde; aber von Jahr zu Jahr werden in diesem winzigen Körperchen, das erst unter dem Mikroskop sichtbar wird, neue verwirrende Einzelheiten entdeckt, so daß uns diese Lebenseinheit jetzt ebenso unbegreiflich ist, wie der Mensch selbst. Eins aber wissen wir, daß in der Zelle nicht Ruhe herrscht, sondern daß unablässig ein Flüssigkeitsstrom hindurchzieht, der Leben bringt und Totes wegspült.

Ich bin mir durchaus nicht sicher, ob es mir gelungen ist, die verwickelten Verhältnisse des Körperkreislaufs zur klaren Anschaulichkeit zu bringen. Es ist aber unbedingt nötig, diese eine Sache richtig aufzufassen, wenn man ein leidliches Urteil über den gesunden und kranken Menschen gewinnen will. Denn der Mensch, der fortwährend Stoffe in sich und in allen seinen Teilen durch das Leben, das Sein verbraucht, muß auch fortwährend neue Stoffe in sich aufnehmen und sie allen seinen Teilen, auch den kleinsten, auch den Zellen, jeder einzelnen Zelle und jedem einzelnen Teilchen dieser Zelle zuführen. Zu diesem Zweck kreisen in ihm Nährflüssigkeiten, von denen die eine, an Menge geringste, das Blut ist, während andre sich zwischen den Geweben und Zellen fortbewegen, und noch andre in den Abteilungen und Kanälen der Zelle selbst fließen. Nur vom Blut ist Strombett und Beschaffenheit der Flüssigkeit einigermaßen bekannt, dagegen wissen wir über die Eigenschaften und die Fortbewegung der andern Säfte wenig mehr, als daß sie existieren und eine außerordentlich große Bedeutung für das Wohlergehn des Menschen haben.

Um wenigstens diese geringen Kenntnisse recht klar darzustellen, lohnt es sich vielleicht, das Schicksal eines Glases Wasser von dem Moment des Trinkens bis zu dem der Ausscheidung zu verfolgen. Zunächst kommt das Wasser in den Magen und Darm. Dort mischt es sich mit allerlei andern Nahrungsstoffen. Ein Teil des Wassers wandert mit den Speiserückständen durch den ganzen Darmkanal und wird im Kot ausgeschieden, ohne überhaupt in das Innere des Körpers zu gelangen. Der andre Teil wird mitsamt den in ihm gelösten Nahrungsstoffen von der Darmwand aufgesogen und gelangt in den Blutkreislauf. In dem wird es eine Zeitlang als Blutflüssigkeit umhergetrieben. Gewisse Mengen geraten dabei in die Nieren, werden dort in Harn verwandelt und abgesondert. Wieder andre treten irgendwo aus den kleinsten Adern, den Haargefäßen, aus, fließen eine Zeitlang zwischen den Geweben und Zellen und werden dann entweder an einer andern Stelle wieder in das Blut aufgenommen, um dort von neuem zu kreisen, oder es wird hier oder dort ein Tropfen davon in einen Zelleib eingesogen. Dort in der Zelle fließt der Tropfen von einem Teilchen zum andern, gibt Nahrung ab und nimmt Rückstände auf, ein Teil davon wird auch wohl zum Bau der Zelle benutzt. Ist die Zelle gesättigt und ausgewaschen, so tritt der Tropfen mitsamt den in ihm gelösten Rückständen aus dem Zelleib heraus, mischt sich mit den Säften der Umgebung und fließt mit ihnen zu einer Stelle hin, wo er in ein Blutgefäß eindringen kann. Diese Wanderung kann sich lange Zeit wiederholen, so daß dasselbe Wasser bald im Blut kreist, bald als Ohr- oder Gehirn- oder Gelenkwasser gebraucht wird, bald in die Augenkammer gerät oder in die oberflächlichen Schichten der Haut. Jedesmal verändert es dabei seine Eigenschaften, weil jedesmal andre Bestandteile in ihm gelöst sind, so daß es im Lauf der Zeit ein wechselvolles Schicksal hat. Irgendwann aber kommt der Augenblick wo es auf seinem Wege, sei es durch die Haut oder die Lungen oder die Darmwand oder die Tränendrüsen oder die Nieren, aus dem Körper entfernt wird.

Schluß

Ich habe an einer frühern Stelle dieses Buches behauptet, daß es unmöglich ist, die Wissenschaft allein als Fundament unsrer ärztlichen Tätigkeit zu benutzen. Wer sich das Bild des Säftekreislaufs im Körper so deutlich vorstellt, wie es mir als Ziel meiner Worte vorschwebt, der erkennt diese Unmöglichkeit sofort. Es ist mit unsern Kenntnissen auf diesem Gebiet ungefähr so wie mit den geografischen Kentnissen der alten Zeit. Damals kannte man leidlich das Mittelländische Meer und die angrenzenden Länderstrecken; von den Riesenmassen der Erdteile wußten die meisten überhaupt nichts, und nachdenkliche Leute waren auf Vermutungen oder auf Entdeckungen angewiesen. Sehn wir von dem bißchen Blutkreislauf ab, der, wie ich schon sagte, nur den siebenten Teil aller Körpersäfte in sich faßt, so ist alles übrige unentdecktes Gebiet. Allerdings sind Tausende fleißiger und begabter Männer damit beschäftigt, diese dunklen Strecken der Körperwelt zu erforschen, es wird aber noch Jahrhunderte dauern, ehe wir Klarheit gewinnen. Der Säftekreislauf ist auch nur ein Bruchteil des menschlichen Lebens, noch dazu der einfachste, da er im wesentlichen nach mechanischen Gesetzen geregelt ist, gleichsam ein technisches Problem darbietet, während das tiefre Leben Gesetze hat, die wir nicht einmal ahnen, zu denen wir den Weg nicht wissen.

Zuletzt fragt es sich noch, wieviel Nutzen der Arzt für seinen Beruf als tätiger Helfer daraus ziehen kann, wenn einmal in fernen Zeiten unsre Kenntnisse des lebendigen Menschen genauer und umfassender sind als jetzt. Gewiß, in bestimmten Grenzen wird er dann mehr leisten können, er wird oft rascher und sicherer arbeiten. Aber allzugroßen Hoffnungen darf man sich nicht hingeben. Dem steht das Lebendigsein des kranken Menschen gegenüber. Man kann ihn nicht wie eine Taschenuhr auseinandernehmen, reinigen oder mit einer neuen Feder versehn und ihn dann wieder zusammensetzen. Wenn diese Uhr, gewiß ein sehr einfaches Ding verglichen mit dem Menschen, auf die Erde fällt und stehnbleibt, was hilft es da viel, daß wir ihren Mechanismus genau kennen, sofern wir sie nicht auseinanderzunehmen und zusammenzusetzen verstehn? Diese Geschicklichkeit des Uhrmachers werden wir aber nie erreichen. Die wirkliche Schöpferkraft ist dem Menschen versagt. Es ist eher möglich, den Menschen in Retorten und Tiegeln des Laboratoriums zurechtzukochen, als den Kranken mit Menschenkunst zu heilen.

Und wenn wir alle Kenntnisse besäßen, die die Menschheit in den kommenden Jahrtausenden ansammeln wird, so würden wir damit nicht imstande sein, auch nur einen Schnupfen zu heilen, wir werden immer nur behandeln können. Diese Behandlung, unsre einzige Aufgabe und einzige Machtvollkommenheit, wird auch stets durch die Gewalt des Lebens begrenzt sein. Das Leben duldet vielleicht, daß wir ein krankes Kniegelenk herausnehmen und ein andres statt dessen einsetzen, ja es wäre denkbar, daß es uns einmal gestattet, gesunde Nieren oder Eierstöcke oder Augen anstelle von unbrauchbaren von einem Menschen auf den andern überzupflanzen. Aber es wird sich immer vorbehalten, ob es diese Organe lebendig werden lassen will, ob es sie in die Einheit des Menschen aufnehmen, sie einheilen will, und es wird uns niemals erlauben, den Menschen Stück für Stück zu zerlegen, um die Stelle zu finden, an der der Fehler des Mechanismus sitzt. Man gehe zum Uhrmacher, zeige ihm die verdorbne Uhr und verlange von ihm Auskunft, warum sie nicht mehr geht. Wenn das Glück gut ist, weist er euch vielleicht nach, daß die Feder oder ein Rad gesprungen ist, aber sobald ihr ihn fragt: wird sie auch gehn, wenn eine neue Feder eingesetzt ist, dann zuckt er die Achseln und sagt: Wie soll ich wissen, ob nicht mehr zerbrochen ist; ich muß die Uhr auseinandernehmen. Glaubt man wirklich, daß es leichter ist, dem Menschen anzusehn, wo sein Leben gestört ist, als einer Uhr? – Laßt alle Hoffnungen schwinden!

Sicher ist es wünschenswert, daß ein Arzt um den Verlauf aller Lebensprozesse, gesunder und kranker, Bescheid weiß. Aber es wäre schlimm, wenn das die einzige Grundlage seines Handelns wäre oder auch nur der Hauptstützpunkt. Wer das glaubt, der bricht ohne weiteres den Stab über die verflossnen Jahrtausende, in denen so gut wie nichts von dem bekannt war, was jetzt jeder Student weiß, ehe er noch den ersten

Kranken gesehn hat; er denkt auch nicht eben hoch von unsrer eignen Leistungsfähigkeit, denn auch wir stehn dem Lebensrätsel so fern, daß von einem sichern Urteil keine Rede sein kann.

Aber es ist auch nicht anzunehmen, daß all unsre Vorfahren Scharlatane waren, selbst nicht Scharlatane aus Unvermögen: dem stehen ihre Leistungen entgegen. Man kann doch nicht vergessen, daß schon vor Jahrtausenden die Kranken im wesentlichen behandelt wurden wie jetzt, daß damals das Ziel der Medizin, dem Körper die Wege zur Selbstheilung zu ebnen, genau festgelegt war, daß die Mittel, Veränderungen in der Ernährung und im Kreislauf herbeizuführen, nicht weniger gebraucht wurden als jetzt. Diätetik, Gymnastik, Massage, Wasserbehandlung, alles wurde schon damals geübt, zum Teil weit besser als heute, wie jeder bestätigen wird, der römische Bäderanlagen oder gymnastische Übungsplätze gesehn hat. Die Chirurgie stand auf einer Stufe, deren Höhe nicht wesentlich unter der unsern liegt; jedes Jahr der Geschichtsforschung bringt neue Beweise, was alles die Ärzte der Antike schon geleistet haben. Ja, wir erleben das Schauspiel, daß man unter den Trümmern verschütteter Städte, aus den schwerverständlichen Überlieferungen toter Sprachen Dinge auferstehn sieht, die wir als die Entdeckungen unsrer Kultur nicht hoch genug zu preisen wußten; man kannte bei Geburten den Gebrauch der Zange genau wie wir, man öffnete die Bauchhöhle, man überpflanzte Haut von einem auf den andern, man verwendete Mineralquellen und klimatische Behandlung und kannte fast alle Medikamente der Neuzeit; ja man gab den Kranken schon damals den Extrakt von Tierorganen ein, wenn man auch die wunderlichen Namen Thyreoiden und Oophorin und Spermin noch nicht verwendete. Krankenpflege und Hygiene waren geregelt, es gab Hospitäler und Krankenversicherung; kurz, so abgrundtief unter uns, wie sich der moderne Philister das vorstellt, standen diese Leute nicht. Das wesentliche im Arztberuf, die Wahrheit, daß nur das Leben zu heilen vermag, daß das Leben, das Lebendigsein der eigentliche Arzt ist, war ihnen tiefer ins Herz geschrieben als uns.

Und auch das ist sicher, daß der Arzt sich selbst und seine Zeit verkennt, der unsre Fähigkeit zu helfen nach unsern Kenntnissen beurteilt. Du lieber Gott, so erschreckend groß sind sie wahrhaftig nicht, und wer mit lauter Stimme das Wissen als Fundament des ärztlichen Handelns preist, der beweist nur, daß er dieses Fundament höchstens vom Hörensagen kennt, es aber nie auf seine Festigkeit geprüft hat. Es ist eher umgekehrt, daß das ärztliche Handeln das Fundament der Wissenschaft ist. Die Medizin ist eine ausgesprochen experimentelle Wissenschaft, sie ruht auf den Experimenten, die das Leben uns vormacht und die wir zu deuten und so weit wie möglich nachzuahmen suchen.

Also wäre es nutzlos, Kenntnisse zu haben? Das gewiß nicht, Kinderhände zertrümmern bald eine Uhr, die der Erwachsne jahrzehntelang trägt, ohne daß ihr etwas zustößt. Darum gerade schrieb ich dieses Buch, weil die Menschen allzu unwissend sind. Es ist Zeit, daß sie Wissen erwerben, damit sie nicht kindisch mit dem Leben umgehn. Und erst recht braucht der Arzt Kenntnisse. Aber es wäre sehr schlimm um ihn bestellt, wenn diese Kenntnisse nur medizinisch wären.

Gewiß, er muß in seinem Fache gründlich Bescheid wissen, wie jeder zunächst mit seinem Arbeitsfeld vertraut sein muß. An medizinischen Kenntnissen fehlt es den Ärzten aber nicht; nur leider reicht das zum Arztsein nicht aus. Selbst wenn einer alle Fächer der Medizin von Grund aus beherrschte, aber nur eben die der Medizin, so wäre er doch ein unbrauchbarer Arzt. Der Mechaniker muß alle Einzelheiten einer Maschine kennen, muß genau wissen, wie ein Rad in das andre greift, muß auf Millimeterbreite berechnen können, wie die Teile des Mechanismus zueinander stehn, muß den Gebrauch jeder Schraube mit mathematischer Genauigkeit regeln können. Aber das alles ist nicht das Amt des Arztes; er ist nicht Mechaniker. Es ist ein fundamentaler Irrtum, zu glauben, der Arzt solle oder könne den schadhaft gewordnen Menschen wiederherstellen, ihn wie eine verdorbne Maschine wieder in Gang bringen. Das besorgt das Menschenleben selbst, dieses Leben, das allein die dazu nötigen Kenntnisse und Geschicklichkeiten besitzt, um zu heilen, das Leben, das wahrhaftig ein bessrer Ingenieur ist als irgendeiner. Des Arztes Beruf ist ein ganz andrer, er ist zum Herrschen berufen, zum Lenken der kleinen Welt, die sich Mensch nennt und die sich ihm in den Weg stellt: Hilf mir, denn ich bin krank. Wer eine Gemeinschaft lenkt, eine Stadt oder einen Staat, der braucht nicht alles zu wissen, was in irgendeinem Winkel dieser Stadt oder dieses Staats vor sich geht, aber er muß die Lebensbedingungen abschätzen können, ob sie unentbehrlich sind oder nicht, ob er sie fördern oder unterdrücken soll, er muß die Seele seiner Gemeinde, seines Volks verstehn, die große Richtung, nach der sie hintreibt, und er muß Männer wählen und anstellen, die diese Richtung leiten können. Seinen Gehilfen aber soll er vertraun, wenn er sie einmal gewählt hat, und nicht mit eingebildeter Sachkenntnis ihnen dazwischenpfuschen, nicht danach fragen, wie sie verheiratet sind und ob sie zu Mittag Pellkartoffeln oder Trüffeln essen. So ist der Arzt. Er lenkt die Kräfte des Lebens, und er vertraut dem Leben. Lebenskenntnisse verlangt jeder Augenblick von ihm, ohne die geht es nicht. Reine Wissenschaft? Es muß recht oft ohne die gehn, ganz einfach, weil sie vielfach noch nicht da ist.

Der Arzt soll handeln, das liegt schon in der Bezeichnung: behandelnder Arzt. Er hat eine praktische Tätigkeit, und dazu braucht er gesunden Menschenverstand. Auf den Verstand ist das Behandeln begründet, nur auf den Verstand, auf das Verstehn dessen, was zum Handeln not tut. Gelehrsamkeit und gesunder Menschenverstand gehn nicht immer zusammen, im Gegenteil, der Volksmund nennt gerade die Gelehrten besonders unpraktisch. Der Begriff gesunder Menschenverstand besagt durchaus nicht, daß man unwissend sein darf, aber er hat zum Ziel nicht das Schaffen von Wissen, sondern das Verwenden von Wissen. Es gehört zu seinen Bedingungen, daß man genau so viel Wissen hat, als man in die Tat umsetzen kann. Je ausgebreiteter die Tätigkeit ist, umso umfassender muß das Wissen sein; umfassendes Wissen befähigt aber noch längst nicht zum Handeln. Es kommt auf die Fähigkeit an, wie man sein Wissen verwendet.

Es ist nicht immer ein Segen, wenn man mit allzugroßer Gelehrsamkeit an die praktischen Dinge herantritt. Der Alltag bietet dafür tausend Beispiele, und ich gestatte mir, hier ein besonders auffallendes aus dem Alltag des ärztlichen Lebens anzuführen. Wir besitzen aus den letzten Jahrzehnten ganze Bibliotheken von Abhandlungen über die Blinddarmentzündung, über die Gallensteine und über die Herzneurosen. Es steckt in diesen Arbeiten soviel Fleiß und soviel Nachdenken, daß man denken sollte, der praktische Arzt, der das alles gelesen und in sich aufgenommen hat, müsse Wunder verrichten.

In Wahrheit findet er aber darin nicht annähernd so viel Belehrung für sein Handeln, wie er aus einem einzigen aufmerksamen und verständigen Prüfen des Bauchs gewinnen kann, und es ist ihm viel dienlicher, einmal an einer Leiche die Bauchhöhle zu öffnen und in diesem organischen Buche zu lesen, als in den gedruckten.

Was sieht man, wenn man die Bauchhöhle öffnet? Der Dickdarm fällt uns zuerst auf, ein dickes Rohr, das an drei Stellen umgeboben ist, rechts unten das erste Mal, das ist die Stelle des Blinddarms, rechts oben das zweite Mal, das ist die Stelle, wo der Dickdarm an die Gallenblase grenzt, links oben das dritte Mal, dort liegen Herz und Dickdarm dicht beieinander. Wäre es nicht möglich, daß diese Biegungen des Dickdarms, durch die doch Kot und Gase nicht so glatt hindurchgehn wie in den graden Rohrteilen, etwas mit den Blinddarmentzündungen, den Gallensteinen und den Herzneurosen zu tun haben? Und wäre es nicht verständig, diese Möglichkeit einmal auf ihre Wahrscheinlichkeit zu prüfen und auf ihre Verwendbarkeit für das praktische Handeln des Arztes? Ich sollte es denken.

Ich gehe die drei Biegungsstellen der Reihe nach durch, vielleicht ergeben sich daraus nützliche Betrachtungen.

Da ist zunächst die letzte Biegung. Der Dickdarm liegt hier innerhalb des linken Rippenbogens, nach vorn zu begrenzt ihn also die knöcherne Wand des Brustkorbs, nach oben zu ist das Zwerchfell ausgespannt, dem das Herz aufgelagert ist, hinter dem Darm ist der Magen. Sobald Nahrung in den Magen gebracht wird, wird der Raum durch seine Ausdehnung beengt; ist der Darm in diesem Augenblick leer, so wird er je nach der Menge der Nahrung mehr oder weniger zusammengepreßt. Ausweichen kann er nicht gut, da er vor sich die Brustwand, über sich das Zwerchfell, hinter und unter sich den gespannten Magen hat. Herzbeschwerden entstehn dabei nicht. Ist der Darm dagegen im Moment der Nahrungsaufnahme gefüllt, so läßt er sich nicht zusammendrücken, er muß vielmehr nach der Seite ausweichen, die den geringsten Widerstand bietet, das ist nach oben. Das Zwerchfell und damit das Herz werden nach oben verdrängt. Geschieht das sehr oft, so leidet allmählich die Herztätigkeit darunter, es entsteht nach und nach das, was unter dem Namen Herzneurose bekannt ist. Daß dem so ist, läßt sich sehr oft ohne weitres feststellen. Der linke Rippenbogen ist bei solchen Leuten oft vorgewölbt, ausgedehnt, das Zwerchfell steht nachweisbar hoch, am Rippenrand findet sich ein zierlicher Kranz ausgeweiteter Gefäße, der sechste und siebente linke Zwischenrippennerv sind druckempfindlich. Begünstigt wird der ganze Vorgang dadurch, daß es sich meist um leicht erregbare Menschen handelt, deren sympathisches Nervensystem entweder von Natur oder infolge großer Gemütserschütterungen reizbar ist; bei solchen Menschen ist die Gasbildung im Magen und Darm abnorm gesteigert, so daß zu der Raumbeengung durch Nahrung und Kot noch die durch Flatulenz hinzukommt.

Nun die zweite Stelle rechts oben. Auch da läuft der Darm innerhalb des Brustkorbs, oben und vorn überragt ihn die Leber, nach unten zu ist er verhältnismäßig frei beweglich. Der Kot und die Gase werden von rechts unten den Darm hinaufgetrieben, an der Biegungsstelle wird die Fortbewegung langsamer, und sie hört zeitweise ganz auf, wenn das Darmrohr an der linken Biegungsstelle durch die Füllung des Magens zugedrückt wird, wie ich es eben beschrieb. Da von rechts unten immer neue Massen anrücken, so wird der Darm mehr und mehr angefüllt, und je mehr er sich ausdehnt, umso mehr drückt er direkt oder indirekt auf den Gallengang, der hinter ihm von der Gallenblase herab zum Dünndarm führt. Der Gallenabfluß wird zeitweise ganz unterdrückt, die Galle staut sich in der Blase; die Gelegenheit zur Steinbildung ist damit gegeben. Vielfach weicht der Darm auch unter dem Druck seines aufgehäuften Inhalts nach unten aus, er ist an dieser Stelle dann nicht mehr straff gespannt, sondern hängt wie ein schlaffes Seil. Selbstverständlich wird dadurch die Fortbewegung des Inhalts erheblich erschwert. Ist das aber der Fall, so macht es sich auch an der dritten Biegungsstelle, rechts unten, an der Blinddarmgegend geltend.

Dort sind die Raumverhältnisse besonders interessant. Der Dünndarm mündet da in den Dickdarm, jedoch ist der Dickdarm nicht die gerade Fortsetzung des Dünndarms, vielmehr hängt an ihm wie ein Sack der Blinddarm, ein Darmstück, das blind endet. An dem Grunde dieses Sacks ist dann noch der Wurmfortsatz angebracht, ein enger nach unten hängender Trichter. Es leuchtet ohne weiteres ein, daß hier zu Stauungen mit all ihren Folgen von Kreislauf- und Ernährungsstörungen günstige Gelegenheit gegeben ist. Kann nun infolge der häufigen Stockungen an der linken und rechten obern Biegungsstelle der Kot nicht vorwärts, so wird er mit einer gewissen Gewalt in diesen blinden Sack und seinen trichterförmigen Fortsatz, in den Blinddarm und Wurmfortsatz hineingepreßt. Es ist nicht schwer verständlich, warum es unter solchen Verhältnissen zu schweren Erscheinungen kommen kann, und man braucht nicht erst an verschluckte Kirschkerne, Eierschalen oder Gräten zu denken, deren Harmlosigkeit wir doch alle experimentell am eignen Körper ausprobiert haben. Oder sind viele unter meinen Lesern, die als Kinder nicht um die Wette mit den Kameraden Kirschkerne verschluckt haben? Mir sollte es um sie leid tun; sie haben sich um eine kindliche Freude gebracht.

So liegen also die mechanischen Verhältnisse. Ist damit irgend etwas für den Arzt anzufangen? Gewiß; die Behandlung, die vorbeugende so gut wie die zu Genesungszwecken, ergibt sich von selbst. Sie hat dafür zu sorgen, daß die drei Biegungsstellen möglichst wenig und möglichst kurz belastet sind, und weiterhin, daß stets im Bauch freier Spielraum für seinen Inhalt da ist. Selbstverständlich ergeben sich im einzelnen Fall Abweichungen, denen man Rechnung zu tragen hat. Der Typus der Behandlung ist aber so einfach, wie ich es eben sagte.

Und nun darf ich mir wohl die Gegenfrage erlauben, was es uns Ärzten für unsre praktische Tätigkeit nützt, wenn wir wissen, daß die Herzneurosen durch Gemütserregungen verursacht werden. Gar nichts. Denn Gemütserregungen können wir nicht verhindern. Der Rat: Vermeiden Sie alle Aufregungen, ist mir immer etwas kindlich vorgekommen. Wie soll man das wohl machen? Und außerdem ist er schlecht. Er zerstört oft das Leben einer ganzen Familie. Der Kranke fühlt sich, wenn er nicht gar die Verordnung als Rechtfertigung jeder Anmaßung und jeder Trägheit benutzt, oft vernachlässigt, und seine Umgebung empfindet ihn, selbst bei großer Liebe und Nachsicht, doch ab und zu als Last. Und was nützt es uns – vorausgesetzt, daß es überall wahr ist – zu wissen, daß Gallensteine und Blinddarmentzündungen durch Bazillen entstehn. Gar nichts. Die Bazillen können wir nicht aus der Welt schaffen, das könnten wir nachgerade eingesehn haben. Wir können den Menschen höchstens so machen, daß er die Bazillen überwindet und sich nicht von ihnen ruinieren läßt.

Der Mensch soll Vertrauen zu sich selbst haben, er soll der Kraft der menschlichen Natur vertrauen. In ihr liegen gar viele Arzneien und Heilmittel verborgen, ja wenn man die Dinge recht besieht, ist das Kranksein selbst nichts andres als ein Heilprozeß. Wir sprechen von Krankheiten, aber das sollten wir nicht tun, denn der Ausdruck Krankheit bringt es mit sich, daß man dabei an einen Gegner, einen Feind denkt, der den Menschen von außen befällt. Das ist eine kindliche Vorstellung. Kranksein ist nichts andres als leben, als der Versuch des Lebens, sich veränderten Bedingungen anzupassen, es ist nicht ein Kampf des Körpers mit der Krankheit, sondern eine ordnende Tätigkeit, etwa der zu vergleichen, die wir stündlich und tausendfach mit Überlegung ausführen, um unser Tagwerk zu vollbringen. Wir passen uns den Lebensbedingungen an: wenn es kalt ist, tragen wir Mäntel und heizen das Haus, und wenn die Sonne brennt, wählen wir leichte Kleider. Wen hungert, der ißt, und wen dürstet, der trinkt. Und wenn wir nicht Fleisch haben, so essen wir Brot, ja zur Not stillen wir unsern Hunger mit Kartoffelschalen, Rattenfleisch oder Leimsuppen, und wem der Becher fehlt, der trinkt aus der hohlen Hand. In Stadt und Land bauen wir Häuser aus Stein und Holz, aber in den Wüsten des Südpols wird uns der Schnee zum schützenden Dach. Was der Mensch auch tun mag, immer und überall schaut er vor sich und um sich, um Ort und Zeit zu benutzen und die Aufgabe mit den Mitteln zu lösen, die er versteht; sicher, der eine tut es gut, der andre schlecht, je nachdem ihm Gott Verstand verliehn, aber eines jeden Lebenszweck ist nicht der Kampf, der ja ein Chaos ist, sondern den Kampf zu befrieden, das Chaos zu ordnen. Jedem Menschen ward Verstand gegeben, und dieser Verstand zwingt ihn, alles verständig zu benutzen. Die Tätigkeit des Menschen ist im wesentlichen eine ordnende; daß er dazu hie und da den Kampf wählt, ist richtig, aber gewiß ist es falsch, für ihn und für alles Leben und Weltgeschehn, das Rätsel auf den Kampf, gar auf den Kampf ums Dasein zurückzuführen. Schaffend nach bestimmten Zielen wirken, das ist der Inhalt des Menschendaseins, die Umwelt gestalten oder sich der Umwelt anpassen.

Und genauso verfährt das Leben. Es denkt und urteilt und benutzt, was sich ihm bietet, gestaltet und ordnet unablässig, und wo es nicht mit der Gesundheit wirken kann, da wirkt es mit der Krankheit. Aber die Krankheit ist nur ein Mittel des Lebens um zu leben.

In jeder Krankheit ruhen Heilungstendenzen, selbst der Krebs hat sie, selbst im Sterben ordnet das Leben noch, sucht zu heilen und zur Gesundheit zu führen, zu dem bestmöglichen Dasein unter schlechten Bedingungen; es stumpft die Empfindlichkeit des Sterbenden ab. In gleicher Weise aber heilt diese Kraft des Lebendigseins fortwährend.

Man betrachte den Schnupfen, eine Krankheit, die jeder kennt. Was ist es wohl anders als ein Heilungsversuch, ein Sichabmühn des Körpers, schädliche Stoffe von der Schleimhaut wegzuspülen? Wo eine Wunde die Haut zerfetzt hat, schließt das Leben die Wunde oder verstopft sie mit wuchernden Zellen, mit Blutgerinnsel, mit Eiter, wenn es nicht anders geht. Ist der Kreislauf gestört, so wächst die Kraft und die Schlagfolge des Herzens, erblindet das Auge, so schärft sich Gehör und Gefühl, ist Gift im Darm, so entleeren sich Magen und Eingeweide und der Schweiß bricht aus. Und kreisen die Gifte im Körper, so flammt das Feuer empor, das heilende Blut und die Säfte strömen in raschrem Fluß, und der Durst erwacht, um mit Wasser zu verdünnen und wegzuspülen, was die Ordnung stört, was Chaos ist.

Das Leben, mag es nun krank oder gesund sein, ist Ordnen. Wie der Arzt bald mit der Hand, bald mit dem Auge tätig ist, wie er die Lupe gebraucht oder das Mikroskop, wie er das Messer ansetzt und schneidet und wie er mit dem glühenden Eisen brennt, so verfährt das Leben. Und wie der Schreiner jetzt den Hobel ergreift und jetzt die Säge und jetzt den Meißel, so auch das Leben; ordnen sollst du, Mensch, so spricht es unablässig, und wenn du nicht ordnen kannst, weil dir im Innern selbst Chaos ist, so ist hier die Krankheit, die dir das Chaos ordnen soll.

Fürchtet euch nicht, denn ich bin bei euch, dies Wort aus unsrer Kindheit sollte uns begleiten. Das Leben steht neben uns, und es ist wahrlich nicht machtlos. Fürchtet euch nicht. Man schaue doch der Krankheit ins Gesicht. Sie ist der Furcht nicht wert. Denn Leiden ist nicht zum Fürchten. Aus Leiden sprießt Lust, wenn nicht für dich, so für andre. Der Mensch ist nicht Selbstzweck, nur das Leben ist in sich selber Zweck. Ist es denn aber denkbar, daß das Leben selbst, nicht das Leben des Einzelnen, sondern der Menschheit, Chaos wird, Krankheit wird?

Man prüfe einmal die eine einzige Frage der Vererbung. Gewiß, sie ist eine große Macht, durch Generationen tätig, aber sie wird gebändigt vom Leben. Krankheit vererbt sich, so sagt man. Man schaue doch um sich. Tag um Tag, Jahr um Jahr, Jahrhundert um Jahrhundert steigen neue Menschen aus dem Mutterleib des Lebens hervor, aus diesem Leibe, der unendliche Massen von Krankheitsanlagen in sich birgt und seinen Kindern mitgibt. Aber diese Kinder sind noch nicht von den Erbübeln in ihrem Mark und ihrer Kraft geschädigt, immer stark und immer rein erhebt sich die neugeborne Menschheit, gleich leistungsfähig, gleich leistungshungrig wie die alte, die ins Grab sank. Es ist nicht anders: das Leben, das nicht mit dem Einzelnen rechnet und nicht mit Generationen, sondern mit Jahrtausenden und mit der Gesamtheit, spielt mit dem Gesetz der Vererbung, schüchtert uns ein damit, wie man Kinder mit einem rauhen Wort einschüchtert, aber in Wahrheit benutzt es alle Vererbung, alle Krankheit, allen Tod, um sich zu schmücken und zu vollenden. Es ist nicht anders, im Chaos lebt schon der Drang zur Ordnung, in der Krankheit der Drang zur Genesung.

Und gerade das ist es, was der Mensch wissen muß und was der Arzt wissen muß, daß das Leben heilt. Das ist die wesentliche Kenntnis, die ihm nottut, der feste Grund seines Wissens, Denkens und Handelns. Das Leben ist wie das Feuer: lange ehe irgendwer daran dachte, das Feuer wissenschaftlich zu zerlegen, kannte der Mensch seine wohltätige Kraft, wußte er sie zu bändigen und zu leiten, verstand er es, Metalle zu schmelzen und mit dem brennenden Herde die Heimat zu gründen. Und das Leben läßt sich bändigen wie das Feuer, da ist kein Zweifel.

Wir können den Menschen so leiten, daß er alle Störungen in sich selbst und durch sich selbst überwindet. Das ist der Inhalt und die Begrenzung des ärztlichen Tuns, daß wir das Leben leiten, daß wir es zwingen, den Menschen gesund zu machen, genau wie es ihn krank machte. Nicht wir heilen den Menschen, sondern er heilt sich.

Niemand soll es glauben und niemand darf es glauben, daß ein Arzt den oder jenen geheilt hat. Es steht nicht in seiner Macht. Die Natur heilt, der Arzt behandelt.

Das klingt wie ein Verzicht, ja manch einer könnte denken, es klänge verzagt. Das ist es aber gewiß nicht. Wohl, wir Ärzte staunen das Leben an, mit einer hohen Freude, mit einer unbeschreiblichen Begeisterung und Frommheit sehn wir diesen Meister aller Meister, diesen König und Schöpfer, diesen Künstler aller Künste am Werk, gestern und heut und morgen und all unser Leben lang entdecken wir neue Heilkräfte und neue Heilweisen, die das Genie der Natur gleichsam spielend hervorbringt.

Und unsrer Andacht ist kein Ende und unsrer Dankbarkeit für das, was sie in unserm Namen leistet, erst recht nicht. Aber sind wir darum schlechter, weil wir anerkennen: nicht wir sind die Heilkünstler da, das Leben selbst ist es? O nein, wir erkennen das ruhig an, ruhig und selbstbewußt. Denn wie wir Diener der Natur sind, so sind wir auch ihre Meister. Wir leben und handeln nach dem stolzen Wort des Königs: Ich bin der erste Diener des Staats. Das Leben aber ist größer als der Staat. Und nichts Höheres weiß ich mir in der Welt als Arzt sein.

In dem einen aber leben und sterben wir:

Natura sanat, medicus curat.

Register